GALVANI

Chemie S1 · Ausgabe B

für die 9. Jahrgangsstufe
an sprachlichen, musischen und wirtschafts-
und sozialwissenschaftlichen Gymnasien

erarbeitet von
Holger Seitz

mit Beiträgen von
Kurt Gallenberger,
Herbert Kiechle,
Manuel Streubert

Bayerischer Schulbuch Verlag

Mit Beiträgen aus Fokus Chemie Gymnasium Band 1, Baden-Württemberg
Autoren:
Dr. Barbara Arndt, Dr. Karin Arnold, Prof. Dr. Volkmar Dietrich,
Andreas Eberle, Dr. Uwe Lüttgens
Herausgeber:
Dr. Karin Arnold,
Prof. Dr. Volkmar Dietrich
© 2006 Cornelsen Verlag, Berlin

Hinweis:
Der Verlag übernimmt für die Inhalte, die Sicherheit und die Gebührenfreiheit der in diesem Werk genannten externen Links keine Verantwortung. Der Verlag schließt seine Haftung für Schäden aller Art aus. Ebenso kann der Verlag keine Gewähr für Veränderungen eines Internetlinks übernehmen.

Das Papier ist aus chlorfrei gebleichtem Zellstoff hergestellt, ist säurefrei und recyclingfähig.

© 2007
Bayerischer Schulbuch Verlag GmbH, München
www.oldenbourg-bsv.de

Das Werk und seine Teile sind urheberrechtlich geschützt. Jede Nutzung in anderen als den gesetzlich zugelassenen Fällen bedarf der vorherigen schriftlichen Einwilligung des Verlages.
Hinweis zu § 52 a UrhG: Weder das Werk noch seine Teile dürfen ohne eine solche Einwilligung eingescannt und in ein Netzwerk eingestellt werden. Dies gilt auch für Intranets von Schulen und sonstigen Bildungseinrichtungen.

1. Auflage 2007 R06

Druck 11 10 09 08 07
Die letzte Zahl bezeichnet das Jahr des Drucks.
Alle Drucke dieser Auflage sind untereinander unverändert und im Unterricht nebeneinander verwendbar.

Umschlaggestaltung: Lutz Siebert-Wendt, München
Lektorat: Dr. Kerstin Amelunxen
Herstellung und Layout: Jakob Buxeder, München
Grafik: Detlef Seidensticker, München
Technische Umsetzung: CMS – Cross Media Solutions GmbH, Würzburg
Druck: Firmengruppe APPL, aprinta druck GmbH & Co. KG, Wemding

ISBN 978-3-7627-0059-3

Inhalt

M 1	Wichtige Regeln für das Experimentieren	8
M 2	Umgang mit dem Bunsenbrenner	9
	Das weißt du schon – Teil 1	10
	Laborgeräte/Gefahrensymbole und Gefahrenbezeichnungen	11
M 3	Erkunden durch Experimentieren	12
M 4	Erstellen eines Versuchsprotokolls	13
	Das weißt du schon – Teil 2	14
	Bestimmen von Stoffgrößen	15
	Knobelecke	16

1
Grundwissen aus Natur und Technik

2.1	Ohne Chemie läuft nichts	18
2.2	Chemie – Naturwissenschaft von den Stoffen	20
2.3	Stoffgemische lassen sich trennen	22
M 5	Experimente mit Gasen	24
M 6	Daten und Informationen über Stoffe ermitteln	25
2.4	Reinstoffe haben Kenneigenschaften	26
	Auf einen Blick	28
	Knobelecke	30

2
Stoffe – Bausteine der Materie

3.1	Merkmale einer chemischen Reaktion	32
M 7	Mind-Maps und Concept-Maps	35
3.2	Gesetzmäßigkeiten bei chemischen Reaktionen	36
3.3	Stoffumwandlung ohne Grenzen?	38
	Auf einen Blick	40
	Knobelecke	42

3
Die chemische Reaktion

4.1	Die Welt der kleinsten Teilchen	44
M 8	Naturwissenschaftliche Erkenntnisgewinnung	47
4.2	Die Bausteine der Reinstoffe	48
M 9	Modelle in der Chemie	50
4.3	Wandernde Teilchen – die Ionen	51
4.4	Die Teilchenebene	52
M 10	Betrachtungsebenen in der Chemie	55
4.5	Die chemische Zeichensprache	56
M 11	Die chemische Formel	59
	Auf einen Blick	60
	Knobelecke	62

4
Kleinste Teilchen – Bausteine von Reinstoffen

5
Atombau und gekürztes Periodensystem

5.1	Ein klassischer Versuch	64
5.2	Aufbau der Atome I: Atomkern	67
5.3	Aufbau der Atome II: Atomhülle	68
5.4	Elektronenverteilung in den Energiestufen	70
5.5	Besondere Elektronen	71
5.6	Der Edelgaszustand	72
5.7	Der Weg zum Edelgaszustand	74
5.8	„Elektronennehmer" und „Elektronengeber"	76
5.9	Wasserstoff – ein Nichtmetall	78
5.10	Silicium – ein Halbmetall	80
5.11	Alkalimetalle – eine Metallgruppe	82
5.12	Ordnung in der Welt der Elemente	84
M 12	Informationen aus dem Periodensystem entnehmen	86
	Auf einen Blick	87
	Knobelecke	90

6
Salze – Ionenbindung

6.1	Metalle und Nichtmetalle bilden Salze	92
M 13	Salze – Verhältnisformel und Benennung	94
M 14	Eine Reaktionsgleichung mit Ionen aufstellen	95
6.2	Ionenbindung und Ionengitter	96
6.3	Eigenschaften der Salze	98
6.4	Bedeutung der Salze in Natur und Technik	100
	Auf einen Blick	102
	Knobelecke	104

7
Molekular gebaute Stoffe – Elektronenpaarbindung

7.1	Nichtmetalle bilden molekulare Stoffe	106
7.2	Molekülformel und Molekülgitter	108
M 15	Moleküle – Molekülformel und Benennung	110
M 16	Eine Reaktionsgleichung mit Atomen aufstellen	111
7.3	Bindungsarten	112
M 17	Valenzstrichformeln ermitteln	113
7.4	Kohlenstoff – ein Element mit mehreren „Gesichtern"	114
7.5	Vielfalt molekularer Stoffe	116
M 18	Moleküldarstellung am Computer	119
	Auf einen Blick	120
	Knobelecke	122

8
Metalle – Metallbindung

8.1	Gewinnung eines Metalls aus einem Salz	124
8.2	Metallgitter und Elektronengasmodell	126
8.3	Eigenschaften der Metalle	128
8.4	Reaktionsverhalten von Metallen	130
8.5	Bedeutung der Metalle in Natur und Technik	131
	Auf einen Blick	132
	Knobelecke	134

9.1	Die Änderung der inneren Energie	136
9.2	Der Energieverlauf bei chemischen Reaktionen	138
9.3	Katalyse	140
9.4	Katalysatoren in Natur und Technik	142
	Auf einen Blick	144
	Knobelecke	146

9 Energiebeteiligung bei chemischen Reaktionen

10.1	Die Masse von Atomen	148
10.2	Teilchenzahl und Stoffmenge	150
10.3	Molare Masse und molares Volumen	152
M 19	Reaktionsgleichung: Informationen ablesen und berechnen	154
M 20	Reaktionsgleichungen und quantitative Berechnungen	156
	Auf einen Blick	158
	Knobelecke	159

10 Quantitative Aspekte chemischer Reaktionen

Grundwissen	160
Experimente	166
Entsorgung von Chemikalien in der Schule	173
Stichwortverzeichnis	174
Periodensystem der Elemente	177

Liebe Schülerin, lieber Schüler,

willkommen in der Welt der Chemie, die dich täglich begleitet und umgibt.

Was machen eigentlich …
… Titan(IV)-oxid und Diwasserstoffoxid im Bad,
… Natriumhydrogencarbonat im Kuchen,
… Calciumcarbonat im Klassenzimmer,
… Diwasserstoffdioxid beim Friseur,
… Calciumsulfat beim Arzt,
… Silicium im Computer oder
… Platin und Rhodium im Auto?

Nicht nur auf diese Fragen gibt dieses Buch Antworten.

In „Natur und Technik" hast du schon viel über die Arbeitsweisen von Naturwissenschaftlern erfahren. Wichtig dabei ist immer, dass man Phänomene in der Umwelt beobachtet und Fragen dazu stellt, z.B. „Warum ist das so?" Anschließend versucht man, diese Fragen mithilfe von Experimenten zu beantworten. Das hat auch der am 9.9.1737 in Bologna geborene Naturwissenschaftler Luigi GALVANI getan. Er entdeckte durch Experimente mit Froschschenkeln, dass sich diese immer dann bewegten, wenn sie zwischen zwei verschiedenen, miteinander verbundenen Metallen lagen. Galvani vermutete, dass die Bewegung von einer „Elektrizität in den Tieren" verursacht wurde. Dies stellte sich später als falsch heraus. Trotz Galvanis Fehlinterpretation bildeten seine Forschungen die Grundlage für die Entwicklung der ersten Batterie. Die Galvanotechnik und das Galvanische Element sind nach ihm benannt.

Dies zeigt, dass durch genaue Beobachtung der Umwelt, gezieltes Experimentieren und auch Fehlinterpretationen wertvolle Entdeckungen gemacht werden. Nun wünschen wir dir viel Spaß in deinem ersten Jahr in der Welt der Chemie!

Autoren und Verlag

Wie benutzt du dieses Chemiebuch am besten?

Einstiegsseiten

Jedes Kapitel besitzt den gleichen Aufbau. Es beginnt immer mit einer kurzen Einleitung, die dich auf das Thema vorbereitet. Ob du gut auf das Thema vorbereitet bist, erkennst du an den kursiv hervorgehobenen Begriffen in der Einleitung. Es handelt sich dabei um bereits aus vorigen Kapiteln oder Jahren bekannte Sachverhalte. Kommen sie dir unbekannt vor, so musst du sie wiederholen und erneut aufbereiten, um das kommende Kapitel leichter verstehen zu können.

Unterkapitel

Innerhalb eines Unterkapitels (meist eine Doppelseite) findest du den gesamten Lernstoff zu einem Thema. Wichtige Begriffe sind kursiv hervorgehoben. Merksätze in blauer Farbe sollen es dir leichter machen, das Gelernte zu behalten. Pfeile (→) verweisen auf zugehörige Kapitel.
Mit Sternchen ★ sind Themen gekennzeichnet, die dein chemisches Grundwissen erweitern (Profilbereich).

Kapitelaufgaben

Zu jedem Unterkapitel gibt es Aufgaben in den Randspalten oder am Seitenende. Sie greifen den Inhalt des Unterkapitels auf und dienen zur kurzen Überprüfung.

Leitfragen

Die kursiv gedruckten Leitfragen am Ende eines Unterkapitels sollen die Überleitung zu anderen Kapiteln erleichtern, den „roten Faden" des Buches verdeutlichen und allgemein zum Nachdenken anregen.

Methodenseiten

Hier sind zentrale Methoden und Arbeitsweisen aus dem Fach Chemie aufgeführt, die du auch zukünftig im Chemieunterricht gut gebrauchen kannst: Es werden allgemeine Prinzipien erläutert, Grundfertigkeiten – auch über den Chemieunterricht hinaus – vermittelt und praktische Hilfestellungen zum chemischen Fachwissen gegeben. Diese Methoden sind also wichtige Eckpfeiler des chemischen Grundwissens.

Auf einen Blick

Auf diesen Seiten findest du alle wichtigen Inhalte des gesamten Kapitels übersichtlich und zusammenhängend angeordnet. Die Übersicht soll dir das Lernen erleichtern.

Knobelecke

Auf dieser Seite kannst du dein Wissen zum gesamten vorangegangenen Kapitel überprüfen und vertiefen. Es befinden sich auch anspruchsvolle und wirklich kniffelige Aufgaben darunter – gib also nicht gleich auf, wenn du sie nicht auf Anhieb lösen kannst! Besonders schwierige Fragen – für Profis – haben eine rote Nummerierung.

Grundwissen

Hier findest du eine Gesamtzusammenfassung des Chemiewissens der 9. Klassenstufe.
Inhalte und Konzepte sind in Form von Mind-Maps systematisch und im Zusammenhang angeordnet; sie stellen für dich das chemische Grundgerüst für das nächste Chemiejahr dar. Du solltest diese Schlüsselbegriffe also verstanden und verinnerlicht haben sowie erklären können.

Experimente

Am Ende des Buches findest du einen Experimentalteil. Hier werden Versuche zu jedem Kapitel beschrieben, die du begleitend zum Unterricht machen kannst, um die theoretischen Inhalte besser zu begreifen. Die Versuche solltest du bitte aus Sicherheitsgründen nur in der Schule und im Unterricht unter Aufsicht einer Chemielehrkraft durchführen.

Stichwortverzeichnis

Es erleichtert dir die Suche nach bestimmten Themen oder Begriffen. Hier kannst du die entsprechenden Seiten im Buch finden, auf denen die aufgeführten Stichwörter erläutert werden.

1 Grundwissen aus Natur und Technik

Mit den *Naturwissenschaften* und ihren *Arbeitsweisen* beschäftigst du dich seit einigen Jahren im Fach „Natur und Technik". Neben *Sachkenntnis* hast du dir auch *praktische Fähigkeiten* angeeignet.

Methoden

M 1 Wichtige Regeln für das Experimentieren

Vor dem Experimentieren
- Immer *Schutzbrille* aufsetzen.
- Versuchsanleitung sorgfältig lesen.
- Sicherheitsvorschriften für Versuch und Reagenzien beachten.
- Längere Haare zurückbinden.
- Es herrscht Ess- und Trinkverbot.
- Jacken bzw. Mäntel sowie Schultaschen aus dem Experimentierbereich entfernen.
- Alle Geräte müssen sicher stehen (Stativmaterial benutzen).
- Jedes Experiment überlegt vorbereiten und sachgerecht durchführen, nie Chemikalien zusammenschütten, um zu schauen, „was dabei herauskommt".

2 Geruchsprobe durch Zufächeln mit der Hand

Während des Experimentierens
- Versuche nur nach Anleitung durchführen, keine experimentellen Alleingänge unternehmen.
- Gesicht nie direkt über ein Reaktionsgefäß halten.
- Reagenzglasöffnung niemals auf andere Personen richten (Abb. 1).
- Versuche nur mit den angegebenen Chemikalienmengen durchführen.
- Säure- und Laugenspritzer auf Haut und Kleidung sofort mit viel Wasser abwaschen.
- Keine offenen Flammen bei leicht entzündbaren Stoffen.
- Bunsenbrenner immer im Auge behalten (Flamme, Gas).
- Gaszufuhr nach einem Versuch sofort unterbrechen. Bei Bedarf später erneut zünden.
- Versuchspannen sofort melden.

Umgang mit Chemikalien
- Reagenzgläser nur zu einem Drittel befüllen.
- Keine Geschmacksproben durchführen.
- Bei Geruchsproben die Gase oder Dämpfe vorsichtig zufächeln (Abb. 2).
- Sparsamer Chemikaliengebrauch.
- Bei Chemikalienentnahme sorgfältig arbeiten, Gefäße sofort wieder verschließen.
- Chemikalien nicht in Lebensmittelflaschen oder -boxen aufbewahren.

Nach dem Experimentieren
- Experimentiertisch aufräumen und säubern.
- Geräte reinigen, abschließend mit destilliertem Wasser abspülen und auf das Trockengestell stellen.
- Chemikalienreste nie in die Vorratsflasche zurückgeben.
- Gas- und Wasserhähne überprüfen.
- Chemieabfall sachgerecht entsorgen (Lehrerhinweise).
- Hände waschen.
- Keine Chemikalien mit nach Hause nehmen.
- Gefährliche Versuche zu Hause auf keinen Fall nachmachen.

Sicherheitsvorkehrungen
- Informationen über Not-Ausschalter (Strom, Gas), Feuerlöscher, Löschdecken, Augenduschen einholen.
- Fluchtwege und Notausgang kennen.

1 Reagenzglasöffnung niemals auf Personen richten

Methoden

M 2 Umgang mit dem Bunsenbrenner

Ein unentbehrliches Arbeitsgerät beim Experimentieren ist der Brenner. Er wird zum Erhitzen von Stoffen benötigt. Der nach seinem Konstrukteur benannte *Bunsenbrenner* ist der Grundtyp aller Brenner (Abb. 1).

Das Arbeiten mit dem Brenner ist nicht ungefährlich. Unverbranntes Gas darf nicht entweichen, da es mit Luft explosive Gemische bilden kann.

Häufig ist die Flamme schwer zu erkennen, sodass du dich verbrennen kannst. Bei einem unachtsamen Umgang mit dem Brenner besteht die Gefahr von Bränden.

Der Brenner steht auf einem Brennerfuß, in dem sich Stellschrauben zur Regulierung der Gas- und Luftzufuhr befinden. Das Gas strömt durch eine Düse in das Brennerrohr, wird mit Luft gemischt und am oberen Rohrende entzündet.

Durch Verstellen der Stellschraube für die Luftzufuhr können verschiedene Flammen eingestellt werden (Abb. 2). Ist die Luftzufuhr geschlossen, bildet sich eine *leuchtende Flamme* mit einer Temperatur bis etwa 1000 °C.

Wird die Luftzufuhr wenig geöffnet, entfärbt sich die Flamme. Das Gas-Luft-Gemisch verbrennt mit *nicht leuchtender Flamme*. Hauptsächlich wird mit dieser Flamme gearbeitet. Wird die Luftzufuhr weit geöffnet, ist in der Flamme ein heller blauer Innenkegel erkennbar und sie beginnt zu rauschen. In der *rauschenden Flamme* herrscht eine Temperatur bis zu 1500 °C.

Ist die Luftzufuhr zu groß oder die Gaszufuhr zu gering, kann die Flamme „zurückschlagen". Dabei brennt sie im Inneren des Brennerrohres. Die Gaszufuhr muss dann sofort geschlossen werden.

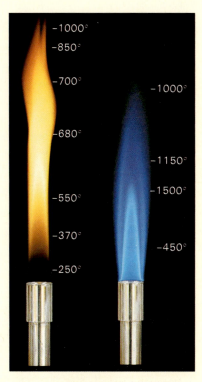

2 Flammentemperaturen bei leuchtender Flamme (links) und rauschender Flamme (rechts)

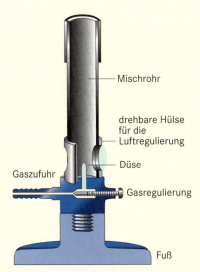

1 Aufbau eines Bunsenbrenners

Das Bedienen des Brenners erfolgt in einer bestimmten Reihenfolge:

Entzünden des Brenners
- Setze vor dem Bedienen des Brenners die Schutzbrille auf.
- Schließe die Luft- und Gaszufuhr.
- Öffne den Gashahn am Tisch und dann am Brenner.
- Entzünde das ausströmende Gas sofort an der Öffnung des Mischrohrs.

Regulieren der Flamme
- Öffne die Luftzufuhr des Brenners nach Bedarf.
- Drossle die Gaszufuhr.

Löschen des Brenners
- Schließe die Luft- und Gaszufuhr am Brenner.
- Schließe den Gashahn am Tisch.
- Stelle den Brenner erst nach dem Abkühlen weg.

Das weißt du schon – Teil 1

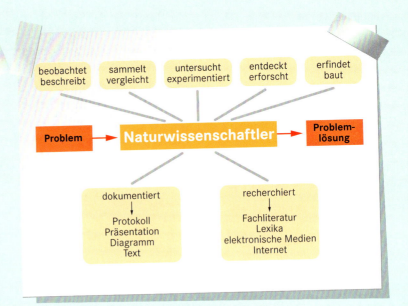

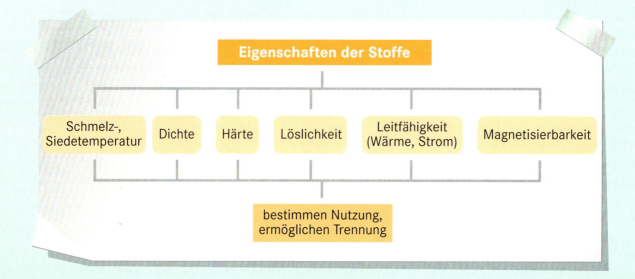

Laborgeräte

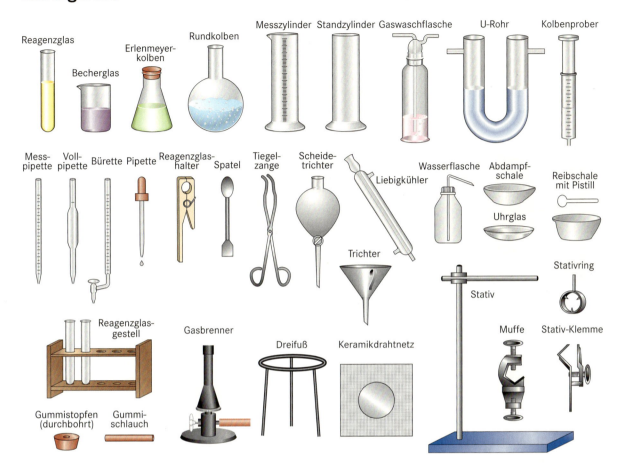

Gefahrensymbole und Gefahrenbezeichnungen

M 3 Erkunden durch Experimentieren

Die Chemie ist eine experimentelle Naturwissenschaft. Was das bedeutet, hat bereits um 1650 der bedeutende englische Naturforscher Robert Boyle ausgedrückt: „Nur das Experiment ist schlüssig, niemals die unbewiesene Behauptung!" Mit einem Experiment stellst du eine „Frage an die Natur", d. h., du greifst selbst durch *Überlegen, Planen, Handeln* und *Schlussfolgern* in das Geschehen ein.
Am Beispiel eines Experiments mit Magnesium soll das Vorgehen prinzipiell gezeigt werden. Methode 8 (S. 47) setzt diese Überlegungen fort und vertieft das experimentelle Arbeiten.

1 a–c Was geschieht mit Magnesium, wenn es in eine Flamme gehalten wird?

① *Überlege, welche Aufgabe oder welches Problem du experimentell lösen willst.*
Formuliere die Aufgabe: Es soll erkundet werden, was mit Magnesium geschieht, wenn es in eine Flamme gehalten wird.

② *Plane das Experiment.*
Überlege dabei Folgendes:
- Welche *Geräte* und *Chemikalien* werden gebraucht?
- Welche *Sicherheitsmaßnahmen* sind erforderlich?
- Wie ist der *Versuchsaufbau*?
- Welche *Versuchsbedingungen* müssen vorliegen?

Geräte: Tiegelzange, Kerze, Schmirgelpapier
Chemikalien: Magnesiumband
Sicherheitsmaßnahmen: Schutzbrille tragen, nicht direkt in die Verbrennungsflamme sehen (sehr hell)

③ *Formuliere die Beobachtungsaufgabe.*
Die Stoffe sind vor, während und nach dem Experiment genau zu betrachten bzw. zu beobachten (Abb. 1 a–c).

④ *Führe das Experiment durch und beobachte den Vorgang.*
Das Magnesiumband wird zunächst mit Schmirgelpapier an der Oberfläche gereinigt, bis es ein wenig glänzt. Anschließend wird es mit der Tiegelzange bis zur Entzündung in die Kerzenflamme gehalten.

⑤ *Notiere die Beobachtungsergebnisse.*
Das Magnesiumband verbrennt hell leuchtend. Aus einem glänzenden Metallband wurde ein weißes Pulver.

⑥ *Schlussfolgere aus deinen Beobachtungen. Werte die Beobachtungsergebnisse aus und prüfe, ob die gestellte Aufgabe gelöst ist.*
Magnesium hat mit einem Stoff aus der Luft (vermutlich Sauerstoff) zu einem neuen Stoff (weißes Pulver) reagiert, der andere Eigenschaften als der Ausgangsstoff Magnesium hat. Um die Reaktion zu starten, muss man die Oberfläche des Magnesiums reinigen und Energie zuführen (Kerzenflamme).

Beachte:
Wenn du sorgfältig experimentierst und ein genaues Protokoll anfertigst, dann führt das Experimentieren unter den gleichen Bedingungen auch immer zu den gleichen Ergebnissen.

Methoden

M 4 Erstellen eines Versuchsprotokolls

Zum chemischen Experimentieren gehört auch die Anfertigung eines Versuchsprotokolls. Es dient dazu, alle Versuchsschritte zu dokumentieren. Nur so ist es möglich, das Experiment unter gleichen Bedingungen zu wiederholen und die ermittelten Ergebnisse zu überprüfen.

So fertigst du ein Versuchsprotokoll an:
- *Beschrifte das Versuchsprotokoll mit Name, Klasse und Datum.*
- *Formuliere die Aufgabenstellung.*
- *Notiere die Geräte, Materialien und Chemikalien.*
- *Fertige eine Skizze zum Versuchsaufbau an.*
- *Gib Sicherheitsmaßnahmen an.* Dies ist nur dann erforderlich, wenn es sich bei den Chemikalien um Gefahrstoffe handelt oder wenn Verletzungsgefahr besteht.
- *Beschreibe die Durchführung des Experiments.*
- *Notiere deine Beobachtungen.* Notiere alle Auffälligkeiten und Messwerte.
- *Lege Entsorgungsmaßnahmen für alle verwendeten Chemikalien fest.*
- *Werte die Beobachtungen aus und formuliere das Ergebnis.* Vergleiche, deute, erkläre, leite Schlussfolgerungen entsprechend der Aufgabenstellung ab.
- *Wenn möglich, formuliere eine Reaktionsgleichung.*

Beachte:
Trenne die Beobachtung von der Auswertung.

1 Schüler beim Experimentieren

	Name: Klasse: Datum:
Aufgabe:	Untersuche die elektrische Leitfähigkeit von Tinte, Kochsalzlösung, Zuckerlösung, Essig, Tee, Fruchtsaft und destilliertem Wasser.
Geräte:	Glühlampe (4,5 V) mit Fassung, Batterie (4,5 V) oder Stromversorgungsgerät, Leitfähigkeitsprüfer, Verbindungskabel mit Krokodilklemmen, Bechergläser
Chemikalien/ Materialien:	Tinte, Kochsalzlösung, Zuckerlösung, Essig, Tee, Fruchtsaft, destilliertes Wasser
Versuchsaufbau:	
Durchführung:	Die Messapparatur wird nach der Versuchsskizze aufgebaut. Die Flüssigkeiten werden nacheinander auf elektrische Leitfähigkeit geprüft.
Beobachtung:	*Stoff* *Leuchtet die Glühlampe auf?*
	Tinte nein
	Kochsalzlösung ja
	Zuckerlösung nein
	Essig ja
	Tee nein
	Fruchtsaft ja
	destilliertes Wasser nein
Entsorgung:	Flüssigkeiten in den Sammelbehälter für Abwasser geben.
Auswertung:	Kochsalzlösung, Essig und Fruchtsaft leiten den elektrischen Strom, Tinte, Zuckerlösung, Tee und destilliertes Wasser leiten den elektrischen Strom nicht.
Reaktionsgleichung:	–

Das weißt du schon – Teil 2

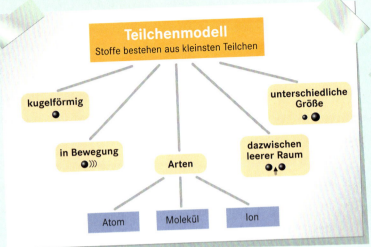

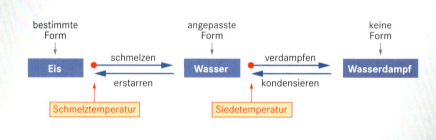

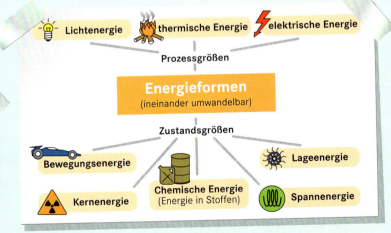

Bestimmen von Stoffgrößen

Volumen bestimmen

[Symbol: V; Einheit: cm³ = ml, dm³ = l; 1 l = 1000 ml]

- **Feststoffquader**

$V = l \cdot b \cdot h$

- **Flüssigkeiten**

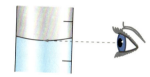

– Skala beachten
– Augen auf Höhe der Ablesemarke
– am unteren Rand der Flüssigkeit ablesen

- **unregelmäßiger Feststoff**

a) Differenzmethode

b) Überlaufmethode

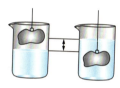

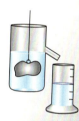

- **Gas:** nimmt immer das Volumen ein, das zur Verfügung steht

Massen bestimmen

[Symbol: m; Einheit: g; 1000 g = 1 kg]

- **Laufgewichtwaage:** Gewicht so verschieben, bis Gleichgewicht herrscht
- **Balkenwaage:** Massevergleich von Wägestück und zu bestimmender Masse
- **Digitalwaage:** mithilfe der Tara-Taste Nullstellung

Dichte ermitteln

[Symbol: ϱ; Einheit: kg/m³]

$$\text{Dichte} = \frac{\text{Masse}}{\text{Volumen}} = \frac{m}{V}$$

$\varrho_{Gas} > \varrho_{Luft}$ sinkt
$\varrho_{Gas} < \varrho_{Luft}$ steigt

schwimmt $\varrho_{Stoff} < \varrho_{Flüssigkeit}$

$\varrho_{Stoff} > \varrho_{Flüssigkeit}$ sinkt

Knobelecke

1. Vergleiche Wasser und Eisen in vier verschiedenen Stoffeigenschaften.

2. Nenne Naturwissenschaften und womit sie sich jeweils beschäftigen.

3. Beschreibe an einem selbst gewählten Beispiel, wie ein Stoffgemisch getrennt werden kann.

4. Nenne die Geräte und skizziere einen Versuchsaufbau zum
   a) Erhitzen von Wasser mit Temperaturmessung,
   b) Volumenmessen eines Steins,
   c) Filtrieren eines Stoffgemisches,
   d) Erhitzen einer Flüssigkeit im Reagenzglas mit dem Bunsenbrenner.

5. Nenne dir bekannte Stoffgemische aus dem Alltag.

6. Erkläre die Begriffe: Dichte, Stoffgemisch, Siedetemperatur, Schmelztemperatur und Energieumwandlung.

7. Beschreibe zwei Möglichkeiten, wie man die Dichte von unregelmäßig geformten Feststoffen ermitteln kann.

8. Untersuche zu Hause Brausepulver mit einer Lupe und ermittle die Anzahl der Bestandteile.

9. Erläutere, wann ein Stoff im Wasser schwimmt bzw. in der Luft nach oben steigt.

10. Schlage die Werte für die Dichte, Schmelztemperatur und Siedetemperatur von folgenden Stoffen nach und stelle sie in einer Tabelle dar: Spiritus (Alkohol), Wasser, Glas, Aluminium, Gold, PVC, Holz (Cellulose), Kork, Salatöl (Speiseöl).

11. Nimm zur Aussage „Luft ist nicht Nichts" Stellung.

12. Nenne für die Temperaturmessung zwei Maßeinheiten und gib jeweils die Einheit an.

13. Erkläre, warum man beim Volumenmessen die Größe des Messzylinders der zu messenden Flüssigkeit anpassen sollte. Beschreibe weitere Fehler, die beim Ablesen des Volumens passieren können.

14. Suche aus der Liste folgender Stoffe diejenigen aus, bei denen es sich um Reinstoffe handelt: Wasser, Brausepulver, Eisen, naturtrüber Apfelsaft, Alufolie, Schoko-Müsli.

15. Nenne die Reinstoffe, aus denen das Stoffgemisch Luft zusammengesetzt ist.

16. Erkläre, warum ein Gas immer das Volumen einnimmt, das ihm zur Verfügung steht.

17. Erläutere den Unterschied zwischen „Masse" und „Gewicht".

18. Erkläre mithilfe einer Skizze den Vorgang, wenn Zucker sich in einem Glas Wasser auflöst.

19. Vergleiche die drei verschiedenen Teilchenarten untereinander.

20. Stelle mithilfe des Teilchenmodells die Aggregatzustände der Stoffe dar.

21. Atmung und Fotosynthese:
    a) Gib die Stoff- und Energieumwandlung bei der menschlichen Atmung in vereinfachter Weise an und erkläre die Bedeutung dieser Reaktion für den Menschen.
    b) Gib die Stoff- und Energieumwandlung bei der Fotosynthese der grünen Pflanzen in vereinfachter Weise an und erkläre die Bedeutung des Lichts für diese Reaktion.
    c) Vergleiche die Reaktion der Atmung mit der Reaktion der Fotosynthese.

1 Fotosynthese bei einer Wasserpflanze: Die Bildung von Sauerstoff ist gut erkennbar.

2 Stoffe – Bausteine der Materie

Das Fach „Natur und Technik" hat wichtige Grundlagen für alle *naturwissenschaftlichen Fächer* geschaffen. Um die Übersicht zu behalten, wurden in den letzten Jahren bereits die Bereiche *Biologie, Informatik* und *Physik* unterschieden. Nun lernst du auch die Fachwissenschaft *Chemie* kennen.

18 Stoffe – Bausteine der Materie

1 Die Gewinnung des Farbstoffs aus der Purpurschnecke war so aufwändig, dass Purpur nur für die Amtskleider von Königen oder hohen Beamten verwendet wurde.

2 Purpurmantel eines Königs

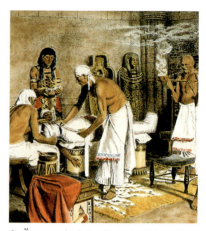

3 Ägypter bei der Einbalsamierung eines Toten

2.1 Ohne Chemie läuft nichts

Chemie hat Geschichte. Alle in der Natur ablaufenden Vorgänge bis hin zur Entwicklung des Universums sind mit chemischen Prozessen verbunden. Schon in der Vorzeit machten die Menschen Erfahrungen mit der Veränderung von Stoffen. Beim Rösten und Räuchern oder beim Brennen von Töpferware wurden Stoffe durch Feuer verändert. In der Bronze- und Eisenzeit wurden Metalle aus Erzen gewonnen und bearbeitet. Dazu war das Beherrschen von Feuer ebenso nötig wie bei der Gewinnung von Glas, Kalk und Keramik. Auch beim Gerben von Häuten und beim Färben von Stoffen, z. B. mit Purpur, spielten chemische Prozesse eine große Rolle (Abb. 1, 2).

Die Ägypter stellten vor 4 500 Jahren Salben und Öle her, mit denen sie die Toten vor Verwesung schützten (Abb. 3). Sie verfügten auch über Kenntnisse über zahlreiche Heilmittel und Gifte. Die Araber brachten dieses Wissen der Ägypter – die *Alchemie* – im 13. Jahrhundert über Spanien nach Europa.

4 Alchemistisches Labor

Info
Der Name „Chemie" geht wahrscheinlich auf die Zeit der Metallgewinnung zurück, da das griechische Wort „chyma" „Metallguss" bedeutet. Auch das arabische Wort „chemi" für schwarz könnte Ursprung sein, da für die spätgriechischen Alchemisten ein „schwarzes Präparat" bei der Stoffumwandlung eine Rolle spielte.

Die Alchemisten. Die Alchemie in Europa war eine Art Geheimlehre. Durch geheime Zeichen und Namen verbargen die Alchemisten ihre Arbeit vor Nichteingeweihten (→ 4.5). Sie suchten nach dem „Stein der Weisen", der unedle Metalle wie Eisen in edle wie Gold verwandeln sowie Gesundheit und ewige Jugend verleihen sollte. Dennoch verdanken wir den Alchemisten neben Kenntnissen über Heilmittel, Giftstoffe, Porzellan und Phosphor auch grundlegende *naturwissenschaftliche Arbeitsmethoden*.

Der Wandel zur Naturwissenschaft. Erst im 17. Jahrhundert nahm die Chemie eine wissenschaftliche Richtung. Robert Boyle löste in seinem 1661 veröffentlichten Buch „Der skeptische Chemiker" die Chemie von der Alchemie: Die Grundlage wissenschaftlichen Arbeitens ist das *genaue Beobachten* und die *kritische Auswertung von Experimenten*.

Stoffe – Bausteine der Materie

Bedeutung der Chemie. Wie du bereits im Fach „Natur und Technik" gesehen hast, spielen bei Erklärungsansätzen für natürliche Phänomene und Abläufe in aller Regel Naturwissenschaften eine Rolle. Die Chemie z. B. dringt immer mehr in die moderne *Biologie* und *Medizin* ein und ermöglicht, die Vorgänge im gesunden und kranken Körper besser zu verstehen und zu steuern. Die Genetiker sind heute in der Lage, mit chemischen Methoden Organismen in ihrem Erbgut gezielt zu verändern.

Die Chemie hilft mit, die in der Natur beobachteten Veränderungen besser zu verstehen und zu beeinflussen.

Chemie heute. Ohne die moderne Chemie und ihre Leistungen ist unser heutiger Lebensstandard nicht vorstellbar. „Chemie" ist überall: Sie „begegnet" dir schon morgens im Bad in Form von Hygiene-, Kosmetik- und Duftartikeln sowie den Tag über in Form von Farb- und Kunststoffen sowie vielen verschiedenen Werkstoffen. Auch die „Textil-Stoffe", die du auf deiner Haut trägst, sind chemisch veränderte Produkte. Du wirst in den weiteren Buchkapiteln feststellen, dass eigentlich alles, was Materie bzw. Stoffe betrifft, mit Chemie zu tun hat, auch wenn uns dies gar nicht immer bewusst ist. Viele Menschen verbinden mit „Chemie" nur negative Dinge wie Gifte in der Umwelt, Chemieunfälle oder Ungesundes in der Nahrung, obgleich auch sie ständig von „Chemie" umgeben sind. Alle Stoffwechselvorgänge im Körper des Menschen, z. B. Verdauung oder Zellatmung, sind chemische Vorgänge. Auch die Fotosynthese ist ein chemischer Prozess. Ohne chemische Reaktionen wäre Leben nicht möglich!

Eine wesentliche Aufgabe der Chemie besteht darin, durch verstärkte Kontrollen der Umwelt (Luft, Boden, Gewässer) Schadstoffe aufzuspüren und Methoden zu finden, diese zu verringern oder zu beseitigen. Die Suche nach Möglichkeiten, die Energieversorgung langfristig zu sichern und nachhaltig zu wirtschaften, die Umweltverträglichkeit von Stoffen zu überprüfen, landwirtschaftliche Erträge zu steigern und Arzneimittel zu entwickeln sind nur wenige Beispiele für die große Bedeutung der Chemie.

Die Chemie beschäftigt sich mit den Eigenschaften von Stoffen und den Möglichkeiten, diese umzuwandeln.
Neue Stoffe mit neuen, für den Menschen vorteilhaften Stoffeigenschaften zu entwickeln (präparative Chemie) sowie Stoffe nachzuweisen (analytische Chemie) sind damit Hauptaufgaben der Chemie.

5 Heute kann man kleinste Mengen eines Stoffes nachweisen: 1 Picogramm pro Kilogramm (10^{-12} g/kg). Dies entspricht der Verteilung eines Zuckerwürfels in den 2,7 Billionen Litern Wasser des Starnberger Sees.

Aufgaben

1. Erstelle eine Tabelle, in der du Stoffe auflistest, die zur jeweiligen Zeit (Altertum, Antike, Mittelalter, Neuzeit, 19. und 20. Jahrhundert) eine große Rolle spielten.
2. Die Chemie leistet Wertvolles in vielen Lebensbereichen. Finde Beispiele in den Bereichen Ernährung, Wohnen, Umwelt, Technik, Kunst, Energie, Gesundheit, Wirtschaft und Arbeit, Kleidung, Freizeit.
3. Erläutere die Begriffe „Rohstoff" und „Recycling".

Was sind eigentlich Stoffe? → 2.2
Sind alle Stoffe umwandelbar bzw. veränderbar? → 3.1

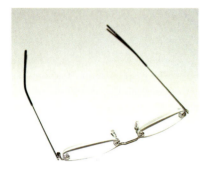
1 Brille

2 Christbaumkugeln

3 Trinkgläser

2.2 Chemie – Naturwissenschaft von den Stoffen

Stoff und Form. Tausende unterschiedlicher Gegenstände umgeben uns. Wir können sie sehen, fühlen, hören, riechen, schmecken, also mit allen unseren Sinnen erfassen.

Wenn wir sie beschreiben, werden wir schnell auf den Unterschied zwischen der Form und dem Stoff stoßen. Eine Kugel kann aus den unterschiedlichsten Stoffarten bestehen: Holz, Eisen, Glas, Porzellan usw. (Abb. 4). Und was kann nicht alles aus Glas gemacht werden! So verschieden Aussehen und Zweck eines Brillenglases, einer Christbaumkugel oder eines Trinkglases sind: Sie stimmen darin überein, dass sie aus dem gleichen Material bzw. dem gleichen Stoff gefertigt sind (Abb. 1–3).

Gegenstände bzw. Körper bestehen aus *Stoffen*.
Eine *Stoffportion* hat ein bestimmtes Volumen und eine bestimmte Masse.

Im Alltag hat der Begriff „Stoff" viele weitere Bedeutungen, die man im Synonymwörterbuch nachschlagen kann: Gewebe, Droge, (Kraft-)Stoff, Inhalt oder Geschehen, Thema usw.

Chemie – die Lehre von den Stoffen. Stoffe werden von verschiedenen Naturwissenschaften untersucht. Während sich die Biologie mit Stoffen beschäftigt, die an Lebensprozessen beteiligt sind, und die Geologie Stoffe betrachtet, aus denen Gesteine bestehen, untersucht die Physik *Stoffzustände* (fest, flüssig, gasförmig) und *Zustandsänderungen* der Stoffe (z. B. sieden, schmelzen). Die Chemie beschreibt den *Stoffaufbau*, die *Stoffeigenschaften* sowie *Stoffveränderungen*: Stoffe können zerlegt werden (Analyse), hergestellt werden (Synthese) oder umgesetzt werden (Umsetzung).

Die Chemie ist die Lehre von den *Stoffen,* den *Stoffeigenschaften* und den *Stoffveränderungen*. Sie widmet sich ebenso wie die Physik auch dem *Aufbau* und der *inneren Energie* der Stoffe.

4 Die Kugeln haben die gleiche Form, sind aber aus verschiedenen Materialien.

Chemie – eine empirische Naturwissenschaft. Vielleicht hast du in der Natur auch schon einmal *Beobachtungen* gemacht, über die du noch mehr erfahren und wissen möchtest. Damit bist du auf dem Weg zum empirisch arbeitenden Naturwissenschaftler, denn eine *empirische Wissenschaft* gründet sich auf beobachtbare Vorgänge. Wissenschaftler, die sich mit einer Beobachtung näher auseinandersetzen möchten, überlegen zunächst, mit welchen Messungen und Experimenten ihre Beobachtung „greifbarer" gemacht werden kann. Aus den so gewonnenen Erkenntnissen können Vermutungen entwickelt werden, die wieder durch weitere Messungen und Experimente bestätigt oder auch widerlegt werden können. So bewegt man sich Schritt für Schritt auf dem sogenannten naturwissenschaftlichen Erkenntnisweg (→ M 8) vorwärts.

Einteilung der Stoffe. Wenn du als empirisch arbeitender Naturwissenschaftler Stoffe genauer betrachtest und untersuchst, so kannst du feststellen, dass ein Gegenstand vielfach nicht aus einer einzigen Stoffart, sondern aus mehreren Stoffarten besteht. Der Blick auf das Etikett in einem Kleidungsstück zeigt z. B., dass der verarbeitete „Stoff" ein Gemisch aus mehreren Bestandteilen, d. h. Textilarten, ist (Abb. 5). Während jede einzelne Stoffart ihre charakteristischen Eigenschaften hat, kann man in einem derartigen Gemisch die Eigenschaften durch das Mischungsverhältnis variieren.

5 Viele Textilien bestehen aus Mischgewebe.

Besteht eine Stoffportion nur aus einer einzigen Stoffart, so sprechen wir von einem *Reinstoff*. Ist hingegen die Stoffportion aus mehreren Stoffarten zusammengesetzt, so liegt ein *Stoffgemisch* vor.

Wie rein darf's denn sein? In einem Reinstoff darf „nichts anderes" enthalten sein. Deshalb haben die Chemiker Substanzen und Verfahren gefunden, mit denen Verunreinigungen festgestellt werden können.
Mit den heute üblichen modernen Nachweisverfahren lassen sich selbst in „Reinstoffen" stets noch Verunreinigungen finden. Je geringer deren Menge sein soll, desto aufwändiger müssen die Reinigungsverfahren sein. Daher nimmt bei einer im Handel angebotenen Chemikalie von der Angabe „roh" über „technisch", „rein" und „reinst" bis zu „suprapur" auch der Preis zu (Abb. 6).

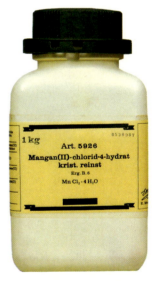

6 Das Etikett auf der Chemikalienflasche zeigt den Reinheitsgrad an.

Aufgaben

1 Nenne Gegenstände, die aus demselben Stoff bestehen.
2 Nenne Stoffe, die unterschiedlich genutzt werden.
3 Nenne Beispiele für empirische Wissenschaften und begründe deine Auswahl.
4 Nenne Stoffportionen, die aus 2, 3, 4 und mehr als 4 Arten von Bestandteilen bestehen.
5 Nenne Stoffportionen, die nur aus einer Art von Bestandteilen bestehen.
6 Welche Stoffe sind auf S. 17 zu sehen?

Welche Stoffgemische gibt es?
→ 2.3
Wie erhält man aus Stoffgemischen Reinstoffe? → 2.3
Welche Reinstoffe gibt es? → 3.1

2.3 Stoffgemische lassen sich trennen

1 Granit ist ein Feststoffgemisch: Die drei Bestandteile lassen sich deutlich unterscheiden.

Stoffgemische. Bei den meisten in der Natur vorkommenden Stoffen ist sofort erkennbar, dass sie aus mehreren Stoffarten bzw. Bestandteilen zusammengesetzt sind, so z. B. das Granitgestein in Abb. 1. Diese Materialien erscheinen schon mit bloßem Auge als zusammengesetzt oder *heterogen* (heteros, griech.: verschieden).
Nicht immer sind Stoffgemische aber als solche sofort erkennbar. Meerwasser erscheint einheitlich; im Wasser sind aber Salze gelöst, wie jeder weiß, der schon einmal im Meer gebadet hat. Selbst mit dem Mikroskop sind die Bestandteile nicht zu sehen. Ein derartiges Stoffgemisch ist einheitlich oder *homogen* (homos, griech.: gleich).

Heterogene Stoffgemische. Hier kann man einheitliche Bereiche (= *Phasen*) unterscheiden, die durch eine *Grenzfläche* voneinander getrennt sind (Abb. 2). Ein heterogenes Gemisch besteht aus mehreren Phasen, die teilweise nur mit dem Mikroskop zu unterscheiden sind. Die Phasen können unterschiedliche Zustände haben.

Homogene Stoffgemische. Hier besteht das Stoffgemisch aus nur einer sichtbaren Phase. Obwohl eine Mischung von zwei oder mehreren Stoffen vorliegt, sind diese selbst mit dem Mikroskop nicht zu unterscheiden. In Kapitel 4.4 werden wir noch klären, warum wir hier nur eine Phase sehen können.

Stoffgemische bestehen aus mehreren Stoffen. Sie können *heterogen* (uneinheitlich) oder *homogen* (einheitlich) sein.

2 Durch die Einfärbung sieht man deutlich, dass sich die beiden Flüssigkeiten Benzin und Wasser nicht mischen.

	in Feststoff	Flüssigkeit	Gas	
Feststoff	*Feststoffgemisch*, z. B. Granit, Erde	*Suspension*, z. B. Sand in Wasser	*Rauch*, z. B. Staub, Ruß in Luft	heterogen
	Legierung, z. B. Messing, Bronze	*Lösung*, z. B. Zuckerwasser	–	homogen
Flüssigkeit	*Flüssig-fest-Gemisch*, z. B. Bindemittel für Öl	*Emulsion*, z. B. Milch	*Nebel*, z. B. Wasser in Luft	heterogen
	–	*Lösung*, z. B. Alkohol in Wasser	–	homogen
Gas	*poröser Stoff*, z. B. Bimsstein	*Schaum*, z. B. Schaumbad	–	heterogen
	–	*Lösung*, z. B. Sauerstoff in Wasser	*Gasgemisch*, z. B. Luft	homogen

Stoffe – Bausteine der Materie **23**

Trennung von Stoffgemischen. Stofftrennung finden wir überall im Alltag: über das grobe Mülltrennen bis hin zur Kaffeemaschine. Auch in der Chemie werden Stoffgemische getrennt, da der Chemiker für seine Experimente Reinstoffe benötigt.

Stoffgemische lassen sich mit *physikalischen Verfahren* in Reinstoffe trennen.

Da in den meisten Fällen der abgetrennte Reinstoff noch verunreinigt ist, müssen zur Reinstoff-Isolierung spezielle Verfahren (z. B. Chromatografie, Umkristallisieren, Zonenschmelzen) angewendet werden. Nachfolgend sind wichtige Trennmethoden angeführt.

Wie man Feststoffgemische trennt. Je nach Größe der Bestandteile kann man die Stoffe durch Sieben trennen. Falls Stoffe magnetisch sind, kann auch das Magnetscheiden angewendet werden (Abb. 3). Feststoffe in Gasen werden herausgefiltert. So arbeiten z. B. Rußfilter in LKWs.

Wie man Suspensionen und Emulsionen trennt. Den aufgewirbelten Feststoff einer Suspension lässt man absetzen und gießt die überstehende Flüssigkeit ab (= Dekantieren). Das Absetzen kann auch beschleunigt werden, wenn das Gefäß schnell gedreht wird und die Zentrifugalkraft auf das Stoffgemisch wirkt. Mit diesem Verfahren (Zentrifugieren) können z. B. die Stoffe der Emulsion Milch getrennt werden. Eine Suspension lässt sich auch mithilfe eines Filters trennen. Auf dem Filterpapier sammelt sich der Rückstand, im untergestellten Gefäß das Filtrat. Die Trennung durch Filtrieren ist möglich, wenn die Körner des Stoffes größer sind als die Poren des Filterpapiers (meist um 0,005 mm).

Wie man Lösungen trennt. Möchte man nur den Lösestoff erhalten, so reicht es aus, die Lösung zu erhitzen und das Lösemittel abzudampfen. Eine Destillation (Abb. 4) wird durchgeführt, wenn man (auch) das Lösemittel gewinnen will: Dazu erhitzt man die Lösung zum Sieden, und der Bestandteil mit der niedrigeren Siedetemperatur verdampft. Der Dampf wird abgeleitet und gekühlt. Dadurch kondensiert er zur Flüssigkeit und tropft als Destillat in einen Auffangbehälter, die Vorlage.

3 Mit einem Magneten können Eisenspäne aus einer Mischung mit Sand herausgeholt werden.

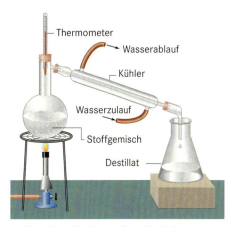

4 Eine Destillationsanlage im Labor

Aufgaben
1 Koche gemahlenen Kaffee mit Wasser auf und filtriere durch einen Kaffeefilter. Notiere deine Beobachtungen und versuche, sie zu erklären.
2 Ordne den Gemischarten zu: Cola, Autoabgase, Mineralwasser, Styropor, Tinte, Gesteine, Ytong-Stein, Essig (Wasser und Essigsäure), Wolken, schlammiges Wasser.
3 Finde heraus, was man unter homogenisierter Milch versteht.
4 Informiere dich über weitere Trennverfahren: Chromatografie, Zentrifugieren, Extrahieren, Flotation, fraktionierte Destillation, Ausschütteln, Umkristallisieren, Zonenschmelzen.
5 Erläutere und erkläre den Wasserlauf in Abb. 4.

Welche Eigenschaften werden zur Stofftrennung genutzt? → 2.4
Was unterscheidet homogenes Stoffgemisch und Reinstoff? → 4.4

M 5 Experimente mit Gasen

Um mit Gasen experimentieren zu können, werden Gasportionen benötigt, die frei von anderen Gasen, also auch frei von Luft sind. Welche Methode zum Auffangen eines Gases verwendet wird, ist von dessen Eigenschaften abhängig.

Auffangen von Gasen durch Luftverdrängung
- *Richte bei Gasen mit größerer Dichte als Luft (ϱ = 1,29 g/l) die Öffnung des Auffanggefäßes nach oben.*
Stelle Kohlenstoffdioxid (ϱ = 1,98 g/l) nach dem Versuch in Abb. 1 her. Mit dem am Boden entstehenden Gas kann eine Kerze ausgegossen werden.

1 Auffangen von Kohlenstoffdioxid

- *Richte bei Gasen mit kleinerer Dichte als Luft die Öffnung des Auffanggefäßes nach unten.*
Eine kleinere Dichte als Luft besitzt z. B. Wasserstoff (ϱ = 0,08 g/l). Führe den Versuch nach Abb. 2 durch. Mit dem gebildeten Wasserstoff kann die Knallgasprobe durchgeführt werden.

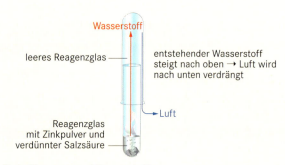

2 Auffangen von Wasserstoff

- *Leite das Gas genügend lange in das Auffanggefäß.*
- *Arbeite bei giftigen Gasen unter dem Abzug!*

Auffangen von Gasen durch Flüssigkeitsverdrängung (pneumatisches Auffangen)
Bei dieser Methode wird ein mit Flüssigkeit gefülltes Auffanggefäß mit der Öffnung nach unten in eine mit Flüssigkeit gefüllte Wanne gestellt. Die Flüssigkeit wird als Sperrflüssigkeit bezeichnet. Das Gas wird in das Auffanggefäß geleitet. Dabei verdrängt es nach und nach die sich darin befindende Sperrflüssigkeit. Die Methode kann nur angewendet werden, wenn sich das betreffende Gas kaum in der Sperrflüssigkeit löst und nicht mit ihr reagiert. Meistens wird Wasser als Sperrflüssigkeit verwendet.
Durch diese Methode kann z. B. Sauerstoff aufgefangen werden, der sich durch Reaktion von Wasserstoffperoxid H_2O_2 mit Braunstein MnO_2 herstellen lässt.

- *Fülle die pneumatische Wanne etwa zu zwei Dritteln mit Wasser.*
- *Lege ein Reagenzglas so unter Wasser, dass die Luft ganz entweicht.*
- *Stelle das Gas her.*
Um Sauerstoff herzustellen, baue die Apparatur wie in Abb. 3 auf. Befestige das Reagenzglas mit Ansatzrohr an einem Stativ. Lass die Wasserstoffperoxidlösung auf den Braunstein tropfen. Warte einen Moment, bis die Luft in der Apparatur entwichen ist.
- *Richte das Reagenzglas in der Wanne mit der Öffnung nach unten auf.*
- *Fange das Gas auf.*
Halte das Reagenzglas so über das Gasableitungsrohr, dass das Gas im Reagenzglas aufsteigen kann.
- *Verschließe nach dem Füllen das Reagenzglas unter Wasser mit dem Stopfen.*
- *Führe anschließend die Glimmspanprobe durch (S. 170, V 3).*

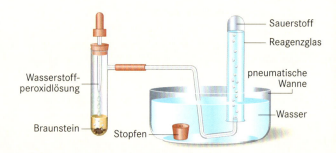

3 Pneumatisches Auffangen von Sauerstoff

M 6 Daten und Informationen über Stoffe ermitteln

Oft ist es notwendig, Daten und Informationen, z. B. über besondere Stoffe, zu ermitteln. Tipps und Hinweise zum Umgang mit einigen Informationsquellen findest du auf dieser Seite.

Beispiel:
Titan ist ein silbergraues Metall mit besonderen Eigenschaften und interessanten Anwendungen. Stelle Informationen über diesen Werkstoff zusammen.

- *Kläre, welche Informationen notwendig sind.*
  Welche Eigenschaften hat Titan? Wo kommt es vor? Welche Anwendungen findet es?
- *Verschaffe dir einen Überblick über leicht zugängliche Informationsquellen.*
  Informationsquellen können z. B. in der Schule, in einer Bibliothek und bei dir zu Hause zugänglich sein.

Tabellenwerk und Lexikon

In Tabellenwerken sind wichtige Werte und Formeln übersichtlich zusammengestellt. Im Lexikon finden sich neben dem eigentlichen Eintrag, z. B. unter dem Suchbegriff „Titan", weitere Informationen und zusätzliche Stichworte, die wichtige Anhaltspunkte zu weiterführenden Informationen über den gesuchten Stoff bieten.

Die multimediale Enzyklopädie

Digitale Nachschlagewerke, die z. T. auch kostenlos im Internet zur Verfügung stehen, bieten informative Artikel zu vielen Themenbereichen. Abbildungen, Diagramme, Links und zahlreiche weitere Multimediaelemente ergänzen die Artikel. Die Bedienung erfolgt über eine Suchmaske, in der der Suchbegriff als Stichwort eingegeben wird.

Suchmaschinen im Internet

Suchmaschinen helfen dir bei der Recherche im Internet. Schränke deine Suche sinnvoll ein, indem du treffende Suchbegriffe verwendest und dir z. B. nur deutschsprachige Seiten oder nur Seiten von Universitäten und Organisationen anzeigen lässt.

Chemie-Web-Seiten

Spezielle Chemie-Seiten im Internet liefern dir u. a. viele Informationen über chemische Stoffe. Sehr nützlich zur Recherche sind sogenannte Linklisten, die dich auf andere Seiten weiter verweisen.
Da Internetadressen zu schnell veralten, sind hier nur die Stichworte angegeben. Die Adressen findest du mithilfe der Internetsuchmaschinen. Stichworte: Periodensystem, Elemente, Chemieunterricht, Schulchemie, Experiment(e) des Monats, Chemie ...

- *Recherchiere in den von dir ausgewählten Informationsquellen.*
  Verschaffe dir zunächst einen Überblick.
- *Wähle gezielt die Quellen aus, in denen du die benötigten Informationen genauer recherchieren kannst.*
- *Stelle die Ergebnisse deiner Ermittlungen dar.*
  Wähle eine geeignete Form der Darstellung, z. B. Tabelle, Übersicht oder Poster.

Name	Titan
Symbol	Ti
Vorkommen	zehnthäufigstes Element auf der Erde, Bestandteil von Mineralien
Schmelztemperatur	1668 °C
Siedetemperatur	3287 °C
Dichte	4507 kg/m³
weitere Eigenschaften	hohe Festigkeit, Korrosionsbeständig, Bioverträglichkeit
Anwendungen	als Legierungsbestandteil im Flugzeugbau und in der Raumfahrttechnik, als „Knochenersatz" in der Medizin, als korrosionsbeständiges Metall in Wärmetauschern

Tipp für alle Recherchen

Texte, einzelne Textpassagen oder Bilder aus den Quellen dürfen ausschließlich für private Zwecke genutzt werden. Füge deiner Recherche stets eine Quellenangabe hinzu. Fremde Zitate müssen als solche deutlich kenntlich gemacht werden. Hüte dich vor dem einfachen Kopieren von Beiträgen.

2.4 Reinstoffe haben Kenneigenschaften

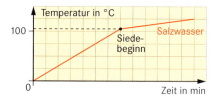

1 Siedekurven von reinem Wasser und einer Lösung

Reinstoffe. Wir haben erfahren, dass man Stoffgemische durch physikalische Methoden in die enthaltenen Stoffarten trennen kann und dass bei Stoffgemischen (auch bei homogenen Gemischen) die Eigenschaften vom Mischungsverhältnis der Bestandteile abhängen, also variabel sind.

Reinstoffe können mit physikalischen Trennmethoden nicht weiter zerlegt werden und haben jeweils bei einem bestimmten Druck und einer bestimmten Temperatur konstante Kenneigenschaften.

Zu beachten ist allerdings, dass es absolut reine Stoffe gar nicht gibt. „Reinstes" Aluminium hat z. B. immer noch 0,001 % Verunreinigungen, die aber die Eigenschaften nicht mehr entscheidend beeinflussen.

Physikalische Kenneigenschaften. Eigenschaften, die je nach Ort und Zeit veränderbar sind, z. B. Größe, Menge oder Gestalt, können Reinstoffe nicht genau genug beschreiben. Wesentliche Eigenschaften, die unveränderlich sind, charakterisieren Reinstoffe unverwechselbar. Dabei sind *messbare Eigenschaften* (s. 1. und 2.) besonders wichtig.

1. Schmelz- und Siedetemperatur: Zu den wichtigsten Eigenschaften eines Reinstoffes zählen *Schmelz-* und *Siedetemperatur*. Erhitzt man Wasser, so beginnt es immer bei seiner Siedetemperatur (bei 1013 hPa Druck: t_b = 100 °C) zu sieden. Bis die letzte Stoffportion verdampft ist, hat die Flüssigkeit die gleiche Temperatur (Abb. 1, oben). Man nennt die Siedetemperatur deswegen – wie auch die Schmelztemperatur – einen „Fixpunkt". Bei Salzwasser als Gemisch steigt dagegen die Siedetemperatur während des Siedens an, da sich wegen des verdampfenden Wassers ständig die Zusammensetzung ändert (Abb. 1, unten). Gemische haben daher einen *Siedebereich*.

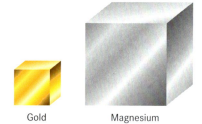

2 Die beiden Würfel haben dieselbe Masse.

2. Dichte: Zu den Kenneigenschaften zählt nicht die Masse m einer Stoffportion, auch nicht ihr Volumen V, wohl aber ihre Dichte ϱ (Rho) mit der Einheit kg/m³. Die *Dichte* ist somit eine Materialkonstante. Ein Gramm eines Stoffes besitzt bei einer bestimmten Temperatur und einem bestimmten Druck einen bestimmten Rauminhalt.

3. Geruch und Geschmack: Bei einer Geruchsprobe wird der Duftstoff vorsichtig mit der Hand zugefächelt. Geschmacksproben werden in der Chemie aus Sicherheitsgründen nicht durchgeführt.

4. Optische Eigenschaften: Neben *Farbe* und *Glanz* (matt, metallisch, Glasglanz) ist die *Kristallform* für einen Stoff charakteristisch.

5. Härte: Durch *Ritzen der Oberfläche* kann die Härte von Stoffen untersucht werden. Weiche Stoffe wie Gips sind noch mit dem Fingernagel ritzbar. Harte Stoffe wie Glas sind nur durch noch härtere Stoffe, wie Quarz oder Diamant, ritzbar.

Info
Der Mineraloge Friedrich Mohs (1773–1839) entwickelte eine *Härteskala*, mit der man die Ritzhärte von Stoffen ermitteln kann. Er legte zehn Skalaminerale mit aufsteigender Härte fest, mit denen die Probe verglichen wird.

Stoffe – Bausteine der Materie

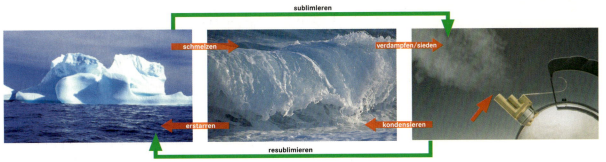

3 Die drei Aggregatzustände von Wasser und ihre Übergänge

6. Aggregatzustand unter Standardbedingung (25 °C, 1013 hPa): Druck und Temperatur legen fest, in welchem *Aggregatzustand* ein Stoff vorliegt, ob er also fest, flüssig oder gasförmig ist (Abb. 3). Für jeden Stoff ergibt sich somit bei den Standardbedingungen ein charakteristischer Aggregatzustand. Stoffe können ihren Aggregatzustand aber auch ändern, ohne die charakteristischen Temperaturen zu erreichen. So ist z. B. der Übergang von der Flüssigkeit zum Gas auch weit unterhalb der Siedetemperatur möglich. Dies ist uns vom Wasser bekannt: Es verdunstet allmählich (→ 4.4).

7. Elektrische Leitfähigkeit und Wärmeleitfähigkeit: Alle Metalle sind in fester Form und als Schmelze *Stromleiter*, ebenso der im „Bleistift" enthaltene Graphit und die wässrige Kochsalzlösung. Zu den *Nichtleitern* (*Isolatoren*) zählen z. B. Schwefel, die meisten Kunststoffe, Glas, Porzellan, reines Wasser und eine Zuckerlösung. Metalle sind ebenso gute *Wärmeleiter*. Das merkt man daran, dass ein Metallteelöffel rasch heiß wird und sich Metallstücke durch das schnelle Ableiten der Körperwärme kalt anfühlen. *Wärmeisolatoren,* z. B. Kunststoffe (Styropor), werden zur Wärmedämmung verwendet.

8. Löslichkeit: Unter *Löslichkeit* versteht man die Masse eines Stoffes, die sich bei konstanter Temperatur in 100 g des Lösemittels gerade noch auflöst. Die Löslichkeit einer Stoffart ist also begrenzt. Ist ihr Maximum erreicht, liegt eine *gesättigte* Lösung vor. Die Löslichkeit ist von der Temperatur abhängig (Abb. 4, 5). Ein wasserunlöslicher Stoff kann in einem anderen Lösemittel gut löslich sein. So lässt sich z. B. ein Fettfleck nicht mit Wasser, wohl aber mit Waschbenzin aus dem Stoff herauslösen.

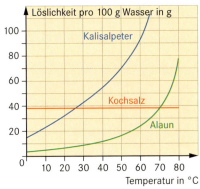

4 Meist steigt die Löslichkeit mit der Temperatur: Kochsalz macht hierbei eine Ausnahme.

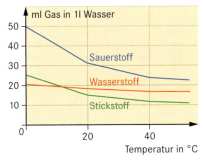

5 Löslichkeit von Gasen in Wasser in Abhängigkeit von der Temperatur bei konstantem Druck.

Aufgaben

1. Nenne die physikalischen Eigenschaften, die bei folgenden Trennverfahren genutzt werden: Filtrieren, Sedimentieren, Zentrifugieren, Abdampfen, Extrahieren, Ausschütteln, Destillieren.
2. Überlege, wie man die Dichte von unregelmäßig geformten Gegenständen ermitteln kann.
3. Informiere dich über die Härteskala nach Mohs.

Kann ein Reinstoff auf andere Weise weiter zerlegt werden? → 3.1
Gibt es unterschiedliche Arten von Reinstoffen? → 3.1
Wie ist ein Reinstoff aufgebaut? → 4.4

28 Auf einen Blick

Geschichte
- Stoffe entdecken und beschreiben
- Stoffe bearbeiten und nutzen
- Stoffe umwandeln (Alchemie)

Aufgaben

präparativ — Herstellung von Stoffen mit neuen Eigenschaften

analytisch — Nachweis von Stoffen

Chemie
- Lehre von den Stoffen, ihren Eigenschaften, ihrem Aufbau und ihrer Herstellung
- empirische Naturwissenschaft, die beobachtbare Naturphänomene experimentell untersucht.

Wirkung in viele Lebensbereiche: Umwelt, Wohnen, Ernährung, Medizin, Kleidung, Energie, Kunst, Freizeit

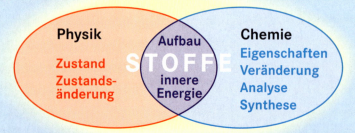

Physik: Zustand, Zustandsänderung

STOFFE — Aufbau, innere Energie

Chemie: Eigenschaften, Veränderung, Analyse, Synthese

Auf einen Blick 29

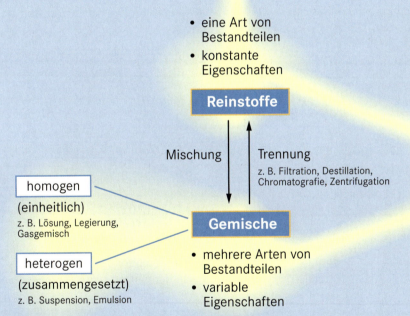

Knobelecke

1. Erkläre die Bedeutung der Experimente für die Chemie.

2. Nenne Bereiche deines Lebens, in denen die Chemie eine Rolle spielt, und gib an, welche Rolle sie da übernimmt.

3. Begründe, warum Alchemisten keine Chemiker waren.

4. Stelle eine Hypothese auf, warum die Chemie in vielen Lebensbereichen eine Rolle spielt, aber kaum einer davon bewusst Kenntnis nimmt.

5. Erhitzt man Leitungswasser immer wieder in demselben Gefäß, so scheidet sich darin mit der Zeit ein weißer Feststoff ab. Erläutere auf Grundlage dieser Erkenntnis, warum Leitungswasser ein homogenes Stoffgemisch darstellt.

6. Übergießt man einen Teebeutel mit heißem Wasser und lässt den Tee ziehen, so wendet man ein chemisches Trennverfahren an. Gib die Fachbezeichnung für dieses Trennverfahren an und vergleiche es mit der Zubereitung von Kaffee.

7. Ordne folgende Stoffeigenschaften danach, ob sie von der Größe der Stoffportion abhängen oder nicht:
Masse, Dichte, Schmelztemperatur, Härte, Volumen, Siedetemperatur

8. Meerwasser kann nicht durch Filtrieren, aber durch Destillieren entsalzt werden. Vergleiche die beiden Verfahren.

9. Wird Wein erhitzt (z. B. um durch Destillation Branntwein zu gewinnen), so kann man feststellen, dass die Siedetemperatur der Flüssigkeit bei fortschreitendem Verdampfungsprozess allmählich ansteigt. Erkläre diese Beobachtung.

10. Dunstabzüge in Einbauküchen besitzen häufig einen Aktivkohlefilter. Erkläre mithilfe einer Skizze, welcher Trennvorgang hier abläuft.

11. Kann man aus einem Wasser-Alkohol-Gemisch das Wasser als Dampf entziehen? Begründe deine Antwort.

12. Bestimme die Dichte von einem „normalen" Colagetränk und dem entsprechenden „Light"-Produkt (ohne Zucker). Entwickle ein Experiment dazu.

13. Fische sind Kiemenatmer. Wie beweist diese Tatsache, dass es sich bei ihrem Lebensraum um ein Stoffgemisch handelt?

14. Um Instantkaffee herzustellen, wird tiefgefrorener Kaffee vermindertem Luftdruck ausgesetzt. Dadurch verflüchtigt sich das Eis und Kaffeegranulat bleibt zurück. Wie heißt dieses Stofftrennungsverfahren? Gib ein weiteres Beispiel für diese Art der Stofftrennung an.

15. Fasse in einer Concept-Map (s. S. 35) zusammen, was du bisher über Stoffgemische und Reinstoffe gelernt hast.

16.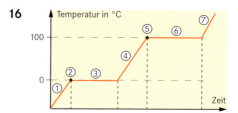

    Interpretiere das Temperatur-Zeit-Diagramm an den Stellen ① bis ⑦. Verwende dazu folgende Fachbegriffe:
    Temperaturzunahme – Eis – Schmelzen – Wasser – Sieden – Schmelztemperatur – Eis-Wasser-Gemisch – Siedetemperatur – Wasserdampf – Wasser-Wasserdampf-Gemisch

17. Informiere dich, wie eine Kläranlage funktioniert. Welche Trennverfahren werden dort eingesetzt?

3 Die chemische Reaktion

Stoffe werden in *Reinstoffe* und *homogene* und *heterogene Gemische* unterteilt.
Reinstoffe haben *konstante Kenneigenschaften* und können *nicht* weiter *physikalisch getrennt* werden. Sie reagieren untereinander zu Stoffen mit neuen Eigenschaften.

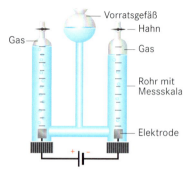

1 Zersetzung von Wasser mit elektrischem Strom

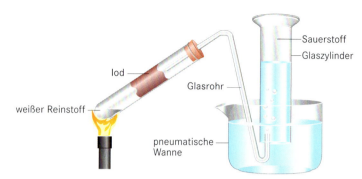

2 Zersetzung von Diiodpentaoxid: Das entstehende Gas wird aufgefangen.

3.1 Merkmale einer chemischen Reaktion

Die Zersetzung des Reinstoffes Wasser. Wasser ist uns bereits aus dem Fach „Natur und Technik" als ein Reinstoff bekannt. Allerdings wissen wir auch, dass dies nur für *destilliertes Wasser* gilt. Wasser, das von anderen Stoffen befreit wurde, hat eine Reihe konstanter Kenneigenschaften (→ 2.4): Schmelztemperatur = 0 °C, Siedetemperatur = 100 °C, Dichte = 1000 kg/m³. Wasser ist also ein Reinstoff. Neben seinen konstanten Stoffeigenschaften besitzt es auch die „Eigenschaft", mit physikalischen Methoden nicht weiter getrennt werden zu können.

In einem Versuch wird durch Wasser ein Gleichstrom mit 15 V Spannung geleitet (Abb. 1). Als Ergebnis kann man eine Gasentwicklung an den Elektroden beobachten. Am Minuspol ist die Gasentwicklung heftiger, sodass sich nach einigen Minuten eine doppelt so große Gasportion im Schenkel angesammelt hat wie im Schenkel der Pluspol-Seite. Das Gas am Pluspol wird mithilfe der *Glimmspanprobe* als Sauerstoff identifiziert, das Gas am Minuspol mithilfe der *Knallgasprobe* als Wasserstoff. Wasserstoff und Sauerstoff entstehen im Volumenverhältnis von 2 zu 1. Wasser kann also mithilfe von elektrischem Strom zersetzt werden. Sollten wir deshalb Wasser als ein Stoffgemisch betrachten?

Eine chemische Reaktion findet statt. Bei der Zersetzung von Wasser in Wasserstoff und Sauerstoff handelt es sich nicht um die Entmischung eines Stoffgemischs: In einem Gemisch behalten die vermischten Reinstoffe ihre Eigenschaften bei, aufgrund derer sie wieder getrennt werden können. Wir haben aber zwei Reinstoffe mit völlig neuen Eigenschaften erhalten. Eine *chemische Reaktion* hat stattgefunden.

Eine chemische Reaktion ist ein Vorgang, bei dem Reinstoffe verändert werden. Dies wird an der Veränderung der Stoffeigenschaften deutlich.

Auch durch Erhitzen eines Stoffes kann es zur chemischen Reaktion kommen: Die Zersetzung von Diiodpentaoxid in Iod und Sauerstoff durch Erhitzen (Abb. 2) ist ein Beispiel dafür.

Info

Die *Glimmspanprobe* beruht darauf, dass ein Holzspan an Luft nur glimmt, bei höherer Sauerstoffkonzentration (> 30 %) jedoch hell aufflammt (S. 170, V 3).

Die *Knallgasprobe* beruht darauf, dass geringe Wasserstoffmengen beim Entzünden am Bunsenbrenner einen Heulton erzeugen (S. 170, V 4).

Info
- Thermolyse: Zersetzung eines Reinstoffes durch Hitze
- Elektrolyse: Zersetzung eines Reinstoffes durch elektrischen Strom
- Fotolyse: Zersetzung eines Reinstoffes durch Licht

Die Reaktionsgleichung. International hat man sich auf eine Schreibweise für die chemische Reaktion geeinigt: Links vom Reaktionspfeil stehen die Ausgangsstoffe oder *Edukte*, rechts die gebildeten *Produkte*. Der *Reaktionspfeil* gibt die Richtung der Reaktion an; auf ihm können noch Angaben zu Versuchsbedingungen oder Energieverhältnissen gemacht werden. Für die Zersetzung von Wasser schreibt man also:

Wasser $\xrightarrow{\text{elektrische Energie}}$ Wasserstoff + Sauerstoff

Gelesen wird die Gleichung so: „Wasser reagiert durch Zufuhr von elektrischer Energie zu Wasserstoff und Sauerstoff."

Wortgleichung einer chemischen Reaktion:
Edukt 1 + Edukt 2 + ... → Produkt 1 + Produkt 2 + ...

Chemische Reaktionen sind umkehrbar. Wenn der Reinstoff Wasser sich also in die Reinstoffe Wasserstoff und Sauerstoff zersetzen lässt, so müsste man aus den beiden Gasen in einer umgekehrten Reaktion auch wieder Wasser herstellen können.
Durch den folgenden Versuch wird dies bestätigt. Wenn Wasserstoff in reinem Sauerstoff verbrannt wird und die Verbrennungsgase gekühlt werden, bildet sich eine klare Flüssigkeit. Schmelz- und Siedetemperatur sowie alle anderen Kenneigenschaften dieser Flüssigkeit stimmen mit denen von Wasser überein. Das Wasser lässt sich auch durch eine Farbreaktion mit wasserfreiem Kupfersulfat nachweisen (Abb. 3).
Die Herstellung von Wasser aus Wasserstoff und Sauerstoff ist die Umkehrung der Elektrolyse von Wasser. Ebenso lässt sich die Thermolyse des Diiodpentaoxids umkehren: Erhitzt man Iod längere Zeit an Luft, so entsteht das Oxid.

Chemische Reaktionen sind prinzipiell umkehrbar.

Zwei Arten von Reinstoffen. Untersucht man die Reinstoffe Sauerstoff und Wasserstoff, so stellt man fest, dass sie sich nicht weiter chemisch zersetzen lassen. Weder durch elektrischen Strom, noch durch Wärme oder Licht sind sie in andere Reinstoffe spaltbar.
Man kann also zwei Arten von Reinstoffen unterscheiden (Abb. 4):

Reinstoffe, die sich durch eine chemische Reaktion nicht weiter in andere Reinstoffe zersetzen lassen, nennt man Elemente.
Reinstoffe, die sich spontan oder durch Energiezufuhr in andere Reinstoffe zersetzen lassen, nennt man Verbindungen.

Chemiker unterscheiden sogenannte *organische Verbindungen*, die 90 % aller Verbindungen ausmachen, von den *anorganischen Verbindungen*, welche die restlichen 10 % darstellen. Organische Verbindungen enthalten hauptsächlich die Elemente Kohlenstoff, Wasserstoff und Sauerstoff. Alle anderen Verbindungen, die bis auf wenige Ausnahmen keinen Kohlenstoff enthalten, bilden die Gruppe der anorganischen Stoffe.

3 Wasserfreies Kupfersulfat (farblos) färbt sich durch Zugabe von Wasser blau: Es bildet sich blaues Kupfersulfat-Hydrat.

4 Einordnung der Stoffe

Info
Der Begriff „Element" wurde 1661 von Robert Boyle geprägt, der sich in seinem Werk „Der Skeptische Chemiker" gegen die antike Vorstellung wandte, dass jeder Gegenstand aus den Grundsubstanzen Feuer, Luft, Wasser und Erde zusammengesetzt ist und sich unterschiedliche Eigenschaften durch unterschiedliche Mischungsverhältnisse ergeben. Heute sind ca. 115 chemische Elemente bekannt. Einige sind umstritten, da sie künstlich hergestellt und nur in geringsten Mengen isoliert wurden. Die Zahl der Verbindungen ist theoretisch unendlich. Man kennt über 20 Millionen und jährlich kommen über eine halbe Million Verbindungen hinzu.

34 Die chemische Reaktion

Info

Das Wort „Synthese" (synthesis, griech.: Zusammensetzung) wird häufig auch in einem erweiterten Sinn gebraucht, z. B. für die künstliche Herstellung neuer Stoffe, etwa von Farbstoffen oder Medikamenten, oder auch für Umsetzungen, bei denen nur eines der gebildeten Produkte verwendet wird.

Aufgaben

1 Begründe, warum es sich bei der Elektrolyse von Wasser um eine chemische Reaktion handelt.

2 Nimm zu folgender Aussage Stellung: „Da sich Wasser in Sauerstoff und Wasserstoff trennen lässt, muss es ein Gemisch sein!"

3 Kupfer scheidet sich auf einem Eisennagel ab, der in eine Lösung von Kupferchlorid getaucht ist. Formuliere die Wortgleichung dieser chemischen Reaktion und stelle fest, ob es sich um eine Synthese, Analyse oder Umsetzung handelt.

Warum reagieren bestimmte Edukte zu bestimmten Produkten? → 5
Gibt es Gesetzmäßigkeiten für die chemischen Reaktionen? → 3.2
Sind alle Reinstoffe ineinander umwandelbar? → 3.3

Die drei Arten chemischer Reaktionen. Die chemischen Reaktionen lassen sich nach der Anzahl der Edukte und Produkte ordnen:

– Analyse (Zersetzung): Aus einem Edukt entstehen mehrere Produkte.
– Synthese (Vereinigung, Aufbau): Aus zwei oder mehr Edukten entsteht ein Produkt. Die Synthese ist die Umkehrung der Analyse.
– Umsetzung: Aus mehreren Edukten entstehen mehrere Produkte.

Die Energie bei chemischen Reaktionen. Neben der Veränderung von Stoffen kann man bei chemischen Reaktionen auch energetische Veränderungen beobachten. Zum einen wird Energie freigesetzt, z. B. in Form von Wärme (= thermische Energie) und/oder Licht, zum anderen Energie gespeichert, d. h., die Reaktion findet z. B. nur bei Wärmezufuhr statt.

Wird bei einer chemischen Reaktion Energie freigesetzt, so spricht man von einer *exothermen Reaktion*. Wird bei einer chemischen Reaktion Energie gespeichert, so spricht man von einer *endothermen Reaktion*.

Die energetischen Verhältnisse kann man auch an der umkehrbaren Reaktion von Kupfersulfat mit Wasser deutlich machen: Weißes Kupfersulfat reagiert mit Wasser zum blauen Kupfersulfat-Hydrat. Dabei kann man eine Temperaturerhöhung feststellen, d. h., Energie wird hier in Form von Wärme freigesetzt. Die Reaktion verläuft demnach exotherm (griech. exo = „nach außen"). Die Umkehrreaktion müsste nun endotherm verlaufen (griech. endon = „innerhalb von"), d. h., durch Wärmezufuhr müsste man aus dem blauen Kupfersulfat-Hydrat wieder das weiße Kupfersulfat gewinnen können, was auch der Fall ist.

$$\text{Kupfersulfat + Wasser} \xrightarrow[\text{wird frei}]{\text{thermische Energie}} \text{Kupfersulfat-Hydrat}$$

$$\text{Kupfersulfat-Hydrat} \xrightarrow[\text{wird zugeführt}]{\text{thermische Energie}} \text{Kupfersulfat + Wasser}$$

Ebenso verhält es sich mit der Atmungsreaktion, die wegen der Freisetzung von Energie im Körper für die Muskelarbeit exotherm abläuft und der Fotosynthese (Umkehrreaktion zur Atmungsreaktion), die wegen der benötigten Lichtenergie endotherm verläuft.

$$\text{Kohlenstoffdioxid + Wasser} \xrightarrow[\text{Chlorophyll}]{\text{Lichtenergie}} \text{Traubenzucker + Sauerstoff}$$

$$\text{Traubenzucker + Sauerstoff} \xrightarrow[\substack{\text{z. B. für Muskel-} \\ \text{bewegung}}]{\text{Energie wird frei}} \text{Kohlenstoffdioxid + Wasser}$$

Genauer wird auf die Energieverhältnisse bei chemischen Reaktionen in Kapitel 9 eingegangen.

Bei einer chemischen Reaktion findet eine Stoff- und Energieumsetzung statt.

M 7 Mind-Maps und Concept-Maps

Mind-Maps und Concept-Maps sind grafische Darstellungen, die Beziehungen zwischen Begriffen aufzeigen. Du kannst sie einsetzen
- zur Ideensammlung (Brainstorming),
- zur Strukturierung und übersichtlichen Zusammenfassung von komplexen Sachverhalten oder Themen,
- zur Erstellung von Referaten oder Vorträgen,
- zum Mitschreiben bei Vorträgen,
- zur Prüfungsvorbereitung,
- zur Planung/Organisation von Dingen.

Mind-Maps
Hier steht ein zentrales Thema in der Mitte des Blattes. Von ihm gehen in alle Richtungen Hauptäste aus mit weiteren Unterästen, auf denen die Informationen nach ihrer Wichtigkeit von innen (wichtiger) nach außen (weniger wichtig) angeordnet werden. Bei der Erstellung sollen Farben und Bilder benutzt werden, um die Mind-Map schneller lesen und überblicken zu können.

Erstellen einer Mind-Map
- Verwende ein DIN-A4-Blatt im Querformat.
- Schreibe in die Blattmitte groß das zentrale Thema.
- Zeichne Hauptäste vom zentralen Thema aus, beschrifte sie mit Schlüsselwörtern.
- Zeichne Unteräste von den Hauptästen aus, beschrifte sie mit Begriffen zum Schlüsselwort.
- Zeichne weitere Unteräste.
- Allgemeine Inhalte stehen mehr in der Blattmitte, Beispiele weiter außen.
- Verwende Farben, Bilder, Zeichen und Symbole und umrahme wichtige Begriffe. Gestalte die Mind-Map nach deinem Geschmack.

Durch Mind-Maps und Concept-Maps werden die linke Gehirnhälfte, die für rationales Denken und Sprache zuständig ist, und die rechte Gehirnhälfte, zuständig für bildliche Wahrnehmung, gleichzeitig angesprochen. Da das Gehirn ebenfalls „vernetzt" und nicht linear arbeitet, steigert man mit diesen Methoden das kreative Denken und erleichtert das Lernen.

Concept-Maps
Concept-Maps sind „Begriffs-Landkarten"; sie setzen wichtige Begriffe mit beschrifteten Pfeilen in einen sinnvollen, vernetzten Zusammenhang und zeigen so Beziehungen auf (Abb. 1). Im Unterschied zur Mind-Map existiert nicht ein einziger Zentralbegriff, es können mehrere Begriffe gleichwertig sein.

Erstellen einer Concept-Map
- Verwende ein DIN-A4-Blatt im Querformat.
- Liste mit Abstand alle wichtigen Stichwörter, Schlüsselbegriffe und Beispiele zum Thema auf.
- Verbinde die Begriffe mit Linien und Pfeilen, um Zusammenhänge aufzuzeigen, z. B. Ursache und Wirkung.
- Dokumentiere auf den Linien, in welcher Beziehung die Begriffe zueinander stehen.
- Zeichne die Concept-Map neu, indem du die Begriffe übersichtlicher anordnest (kurze Linien, wenig Überschneidungen).
- Verwende Farben, Bilder, Zeichen und Symbole und umrahme wichtige Begriffe. Gestalte die Concept-Map nach deinem Geschmack.

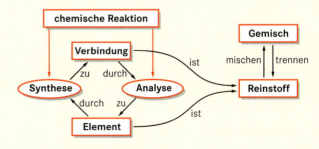

1 Beispiel für eine Concept-Map

Die chemische Reaktion

1 Mit der Verwendung der Waage begann die Zeit der quantitativen Chemie.

2 Antoine Laurent de Lavoisier. Als er 1794 während der Französischen Revolution hingerichtet wurde, „verlor die Chemie Frankreichs ihren Kopf".

Info
Streng genommen gilt dieses Gesetz nur für Reaktionen im Labormaßstab. Dies hat mit der Energieumsetzung bei chemischen Reaktionen zu tun und wird in Kapitel 9 (Knobelecke) nochmals aufgegriffen.

3.2 Gesetzmäßigkeiten bei chemischen Reaktionen

Masse und chemische Reaktion. Lange Zeit wurde von den Chemikern nur untersucht, *wie* Stoffe miteinander reagieren. Dies war eine beschreibende oder *qualitative* Betrachtung. Mithilfe einer Waage (Abb. 1) lassen sich Reaktionen aber auch messend oder *quantitativ* verfolgen. Die Bedeutung der Waage für die Arbeit des Chemikers hat der französische Chemiker Antoine Lavoisier (Abb. 2) in besonderem Maß erkannt.

Lavoisier untersuchte die Veränderung der Masse während der Veränderung der Stoffe in verschiedenen chemischen Reaktionen. Dazu erhitzte er Metalle wie Blei oder Zink in luftgefüllten und zugeschmolzenen Kolben. Deutlich waren Veränderungen als Folge der Reaktion mit Luftsauerstoff zu erkennen – trotzdem blieb die Masse des Kolbeninhalts unverändert.

Weitere Versuche mit den unterschiedlichsten Reaktionspartnern bestätigten diesen Befund, wenn die Reaktionen im geschlossenen Gefäß stattfanden. Im offenen Gefäß, aus dem ein gasförmiges Produkt unbemerkt entweichen kann, wurde dagegen eine Veränderung der Masse vorgetäuscht. Wird das Gas aufgefangen und mitgewogen, so ergibt sich wiederum die Massenkonstanz.

Gesetz von der Erhaltung der Masse. Als Resultat seiner zahlreichen Versuche entwickelte Lavoisier ein allgemeingültiges Gesetz. Unter einem *Gesetz* verstehen Naturwissenschaftler eine (mathematische) Beziehung, die den Ablauf eines Naturvorgangs (quantitativ) beschreibt. Wir können als Gesetz von der Erhaltung der Masse (m) schreiben:

Bei einer chemischen Reaktion ändert sich die Gesamtmasse der Reaktionspartner nicht. Die Summe der Massen der Edukte ist gleich der Summe der Massen der Produkte: m(Edukte) = m(Produkte).

Stoffe verbinden sich in bestimmten Massenverhältnissen. Eisenpulver reagiert mit Schwefelpulver zu einer Verbindung, die als Eisensulfid bezeichnet wird. Wird dieser Versuch mit verschiedenen Massen der Edukte durchgeführt, zeigt sich folgendes Bild (Abb. 3): In drei Versuchen haben nur einmal Eisen und Schwefel vollständig miteinander reagiert. Die Gesamtmasse blieb in allen drei Varianten erwartungsgemäß konstant. Im ersten Versuch blieb allerdings ein Teil der Stahlwolle (a) und im dritten ein Teil des Schwefels (c) übrig. Die Synthese läuft nur dann vollständig oder „quantitativ" ab, wenn die Massen der Edukte im Verhältnis m(Eisen) : m(Schwefel) = 1,75 g : 1,00 g stehen, d. h. wenn 1,75-mal mehr Masse an Eisen als Masse an Schwefel verwendet wird (Abb. 4).

Man kann zwischen den Edukten somit einen *Proportionsfaktor* festlegen, wie du ihn aus der Mathematik kennst: m(Eisen) = 1,75 · m(Schwefel).

In der Verbindung Eisensulfid liegt also ein konstantes Massenverhältnis zwischen Eisen und Schwefel (1,75 zu 1) vor.

Die chemische Reaktion 37

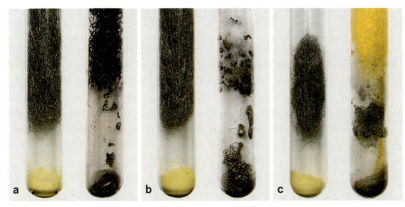

3 Reaktion zwischen Eisen und Schwefel jeweils vor (links) und nach (rechts) dem Versuch: a) Überschuss an Eisen; b) das richtige Mengenverhältnis; c) Überschuss an Schwefel

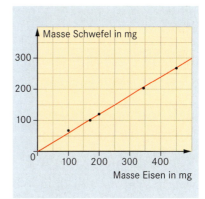

4 Die Massen von Eisen und Schwefel, die miteinander reagieren, stehen immer im gleichen Verhältnis.

Gesetz der konstanten Proportionen. Bei der Untersuchung zahlreicher Metalle war der französische Chemiker Joseph Louis Proust auf „diese immer unveränderlichen Proportionen (Massenverhältnisse), diese immer konstanten Merkmale" einer Verbindung gestoßen. Im Jahr 1799 hat er seinen Befund als *Gesetz der konstanten Proportionen* formuliert:

Zwei Elemente vereinigen sich zu einer bestimmten Verbindung immer im gleichen Massenverhältnis.

Folglich hat eine Verbindung immer die gleiche, konstante Zusammensetzung. Dies fällt vor allem dann auf, wenn zwei Elemente mehrere unterschiedliche Verbindungen bilden, die unterschiedliche Kenneigenschaften haben. Das heißt: Die gleichen Elemente vereinigen sich in einem bestimmten Massenverhältnis zur Verbindung A und in einem anderen Massenverhältnis zur Verbindung B (Abb. 5).

Zwei Elemente können unterschiedliche Verbindungen mit jeweils unterschiedlichen Massenverhältnissen bilden.

5 Kupfer bildet mit Sauerstoff zwei verschiedene Oxide: ein rotes und ein schwarzes Pulver mit unterschiedlichen Kenneigenschaften. Beim roten Pulver ist m(Kupfer) zu m(Sauerstoff) gleich 7,92 : 1, beim schwarzen gleich 3,95 : 1.

Aufgaben
1 Welche Masse Eisensulfid entsteht aus 4 g Eisen und 4 g Schwefel? Max antwortet: „Klar, nach dem Gesetz von der Erhaltung der Masse entstehen 8 g Eisensulfid!" Nimm zu dieser Aussage Stellung.
2 Welche Massen schwarzen Kupferoxids lassen sich gewinnen a) aus 2 g Kupfer und 1 g Sauerstoff bzw. b) aus 6 g Kupfer und 7 g Sauerstoff?
3 Die Waagschale, auf der eine brennende Kerze steht, steigt hoch und zeigt damit eine Massenabnahme an. Wie ist dies mit dem Gesetz von der Erhaltung der Masse zu vereinbaren?

Warum bestehen bestimmte Massenverhältnisse in verschiedenen Verbindungen? → 4.2

38 Die chemische Reaktion

★ 3.3 Stoffumwandlung ohne Grenzen?

Die Umwandlung von Stoffen. Alchemisten haben lange vergeblich versucht, billiges Blei in wertvolles Gold umzuwandeln. Unserem Körper gelingt es aber ohne große Mühen, aus Zucker Kohlenstoffdioxid zu machen. Wann gelingen Stoffumwandlungen und wann stoßen wir an unüberwindbare Grenzen? Wir wissen heute:

In einer chemischen Reaktion entstehen durch Synthese, Analyse oder Umsetzung neue Produkte, die ihren Ursprung aber in den Edukten haben.
Metalle sind Elemente und daher nicht zerlegbar.

Die Vorstellungswelt der Alchemisten. Im Mittelalter gab es noch nicht die Untersuchungsmethoden und Instrumente, die uns heute zur Verfügung stehen (Abb. 1). Die Alchemisten hatten keinerlei Kenntnisse über den genauen Aufbau der Materie und die Vorgänge, die bei chemischen Reaktionen ablaufen. Sie waren folgender Meinung:

- In einer chemischen Reaktion verschwinden die Ausgangsstoffe scheinbar spurlos und es entstehen Substanzen völlig anderer Art.
- Metalle sind keine Elemente, sondern Metalladern im Gestein, vergleichbar mit den Wurzeln eines Baumes (Abb. 2).
- Metalle lassen sich ineinander umwandeln.

Aus Blei wird Silber. Erhitzt man Blei in einer offenen Schale, so überzieht sich die Schmelze mit einer gelben Schicht (Abb. 3). Wird diese abgeschöpft, bildet sie sich laufend nach. So verschwindet die Bleischmelze allmählich. Doch am Ende findet sich im Tiegel eine kleine Menge kostbaren Silbers. Wer konnte damals wissen, dass ungereinigtes Blei immer kleine Beimengungen von Silber enthält?

1 Alchemisten beim Experimentieren

2 Silber findet sich mitunter in einer Form, die an eine Wurzel erinnert.

3 Die Bleischmelze überzieht sich mit einer gelben Schicht von Bleioxid.

Die chemische Reaktion 39

4 Der Versuch zu Beginn (links) und nach einigen Stunden (rechts).

5 Theophrastus Bombastus war einer der bekanntesten Ärzte und Alchemisten des 16. Jahrhunderts: ein überzeugend selbstsicherer Mann, der sich selbst Paracelsus (größer als Celsus, der berühmteste Arzt der Antike) nannte und dessen „bombastische" Reden sprichwörtlich geworden sind.

Kann aus Eisen Kupfer werden? Von dem bedeutenden Arzt Paracelsus (Abb. 5) heißt es, ihm seien Metallumwandlungen gelungen. Bei einem seiner Experimente, das sich leicht wiederholen lässt, tauchte er einen Eisennagel in die blaue Lösung des „Vitriolsteins". Nach kurzer Zeit „wuchs" auf dem Nagel ein rotbrauner Belag, der aus Kupfer bestand (Abb. 4). Das Kupfer scheint aus dem Eisen entstanden zu sein, denn der Eisennagel wird immer dünner. Doch gleichzeitig verliert die blaue Lösung immer mehr ihre Farbe. Der gelöste „Vitriolstein" verschwindet im gleichen Maße, wie sich das Kupfer bildet. Er ist die Quelle, aus der das Kupfer geholt wird, denn er ist eine Kupferverbindung. In einer Umsetzung entstehen daraus und aus Eisen die Produkte Kupfer und eine Eisenverbindung.

Neben ernsthaften Naturforschern gab es allerdings schon immer Betrüger. So verkündete der berühmte Abenteurer Casanova, ein „unfehlbares Verfahren der Goldherstellung" zu besitzen. Statt es jedoch selbst anzuwenden, war er – meist mit Erfolg – bereit, sein „Geheimnis" gegen bare Münze zu verkaufen. Unter anderem deshalb befand er sich fast immer auf der Flucht, denn viele Alchemisten landeten wegen solcher Betrügereien am Galgen.

Chemie schafft keine neuen Elemente. Aus Blei entsteht kein Silber, aus Eisen kein Kupfer! Niemals ist es den Alchemisten gelungen, ein Element in ein anderes zu verwandeln. Ihnen war allerdings auch der heutige Elementbegriff nicht bekannt. Dieser zieht die Grenzen jeder Stoffumwandlung:

Ein Element kann nur in Verbindungen dieses Elementes überführt und aus diesen wieder zurückgewonnen werden. Dieser Vorgang ist eine chemische Reaktion.

Aufgaben

1 Erkläre, wie man aus Blei doch Silber „gewinnen" kann.
2 Erläutere, warum man aus Kupferoxid Kupfer, aber kein Eisen gewinnen kann.
3 Finde ein berühmtes Zitat von Paracelsus im Internet.

Warum lassen sich Elemente nicht zerlegen oder umwandeln? → 4.2
Warum finden Reaktionen statt? → 5–7

40 Auf einen Blick

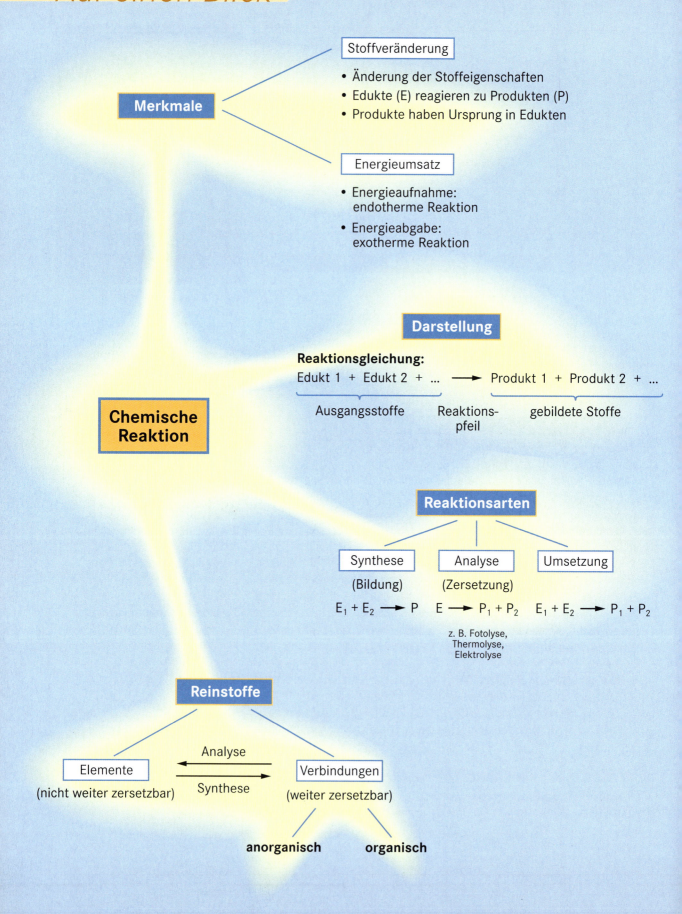

Auf einen Blick 41

Erhaltung der Masse

Die Masse der an einer Reaktion beteiligten Stoffe bleibt unverändert.

m (Edukte) = m (Produkte)

Umkehrbarkeit

z. B. Wasserstoff + Sauerstoff $\rightleftharpoons$ Wasser

Gesetzmäßigkeiten bei chemischen Reaktionen

konstante Proportionen

eine Verbindung

• konstantes Massenverhältnis

• z. B. Verbindung AB : $\dfrac{m\,(A)}{m\,(B)} = x$

mehrere Möglichkeiten für die Zusammensetzung

• unterschiedliche Massenverhältnisse

• z. B. Verbindung AB : $\dfrac{m\,(A)}{m\,(B)} = x$

Verbindung AAB : $\dfrac{m\,(A)}{m\,(B)} = 2x$

Verbindung ABB : $\dfrac{m\,(A)}{m\,(B)} = \dfrac{1}{2}x$

42 Knobelecke

1 Erläutere, bei welchen der genannten Vorgänge es sich um chemische Reaktionen oder physikalische Vorgänge handelt:
   a) Schmelzen von Eis,
   b) Vermodern von Holz,
   c) Rosten eines Nagels,
   d) Aufleuchten einer Glühbirne,
   e) ein Magnet zieht Eisen an,
   f) ein Regenbogen erscheint,
   g) Feilen eines Stückes Kupferblech.

2 Beschreibe die Bedeutung des Reaktionspfeiles.

3 Erläutere folgende Begriffe und bringe sie in eine chemisch sinnvolle Reihenfolge:
Schlussfolgerung – Problem – Beobachtung – Experiment – Frage – Planung

4 Nimm Stellung zu folgender Aussage: „Da aus 10 g Eis 10 g Wasser werden, ist die Erhaltung der Masse bei chemischen Reaktionen bewiesen."

5 Der deutsche Chemiker Heinrich Landolt führte zu Beginn des 20. Jahrhunderts einen Versuch durch und notierte sich:

Ich fülle die Silbernitratlösung in die eine Hälfte und Kochsalzlösung in die andere Hälfte eines zweiseitigen Glasgefäßes. Nachdem ich die Gefäße dicht verschlossen habe, wiege ich:
   m = 784 g
Durch Kippen bringe ich die beiden Lösungen zusammen, sodass sie reagieren können. Ich wiege von Neuem und stelle fest:
   m =

Ergänze Heinrich Landolts Laborbericht.

6 Ergänze folgende Sätze sinnvoll:
Bei einer chemischen Reaktion reagieren ① zu ②.
Neben dieser ③ findet auch eine ④ statt, d. h. ⑤ wird ⑥ oder ⑦. Chemische Reaktionen sind prinzipiell ⑧.

7 Interpretiere die Abbildungen mit chemischen Fachbegriffen:

8 Benenne mithilfe von chemischen Fachausdrücken die Art des Gemisches bzw. des chemischen Stoffes:
   a) Sand in reinem Wasser,
   b) Öltröpfchen in reinem Wasser
   c) Meerwasser,
   d) reines Wasser,
   e) Iod-Zink-Gemisch,
   f) Zinkiodid.

9 Nenne die Verfahren, die bei Aufgabe 8 von
   a) nach d) führen,
   c) nach d) führen,
   e) nach f) führen.

10 Projektvorschlag: Findet alles über die Ursprünge der Alchemie und die Vorstellungswelt der Alchemisten heraus (in Zusammenarbeit mit Geschichte).

4 Kleinste Teilchen – Bausteine von Reinstoffen

Durch *chemische Reaktionen (Synthese, Analyse* und *Umsetzung)* können *Reinstoffe (Elemente* oder *Verbindungen)* in andere Reinstoffe *umgewandelt* werden. Dabei konnten *Gesetzmäßigkeiten* festgestellt werden.

Um aber alle *Phänomene*, die wir beobachten, besser erklären zu können, ist es nötig, „in" die *Stoffe* hineinzuschauen. Wir müssen dazu auf die Ebene der kleinsten Teilchen vordringen.

44 Kleinste Teilchen – Bausteine von Reinstoffen

1 Das Gas Sauerstoff kommt in blauen Druckflaschen in den Handel.

2 Brom – eine Flüssigkeit

3 Kupfer – ein Feststoff

4.1 Die Welt der kleinsten Teilchen

Probleme im sichtbaren Bereich. Wir wissen, dass Sauerstoffgas mit Kupfer zu verschiedenfarbigen Pulvern reagieren kann (→ 3.2). Warum dies so ist, können wir aber noch nicht erklären. Die Ursache hierfür liegt an der Betrachtungsebene: Bis jetzt haben wir die Chemie recht „oberflächlich angeschaut". Mit dem Auge entscheiden wir z. B., ob ein Gemisch homo- oder heterogen ist und leiten äußerliche Reinstoffeigenschaften ab bzw. messen diese. Wir bezeichnen diese Ebene der Betrachtung als „stoffliche Ebene". Auf dieser Ebene sind jedoch mehrere Probleme aufgetaucht, die Fragen aufwerfen.

1. Problem: Reinstoffe liegen je nach Druck und Temperatur in drei Aggregatzuständen vor (Abb. 1–3).
Warum hängt es von der Temperatur und dem Druck ab, ob ein Reinstoff fest, flüssig oder gasförmig ist?

2. Problem: Homogene Stoffgemische (z. B. Salzwasser) bestehen aus mindestens zwei verschiedenen Stoffen (Salz und Wasser), von denen man aber nur einen sehen kann (Wasser). Der andere ist selbst mit dem Mikroskop nicht zu erkennen (Salz), aber dennoch nachweisbar (salziger Geschmack).
Warum ist ein in homogenes Gemisch kein Reinstoff? Warum ist der gelöste Stoff in einer Lösung nicht mehr sichtbar (Abb. 4)?

4 Was passiert mit der Brausetablette?

3. Problem: Verbindungen lassen sich chemisch zersetzen (z. B. Wasser in Sauerstoff und Wasserstoff, → 3.1), Elemente (z. B. Wasserstoff) hingegen nicht.
Wie können wir Elemente von Verbindungen unterscheiden? Wie erklären wir die Zerlegung einer Verbindung? Wie können Elemente in Verbindungen „enthalten" sein?

4. Problem: Man kann aus Blei oder Eisen nie Gold (Ziel der Alchemisten) oder Wasser machen, aber aus Wasserstoff und Sauerstoff kann Wasser hergestellt werden.
Wie können wir erkennen, ob sich Reinstoffe zu bestimmten anderen Reinstoffen umwandeln, d.h. verändern lassen? Wie und warum reagieren Reinstoffe in einer chemischen Reaktion miteinander?

5. Problem: Zwei Elemente vereinigen sich immer in einem oder in mehreren festen Massenverhältnissen.
Warum existieren diese natürlich festgelegten Massenverhältnisse?

Aus den Fragen wird deutlich: Wir können zwar sehen was passiert, uns fehlt aber bisher eine schlüssige Erklärung dafür.

Die zweite Betrachtungsebene: Teilchenebene. Um diese Probleme zu lösen, müssen wir genauer hinsehen. Die erste Ebene der Betrachtungsweise – das, was wir sehen, die *Stoffebene* – reicht dazu nicht aus. Wir müssen uns die Reinstoffe so genau ansehen, bis wir erkennen können, wie die Elemente und Verbindungen aufgebaut sind. Wir verlassen also den sichtbaren Bereich und begeben uns auf eine Reise in den Mikrokosmos der Reinstoffe: Wir tauchen ein in den „Nanospace". Leider kann man diesen Mikrokosmos technisch nicht sinnvoll sichtbar machen; selbst das beste Mikroskop ist hierzu nicht imstande. Aus diesem Grund kann die Reise nur in Gedanken stattfinden (Abb. 5).

Um sich nicht Sichtbares vorstellen zu können, d.h. begreifbar zu machen, entwickelt der Wissenschaftler (Denk-)Modelle (→ M 9). Diese dienen zur Veranschaulichung dessen, was man nicht sehen kann. Solche Vorstellungen oder *Hypothesen* gelten aber nur so lange, bis eine „verbotene Beobachtung" gemacht wird, d.h. eine Beobachtung, die der Hypothese widerspricht (→ M 8). Dann muss das Modell überarbeitet bzw. es muss ein neues Modell entwickelt werden.

Aus „Natur und Technik" kennst du bereits ein Modell für den Mikrokosmos der Stoffe: das *Teilchenmodell*. Deshalb bezeichnen wir die zweite Ebene der Betrachtungsweise – das, was wir nicht sehen – als Teilchenebene (→ M 10).

Um chemische Vorgänge zu verstehen und zu beschreiben, betrachtet man sie nicht nur auf der *Stoffebene* (sichtbare Phänomene), sondern auch auf der *Teilchenebene* (nicht sichtbare Ursachen für die Phänomene).

Die historische Entwicklung der Modelle für die kleinsten Teilchen kannst du in den nächsten Kapiteln mitverfolgen.

5 Kleinste Teilchen kann man sich ganz unterschiedlich vorstellen.

Info
Wenn du einen Versuch protokollierst (→ M 4), musst du ebenfalls Stoff- und Teilchenebene trennen. Die Beobachtungen finden auf Stoffebene statt – so solltest du sie auch beschreiben. Zur Erklärung der Versuchsergebnisse musst du dann die Teilchenebene heranziehen.

Aufgaben
1 Beschreibe die in Abb. 4 dargestellten Vorgänge.
2 Begründe, warum es notwendig ist, in der Chemie zwei Betrachtungsebenen (Stoffebene und Teilchenebene) zu verwenden.

Kleinste Teilchen – Bausteine von Reinstoffen

6 Demokrit (um 400 v. Chr.)

Die antike Atomidee. Bereits die Naturphilosophen der Antike machten sich über den Aufbau der Reinstoffe Gedanken: Um herauszubekommen, wie Reinstoffe aufgebaut sind, müsste man sie in immer kleinere Stoffportionen zerteilen.

Der Grieche Demokrit (Abb. 6) nahm an, dass man einen Stoff nicht beliebig weit zerkleinern könne. Irgendwann sei das Teilen zu Ende und es seien „unteilbare Teilchen" erreicht. Er bezeichnete diese als Atome (atomos, griech.: unteilbar). Die Anhänger Demokrits, die Atomisten, vertraten nicht nur die Meinung, dass diese „kleinsten Teilchen" am Ende des Zerteilens übrig bleiben, sie sollten vielmehr als Bausteine in allen Stoffen auftreten – ähnlich wie ein Sandhaufen aus Sandkörnern besteht.

Aristoteles – Gegner der Atomisten. Die Lehre der Atomisten stand allerdings im Widerspruch zu der damals gültigen Lehrmeinung, dass jeder Stoff unbegrenzt teilbar und in jeden anderen Stoff umwandelbar sei. Auch war man damals der Meinung, die Erde sei der Mittelpunkt des Universums und das Weltall bewege sich um sie herum.

Unter den Gegnern des Atomismus befand sich auch der einflussreiche Philosoph Aristoteles (um 350 v. Chr.), der logische Verfahren und Mathematik als naturwissenschaftliche Instrumente ablehnte und ebenso der Meinung war, die Erde sei der Mittelpunkt des Weltalls. Dieses falsche Weltbild herrschte bis ins Mittelalter vor und hielt den Fortschritt in den Wissenschaften auf.

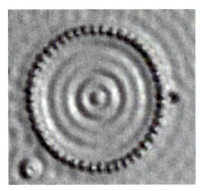

7 Eisenatome auf einer Kupferoberfläche

Der Wendepunkt. Erst im 18. Jahrhundert wurde die Idee der Atomisten wieder aufgegriffen. Durch das „Befragen der Natur", d. h. das Experimentieren, gelangte man zu einer anderen Grundhaltung, naturwissenschaftliche Probleme zu lösen. Es zeigte sich, dass die Atomisten Recht hatten.

Alle Reinstoffe weisen eine körnige oder diskontinuierliche Struktur auf. Zwischen den winzigen, kleinsten Teilchen befindet sich „Nichts", der leere Raum.

Heute kann man mithilfe modernster Methoden den diskontinuierlichen Aufbau der Stoffe sogar sichtbar machen: Die Aufnahme mit einem Rastertunnelmikroskop in Abb. 7 zeigt, wie einzelne Eisenatome auf einer Kupferoberfläche einen Ring bilden.

Sind die kleinsten Teilchen von Elementen und Verbindungen gleichartig? → 4.2, 4.3
Wie wurde die Idee der kleinsten Teilchen weiterentwickelt? → 4.2

Aufgaben

3 Erkläre, warum die Kirche im Mittelalter das Weltbild von Aristoteles unterstützte.

4 Begründe, warum das „Nichts" zwischen den Atomen nicht Luft sein kann.

Methoden 47

M 8 Naturwissenschaftliche Erkenntnisgewinnung

Allgemein	Beispiel
1. *Beobachtung* von Umwelterscheinungen.	Rotkraut wird beim Kochen blau.
2. Ähnliche Beobachtungen werfen ein *Problem* auf.	Rotkraut wird bei Kontakt mit geschälten Äpfeln wieder rot. Was ist die Ursache dafür?
3. Beobachtete Tatsachen werden miteinander in Beziehung gebracht (Suche nach einer Erklärung): Dies führt zu einer Hypothese bzw. Vermutung.	Der Fruchtzucker ist für die Farbänderung nach Rot verantwortlich.
„Falsche" bzw. *„verbotene"* Beobachtungen: Eine Hypothese verbietet gewisse beobachtbare Vorgänge. Werden diese Vorgänge trotzdem beobachtet, ist die Hypothese widerlegt.	– Isolierter Zucker führt zu keinem Farbumschlag. – Bei Kontakt mit einem anderen Stoff gibt es ebenfalls einen Farbumschlag nach Rot.
4. Die Hypothese wird durch ein ausgewähltes *Experiment* (lat. = Probe, Versuch) überprüft.	
Fall 1: Experiment widerlegt Hypothese, d. h., es wird ein verbotener Vorgang beobachtet. ⇩ Hypothese ist falsch. ⇩ Es muss neu beobachtet werden und eine *neue Hypothese* aufgestellt werden.	Zucker wird zum Blaukraut gegeben. Man macht eine „verbotene" Beobachtung: keine Farbänderung. Fruchtsäure ist entscheidend.
Fall 2: Experiment widerlegt Hypothese nicht. ⇩ Hypothese gilt als nicht widerlegt. Dies bedeutet *nicht* unbedingt, dass die Hypothese *wahr* ist. Daher gibt es den Begriff „wissenschaftlich erwiesen" eigentlich nicht. *Nichts* ist endgültig erwiesen. Alle Hypothesen sind vorläufiger Natur. ⇩ Aus den Hypothesen lassen sich dann Gesetzmäßigkeiten oder Regeln ableiten.	Fruchtsäure (Zitronensaft) wird zum Blaukraut gegeben. Es kommt zur Farbänderung nach Rot. Die Säure ist mit großer Wahrscheinlichkeit Ursache für die Farbänderung nach Rot. Dies gilt so lange, bis eine „verbotene" Beobachtung gemacht wird, z. B. bei irgendeiner Säure findet kein Farbumschlag statt.
5. Mit der gefundenen *Gesetzmäßigkeit* können: – andere Beobachtungen erklärt werden, – Naturerscheinungen vorausgesagt werden, – technische Anwendungen entwickelt und genutzt werden.	Säure bewirkt beim Rotkraut einen Farbumschlag nach Rot: – Rotkraut verändert mit Essig seine Farbe. – Säuren können mit Rotkraut nachgewiesen werden. – Entwicklung von „Teststäbchen" für Säuren aus Rotkrautextrakt.
6. Im Lauf der Zeit werden mehrere Gesetze und Regeln zu einer *Theorie* zusammengefasst, die immer weiter verbessert wird und sich somit immer mehr der „Wahrheit" annähert.	Es gibt Stoffe, mit denen sich Säuren nachweisen lassen. Man nennt sie Indikatoren.

4.2 Die Bausteine der Reinstoffe

Was bleibt bei chemischen Reaktionen erhalten? Bei jeder chemischen Reaktion „verschwinden" Edukte und es treten Produkte mit neuen Eigenschaften auf. Andererseits lassen sich aber die Edukte aus den Produkten zurückgewinnen. So besteht Wasser nicht sichtbar aus Wasserstoff und Sauerstoff, trotzdem müssen diese irgendwie in der Verbindung „enthalten" sein. Was ist es, das trotz aller chemischen Reaktionen unverändert bleibt? Sollte dieses „Etwas" das Atom Demokrits sein? Man hatte schon früher die Atome mit Buchstaben verglichen: Die Buchstaben bleiben erhalten und werden zu immer neuen Wörtern kombiniert. Sollten bei Reaktionen die Atome erhalten bleiben und nur zu neuen Atomverbänden verbunden werden?

Daltons Atomvorstellungen. Der englische Naturforscher John Dalton (Abb. 1) versuchte, eine Erklärung für die konstanten Massenverhältnisse der Verbindungen (→ 3.2) zu erhalten. Er verknüpfte die Atomvorstellung mit dem Elementbegriff. Die wichtigsten Aussagen von Daltons Atomhypothese:

Unzerstörbare *Atome* sind die *Bausteine aller Stoffe*. Es gibt so viele Atomarten wie Elemente. Chemische Reaktionen verändern die Atome nicht, sondern führen nur zur Trennung oder zur Bildung von Atomverbänden.

Das Bilden und Zerlegen von Atomverbänden ist also die Ursache dafür, dass wir auf Stoffebene sehen, wie Elemente Verbindungen bilden bzw. diese wieder in die zugehörigen Elemente zerlegt werden. Die chemische Reaktion muss also in der Veränderung der Atomverbände ihren Ursprung haben, d. h., das Umgruppieren von Atomen auf Teilchenebene lässt uns auf Stoffebene eine chemische Reaktion beobachten.

Relative Atommassen. Als wichtigste Eigenschaft eines Atoms sah Dalton dessen Masse an. Er nahm an: Alle Atome eines Elements besitzen die gleiche Masse. Die Atome verschiedener Elemente sind verschieden schwer. Diese Aussage ist – wie wir heute wissen – nicht zutreffend. Ein Element kann aus verschieden schweren Atomen (Isotopen) aufgebaut sein (→ 5.2).
Da Atome unvorstellbar leicht und deshalb unwägbar sind, sah Dalton die Bestimmung der „relativen Masse" der Atome als eine wichtige Aufgabe an. Er gab dem Wasserstoffatom als dem leichtesten aller Atome die relative Masse 1. Aus Vergleichsversuchen konnte er die relativen Atommassen für andere Elemente ableiten. So fand er beispielsweise heraus, dass ein Sauerstoffatom 16-mal schwerer ist als ein Wasserstoffatom. Es besitzt also nach seiner Regel die relative Atommasse 16.

Atome verschiedener Elemente unterscheiden sich in Größe und Masse. In den Atomverbänden liegen ganzzahlige Atomverhältnisse vor, die zu konstanten Massenverhältnissen führen. Atommassen sind praktisch nicht messbar, jedoch können relative Atommassen festgestellt werden.

1 John Dalton (1766–1844) griff die antike Idee der Atomisten wieder auf und entwickelte sie in seinem Werk „A New System of Chemical Philosophy" (1808) weiter.

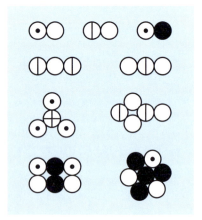

2 Ausschnitt aus einer Originalarbeit von John Dalton: Atome gruppieren sich zu Atomverbänden.

Avogadros Erkenntnis. Der Naturwissenschaftler Amadeo Avogadro beschäftigte sich zu Anfang des 19. Jahrhunderts mit dem Verhalten von Gasen bei Druck- und Temperaturänderungen. Bei seinen Untersuchungen fand er heraus, dass die kleinsten Teilchen bestimmter gasförmiger Elemente Atomverbände sein müssen, die er als *Moleküle* bezeichnete.

Die Elemente Wasserstoff, Sauerstoff, Stickstoff, Fluor, Chlor, Brom und Iod sind aus zweiatomigen Molekülen aufgebaut.

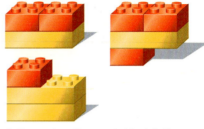

Aufgaben
1 Löse die Probleme 3, 4, 5 aus Kapitel 4.1.
2 Erläutere das Gesetz von der Erhaltung der Masse mithilfe der Atomhypothese von Dalton.
3 Erläutere ebenso das Gesetz der konstanten Massenverhältnisse.
4 Man kann die Folgerungen aus Daltons Atomhypothese an einem Modell ableiten (Abb. 3). Dazu werden zwei verschiedene Bausteine benötigt: Atom A entspricht einem 2 · 2-Stein zu je 0,5 g, Atom B entspricht einem 2 · 4-Stein zu je 1 g.
   a) 4 Atome A verbinden sich mit je einem Atom B.
      Die 4 entstehenden Atomverbände wiegen zusammen 6 g.
      Stelle die Reaktionsgleichung auf.
   b) In welchem Massenverhältnis m(A) zu m(B) haben sich die Atome in Aufgabe a) verknüpft?
   c) Begründe, dass das Massenverhältnis nicht von der Anzahl der Atomverbände abhängt.
   d) Erläutere und vergleiche die Massenverhältnisse in Atomverbänden des Typs AAB, AAAB und ABB.
   e) Vergleiche dieses Baustein-Atommodell mit dem von Dalton.
5 Dalton kannte noch keine Methode zur Bestimmung der Atommassen. Er konnte daher nicht bestimmen, aus wie vielen Atomen Sauerstoff und wie vielen Atomen Wasserstoff die Verbindung Wasser aufgebaut ist. Bekannt war aber das Massenverhältnis, in dem sich Sauerstoff und Wasserstoff zu Wasser verbinden (8 zu 1).
Dalton nahm den einfachsten Fall an, dass Wasser aus einem Wasserstoff- und einem Sauerstoffatom besteht. Er setzte zunächst für Sauerstoff das relative Gewicht 8 und für Wasserstoff das relative Gewicht 1 ein. „Sein" Wasserteilchen sah dann so aus:

⊙   +   ○   =   ⊙○
Wasserstoff + Sauerstoff = Wasser

Diskutiere mit deinem Nachbarn, welche „Reaktionsgleichung" Dalton schreiben würde, wenn er das relative Gewicht des Sauerstoffatoms zum Wasserstoffatom nicht 8 zu 1, sondern
   a) 16 zu 1,
   b) 4 zu 1
gesetzt hätte.

3 Bausteine dienen als Modell für die Atome: Sie verbinden sich in ganzzahligen Verhältnissen.

Warum und wie gruppieren sich Atome zu Atomverbänden um?
→ 6, 7, 8
Was hält Atome in Atomgruppen zusammen? → 6, 7, 8

M 9 Modelle in der Chemie

Für die Naturwissenschaftler spielen Modelle eine wichtige Rolle, denn viele Phänomene lassen sich im Labor oder in der Natur nicht direkt beobachten. Das kann daran liegen, dass etwas zu klein, zu groß oder zu unübersichtlich ist. Hierfür sind Modelle sehr nützlich, denn diese
- veranschaulichen komplexe Zusammenhänge,
- erklären komplizierte Sachverhalte,
- helfen beim Vorhersagen naturwissenschaftlicher Phänomene.

Da Modelle die Wirklichkeit vereinfachen, sind sie nie ganz richtig, aber auch nie ganz falsch: Unwichtige Aspekte werden weggelassen, wichtige betont. Modelle können konkret „begreifbar" sein (z. B. Bausteine als Atome) oder als Denkmodelle diskutiert werden (z. B. Atommodell von Dalton).
Modelle sind eng mit der naturwissenschaftlichen Erkenntnisgewinnung (→ M 8) verknüpft. Werden bei Experimenten „verbotene" Beobachtungen gemacht, d. h. Widersprüche zur Wirklichkeit festgestellt, muss das Modell erweitert oder ein neues entwickelt werden.
Dies wird am Beispiel des Atommodells erläutert:

Wissenschaftliches Modell		Problem
Aristoteles	Die Welt besteht aus den „Elementen" Wasser, Luft, Erde und Feuer. Es gibt keine kleinsten Teilchen.	Überlegung: Materie kann nicht unendlich teilbar sein, sonst bleibt ja „nichts" übrig.
Demokrit	*Modell der kleinsten Teilchen:* Jeder Stoff besteht aus kleinsten Teilchen, die sich in Größe und Form unterscheiden.	Experimente zeigen: – Erhaltung der Masse und konstante Massenverhältnisse bei chemischen Reaktionen – Es gibt zwei Arten von kleinsten Teilchen.
Dalton / Avogadro	*Atom- und Molekülmodell nach Dalton:* Atome sind massive Kugeln mit unterschiedlicher Masse und Größe, es gibt Atome und Atomverbände (Moleküle).	Experimente zeigen: – Es gibt geladene Teilchen. – Atome können negative Teilchen abgeben (Elektronenstrahl). Sind Atome doch nicht unteilbar?

Es ist ganz wichtig, den Unterschied zwischen dem Teilchenmodell und dem Atom- und Molekülmodell nach Dalton zu kennen: Bisher haben wir in „Natur und Technik" jeden Stoff durch eine Kugel oder durch ein Symbol dargestellt (z. B. beim Modell für die Aggregatzustände). Jetzt müssen wir unterscheiden, ob ein Element oder eine aus mehreren Atomen zusammengesetzte Verbindung vorliegt.

Beispiel Wasser:

Teilchenmodell   Atom- und Molekülmodell
●

Es folgen weitere Atommodelle (→ Kapitel 5), die immer wieder verbessert werden mussten, da Experimente zu „verbotenen" Beobachtungen führten, d. h. Beobachtungen mit dem bestehenden Modell nicht erklärt werden konnten:

Wissenschaftliches Modell		Problem
Thomson	*„Rosinenkuchenmodell":* Atome bestehen aus einer positiv geladenen Grundmasse, in der negativ geladene Elektronen „wie Rosinen in einem Kuchen" verteilt sind.	Experimente zeigen: Werden Atome mit Elektronen oder Alpha-Teilchen beschossen, erfolgt kaum eine Ablenkung. Dies steht im Widerspruch zur positiven Grundmasse.
Lenard / Rutherford	*Kern-Hülle-Modell:* Atome bestehen aus einem winzigen massiven Kern (positiv geladen) und einer Hülle mit negativ geladenen Elektronen.	Experimente zeigen: Elektronen aus dem Atom besitzen nur ganz bestimmte „Energie-Portionen", d. h. sie können nur in bestimmten Regionen der Hülle sein und sind nicht gleichmäßig verteilt.
	Schalenmodell: Elektronen bewegen sich auf bestimmten Bahnen (Schalen = Energieniveaus) um den Kern.	Experimente zeigen: Elektronen sind nicht nur kleine Teilchen, sondern sie verhalten sich auch wie eine Welle.
	Mathematisches Atommodell (Klasse 9/10)	

4.3 Wandernde Teilchen – die Ionen

Ladungstrennung. Reibt man an einem Luftballon mit einem Woll- oder Seidentuch, ziehen sich Ballon und Tuch an. Ballon und Tuch sind *elektrisch geladen*. Beim Reiben kommt es zur *Ladungstrennung*: Vom Tuch wandern negative Ladungsträger – Elektronen – zum Ballon. Der Ballon ist nun negativ, das Tuch positiv aufgeladen (s. Info).

Wandernde Teilchen. Es gibt Verbindungen, die wie das Kochsalz (Natriumchlorid) den elektrischen Strom als Schmelze oder wässerige Lösung, nicht aber in festem Zustand leiten. Eine Lösung von Traubenzucker leitet dagegen keinen Strom. In der Kochsalzlösung müssen also elektrisch geladene Teilchen vorhanden sein, durch die ein Ladungstransport (eine Stromleitung) möglich wird. In einer Traubenzuckerlösung ist dies nicht der Fall. Die Verbindung Natriumchlorid scheint also aus elektrisch geladenen Teilchen zu bestehen, die aber nur in einer Lösung oder Schmelze „erscheinen".

Das Verhalten dieser geladenen Teilchen kann man durch folgenden Versuch sichtbar machen (Abb. 1): Tragen wir die Lösung von Kupferpermanganat auf einen feuchten Papierstreifen auf und legen eine Gleichspannung an, so wandert ein blauer Streifen zur negativen Elektrode *(Kathode)*, ein roter zur positiven Elektrode *(Anode)*.

Ionen – geladene Teilchen. Offensichtlich besteht Kupferpermanganat aus zwei Teilchenarten, die im elektrischen Feld entgegengesetzt wandern und somit Ladungsträger sind. Kupferverbindungen sind in wässriger Lösung blau und Permanganate rot.

Wenn wir die Stoffebene nun verlassen und uns die Vorgänge auf Teilchenebene modellhaft vorstellen, so müssen die zum negativen Pol wandernden Kupferteilchen eine positive Ladung und die zum positiven Pol wandernden Permanganat-Teilchen eine negative Ladung besitzen, da sich entgegengesetzte Ladungen anziehen. Der englische Naturforscher Michael Faraday nannte solche Teilchen *Ionen* (griech.: Wanderer).

Die zur Kathode wandernden und daher positiv geladenen Ionen werden als Kationen, die zur Anode wandernden und daher negativ geladenen Ionen als Anionen bezeichnet. Es gibt Atom- und Molekülionen.
Die kleinsten Teilchen von Verbindungen können ungeladene Moleküle oder Ionen sein.

Aufgaben

1 Nickelsalze besitzen grüne Lösungen. Bringt man eine Lösung von Nickelchlorid zwischen zwei Elektroden und legt eine Gleichspannung an, so beobachtet man nach kurzer Zeit, wie ein grüner Streifen zur Kathode wandert. Werte den Versuch aus.

2 Fertige zu Aufgabe 1 und Abb. 1 jeweils eine Skizze an, in der die Vorgänge mithilfe von kleinsten Teilchen beschrieben werden.

Info

In Physik hast du eine solche Ladungstrennung bereits kennengelernt. Der Grund für die Anziehungskräfte zwischen Ballon und Tuch: Durch das Reiben wechseln negative Ladungen im Tuch zum Ballon über. Der Ballon ist dadurch negativ geladen, das Tuch positiv; Tuch und Ballon ziehen sich also an.

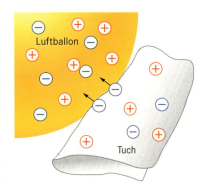

1 Ionen wandern im elektrischen Feld: oben zu Beginn des Versuchs, unten nach etwa fünfminütigem Einwirken des elektrischen Stroms.

*Warum kommen nur in der Lösung und der Schmelze von Kochsalz elektrisch geladene Teilchen vor? → 6
Wann sind die kleinsten Teilchen einer Verbindung Ionen, wann ungeladene Moleküle? → 6, 7*

52 Kleinste Teilchen – Bausteine von Reinstoffen

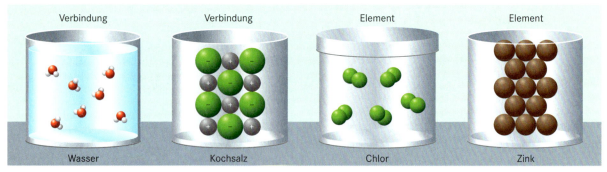

1 Verschiedene Reinstoffe auf Teilchenebene

4.4 Die Teilchenebene

Mithilfe der kleinsten Teilchen (Atome, Moleküle und Ionen) lassen sich Phänomene der Stoffebene genauer beschreiben.

Gemische und Reinstoffe. Wenn man auf Teilchenebene Reinstoffe und Gemische vergleicht, kann man sofort den Unterschied sehen: Liegt ein Reinstoff vor, sind nur gleichartige kleinste Teilchen vorhanden (Abb. 1). Bei einem Gemisch (Abb. 2) sind es mindestens zwei verschiedene Teilchenarten, die entweder getrennt sind (heterogenes Gemisch) oder stark durchmischt sind (homogenes Gemisch). Wenn Gemische durch physikalische Prozesse getrennt werden, findet im Grunde nur eine Sortierung der verschiedenen Teilchen, z. B. nach der Größe der Teilchenverbände (Sieben, Filtern), der Masse (Zentrifugieren, Chromatografieren) sowie der Beweglichkeit durch Wärmezufuhr (Destillieren, Abdampfen), statt.

Diffusion. Stellt man eine Flasche Parfüm offen in einen Raum, so breitet sich der Geruch gleichmäßig aus. Offensichtlich trennen sich einzelne Teilchen ab und „fliegen" durch den Raum. Diese selbstständige Verteilung der Teilchen aufgrund ihrer Eigenbewegung nennt man *Diffusion*.

Lösen eines Stoffes. Ist ein Stoff in einer Flüssigkeit wie Wasser lösbar, so lagern sich die Wassermoleküle nach und nach um jedes Teilchen des

2 Verschiedene Stoffgemische auf Teilchenebene

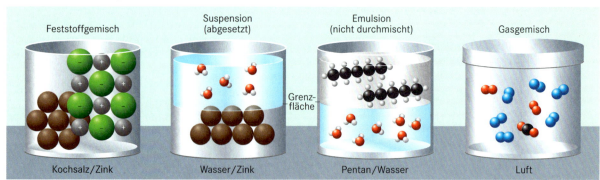

Kleinste Teilchen – Bausteine von Reinstoffen

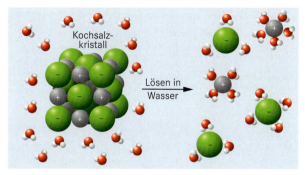

3 Teilchenebene: Kochsalz löst sich in Wasser.

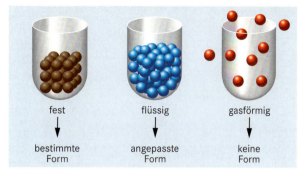

4 Die drei Aggregatzustände auf Teilchenebene

Lösestoffes. Ist der Lösestoff fest, so wird er mit der Zeit zerlegt, d.h., der sichtbare Kristall (viele Ionen) wird in nicht mehr sichtbare Ionen mit Wassermolekülhülle zerlegt bzw. aquatisiert (Abb. 3).

Aggregatzustände. In *Feststoffen* sind die kleinsten Teilchen regelmäßig und dicht angeordnet. Sie nehmen im Kristall feste Plätze ein, um die sie nur wenig hin und her schwingen. In diesem Gitter sind unvorstellbar viele Teilchen zusammen, was zur Folge hat, dass wir mit dem bloßen Auge diese Ansammlung von kleinsten Teilchen als Stoffportion (Kristall) sehen können. Zwischen den Teilchen im Gitter wirken starke Anziehungskräfte. Daher behält bei Feststoffen eine bestimmte Stoffportion sowohl ihre gegebene Form als auch ihr Volumen; sie weist Form- und Volumenkonstanz auf.

Beim Erwärmen wird Energie zugeführt. Die Teilchen schwingen nun immer stärker, bis sie beim Schmelzen die Anziehung ihrer Nachbarn überwinden und sich von ihren Plätzen lösen. Als *Flüssigkeit* bewegen sie sich aneinander vorbei und sind nicht mehr so dicht gepackt. Die Flüssigkeit kann daher jede beliebige Form annehmen, sie hat keine Formkonstanz. Doch noch immer wirken schwache Anziehungskräfte und sichern die Volumenkonstanz.

Wird weiter Energie in Form von Wärme zugeführt, überwinden die Teilchen beim Verdampfen bislang noch vorhandene Anziehungskräfte, da sie nun viel kinetische Energie besitzen. Sie entfernen sich beliebig weit voneinander. Im *gasförmigen Zustand* füllt daher ein Stoff durch Diffusion den zur Verfügung stehenden Raum gleichmäßig aus; er besitzt keine Form- und Volumenkonstanz. Die Teilchen nehmen den größtmöglichen Abstand voneinander ein. Dies erklärt, warum Gase komprimierbar sind.

Verdunsten einer Flüssigkeit. Hier erfolgt der Übergang vom flüssigen zum gasförmigen Aggregatzustand unterhalb der Siedetemperatur. Der Vorgang findet nur an der Oberfläche der Flüssigkeit statt: Die kleinsten Teilchen, die sich unmittelbar an der Grenze zur Luft befinden, nehmen aus der Umgebung mindestens so viel Energie auf, wie sie im gasförmigen Zustand haben und verlassen dann die Flüssigkeit (Abb. 5). Beispiele für Verdunstung sind das Austrocknen von Wasserpfützen und das Trocknen von Wäsche.

Aufgaben

1 Löse die Probleme 1 und 2 aus Kapitel 4.1.
2 Entwerfe ähnliche Abbildungen wie in Abb. 2 für Mineralwasser, Kochsalzlösung und Rauch.
3 Erläutere, warum ein Gas gut komprimierbar ist, Feststoffe und Flüssigkeiten nicht.
4 Beschreibe mit dem Teilchenmodell das Sublimieren, Kondensieren und Erstarren eines Stoffes.
5 Beschreibe die Folgen für die Verdunstung, wenn die Oberfläche vergrößert bzw. verkleinert wird. Finde Beispiele in Natur und Technik, wo bewusst durch die Größe der Oberfläche Einfluss auf die Verdunstung genommen wird.

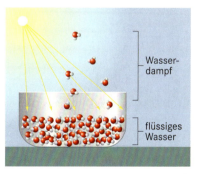

5 Verdunsten von Wasser auf Teilchenebene

54 Kleinste Teilchen – Bausteine von Reinstoffen

Chemische Reaktionen auf Teilchenebene. Mit dem neuen Blick für die Teilchen lassen sich auch unsere bereits festgelegten Reaktionstypen noch einfacher veranschaulichen und verstehen:

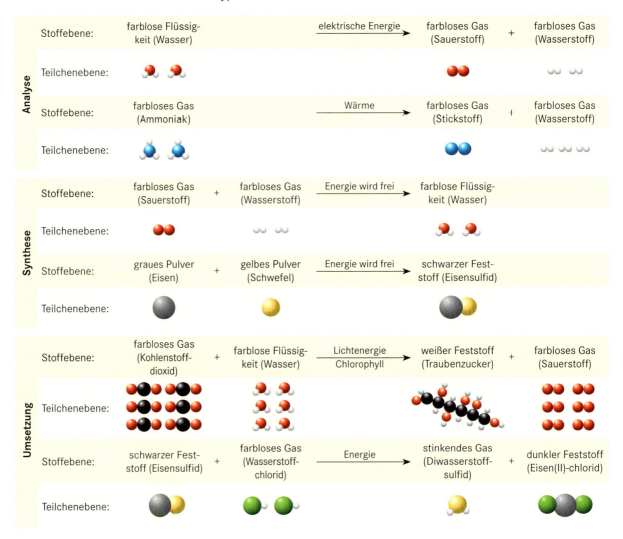

*Was veranlasst die Elemente und Verbindungen bzw. Atome und Moleküle miteinander zu reagieren? → 6, 7
Woher wissen wir die Atomzahlverhältnisse in Molekülen? → 7*

Aufgaben

6 Formuliere auf Stoff- und Teilchenebene
  a) die Reaktion von Magnesium und Sauerstoff zu Magnesiumoxid (Atomzahlverhältnis 1:1),
  b) die Reaktion von Natrium und Chlor zu Natriumchlorid (Atomzahlverhältnis 1:1),
  c) die Zerlegung von Silbersulfid (Atomzahlverhältnis 1:1) in die Elemente,
  d) die Reaktion von Magnesium und Wasser zu Magnesiumoxid.

7 Erkläre die jeweils unterschiedliche Anzahl der dargestellten Atome und Moleküle.

M 10 Betrachtungsebenen in der Chemie

Wenn wir eine chemische Reaktion betrachten, sehen wir auf der Stoffebene Stoffe, die z. B. langsam oder schnell, leise oder laut, mit oder ohne Farbänderungen reagieren und ihre sichtbaren Eigenschaften verändern. Die Ursache hierfür ist auf der Teilchenebene zu finden, die aber für uns nicht sichtbar ist und mit Modellen vorstellbar gemacht werden muss.

In der Chemie müssen wir diese beiden Ebenen immer gleichzeitig betrachten und dennoch unterscheiden. Beim Experimentieren findet das Beobachten auf *Stoffebene* statt. Die Erklärungen und die chemische Reaktionsgleichung beziehen sich immer auf die *Teilchenebene*.

	Stoffebene	Teilchenebene
beschäftigt sich mit	Makro- und Mikrokosmos	Submikrokosmos
	sichtbaren Phänomenen	unsichtbaren Ursachen für Phänomene
	messbaren Eigenschaften	Modellen zur Anschauung, Formeln, Reaktionsgleichungen
	Beobachtungen	Erklärungen, Vorstellungen
	Eigenschaften des Stoffes	Teilchenart und Teilchenaufbau, Struktur und Anordnung der Teilchen, Wechselwirkung zwischen den Teilchen
Stoffe	Element mit Kenneigenschaften, chemisch nicht zerlegbar	Atome oder Atomverband (Molekül), aus einer Atomart bestehend
	Verbindung mit Kenneigenschaften, chemisch zerlegbar	Atomverband (Molekül) oder Ionenverband, aus mehreren Atomarten bestehend ($\rightarrow$ 6, 7)
	Wasserstoff, Stickstoff, Sauerstoff, Fluor, Chlor, Brom, Iod	zweiatomige Moleküle: H_2, N_2, O_2, F_2, Cl_2, Br_2, I_2
	Aggregatzustand	Anziehung, Anordnung und Geschwindigkeit der Teilchen
	Feststoff	Atome, Moleküle und Ionen auf festen Plätzen angeordnet ($\rightarrow$ 6.2, 7.2, 8.2)
	Feststoff löst sich in Wasser auf und „verschwindet".	Wassermoleküle „entfernen" nach und nach aus dem Gitter einzelne Teilchen und lagern sich um diese herum an.
	Stoff ist sichtbar (z. B. Salz) bzw. nicht sichtbar (z. B. Luft).	Teilchendichte ist hoch (z. B. Feststoff) bzw. gering (z. B. Gas).
chemische Reaktion	Stoff- und Energieumwandlung (Eigenschaften der Stoffe ändern sich)	Umgruppierung von Teilchen, Veränderung von Teilchen ($\rightarrow$ 5.7), Veränderung von chemischen Bindungen ($\rightarrow$ 6, 7, 8)
	Stoff ist reaktionsträge (z. B. Edelgas).	Teilchen haben stabilen Zustand ($\rightarrow$ 5.6).
	Massenverhältnis in einer Verbindung	Atomzahlenverhältnis in einer Verbindung
	Temperatur	Teilchengeschwindigkeit
	Graues Pulver (magnetisch) und gelbes Pulver reagieren zu einem grauen, nicht magnetischen Feststoff.	Eisenatome und Schwefelatome verbinden sich im Verhältnis 1:1 zu Eisensulfid: Eisen + Schwefel $\rightarrow$ Eisensulfid

4.5 Die chemische Zeichensprache

Die Entwicklung einer Zeichensprache. Seit alters her haben Naturforscher Zeichen und Symbole verwendet, um Stoffe zu benennen oder um Vorgänge zu beschreiben. Die alchemistischen Zeichen (Abb. 1) lassen vermuten, dass es dabei weniger um eine vereinfachte Schreibweise ging, sondern eher darum, etwas rätselhaft oder geheimnisvoll erscheinen zu lassen.

Der Vorschlag von John Dalton (Abb. 2) zielte in eine andere Richtung: Er kennzeichnete die verschiedenen Elemente bzw. Atomsorten durch unterschiedlich markierte Kreise. Diese bedeuteten nicht nur ein bestimmtes Element, sondern auch ein Atom mit einer bestimmten Masse, d. h., Dalton gab den Kreisen eine quantitative (mengenmäßige) Bedeutung. Indem er die Kreise aneinander zeichnete, drückte er aus, dass sich Atome miteinander verbunden hatten (vgl. S. 48, Abb. 2).

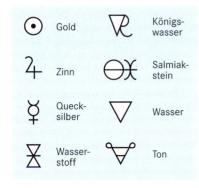

1 Geheimzeichen der Alchemisten

Was ist ein chemisches Symbol? Dalton konnte sein System nicht durchsetzen, da kurze Zeit nach ihm der schwedische Chemiker Jakob Berzelius (Abb. 3) ein noch besseres System fand, dessen Grundlagen bis heute gültig sind. Berzelius schlug vor, chemische Elemente mit den Anfangsbuchstaben ihrer lateinischen bzw. griechischen Namen zu bezeichnen (Tab. 1). Ein zweiter Buchstabe (klein geschrieben) ist immer dann nötig, wenn Elementnamen mit denselben Buchstaben beginnen.

Die Kurzschreibweise für chemische Elemente nennt man *Symbole*.

Ein chemisches Symbol macht mehrere Aussagen. So steht z. B. Cu für das Element und die Stoffart Kupfer, aber auch für ein Atom Kupfer.

2 Symbole von John Dalton

3 Jakob Berzelius (1779–1848)

Element	Symbol	lat./griech. Name	Element	Symbol	lat./griech. Name
Brom	Br	**Br**omum	Aluminium	Al	**Al**uminium
Chlor	Cl	**Cl**orum	Blei	Pb	**P**lum**b**um
Fluor	F	**F**luorum	Calcium	Ca	**Ca**lcium
Iod	I	**I**odum	Eisen	Fe	**Fe**rrum
Kohlenstoff	C	**C**arboneum	Gold	Au	**Au**rum
Phosphor	P	**P**hosphorus	Kalium	K	**K**alium
Sauerstoff	O	**O**xygenium	Kupfer	Cu	**Cu**prum
Schwefel	S	**S**ulfur	Magnesium	Mg	**Mg**agnesium
Silicium	Si	**Si**licium	Natrium	Na	**Na**trium
Stickstoff	N	**N**itrogenium	Quecksilber	Hg	**H**ydrar**g**yrum
Wasserstoff	H	**H**ydrogenium	Silber	Ag	**Ag**rentum

Tab. 1: Wichtige Elemente

Was ist eine chemische Formel? Indem man die Symbole der miteinander reagierenden Elemente nebeneinander schreibt, drückt man aus, dass sich die Atome miteinander verbunden haben, z. B. FeS für die Verbindung von Eisen und Schwefel. Zugleich bedeutet die Formel FeS: Eisen- und Schwefelatome haben sich im für diese Verbindung konstanten Zahlenverhältnis 1 : 1 verbunden.

Die Kurzschreibweise für eine chemische Verbindung nennt man *chemische Formel*.

Sind mehrere gleichartige Atome oder Atomgruppen oder auch Ionen miteinander verbunden, drückt man dies durch eine tiefgestellte Zahl (*Index*) hinter dem Elementsymbol oder der in Klammern stehenden Atomgruppe aus. Die Zahl 1 wird grundsätzlich nicht geschrieben. Auch vermeidet man in der Regel teilergleiche Indexe. Die Zahl vor der Formel (*Koeffizient*) bezieht sich auf das gesamte Atom oder Molekül (vgl. dazu auch M 11, S. 59).
Beispiele: nicht HH sondern H_2; nicht HHO, sondern H_2O; nicht CaOHOH sondern $Ca(OH)_2$; O_3 ist ein Molekül aus drei Sauerstoffatomen, 3 O bedeutet 3 einzelne Sauerstoffatome.
Beispiel (🔴 bedeutet 1 Sauerstoffatom):

korrekte Schreibweise	Aussage	Modell	Vorkommen/ Bedeutung
3 O	3 einzelne Sauerstoffatome		kommt praktisch nicht vor
O_3	1 Sauerstoffmolekül, bestehend aus 3 miteinander verbundenen Sauerstoffatomen		Ozon (giftig, reaktiv)
O_2	1 Sauerstoffmolekül, bestehend aus 2 miteinander verbundenen Sauerstoffatomen		„normaler" Sauerstoff (in der Luft vorhanden)
$O_2 + O_3$	Gemisch aus „normalem" Sauerstoff und Ozon		in der Luft vorhanden

Tiefgestellte Zahlen (*Indexe*) beziehen sich auf das jeweils links stehende Symbol. Die vor der Formel stehende Zahl (*Koeffizient*) bezieht sich auf die ganze Formel.

In welcher Reihenfolge die Elementsymbole angeordnet werden (H_2O oder OH_2) und welche Atomgruppen zusammengehören ($Ca(OH)_2$ oder CaO_2H_2), regelt die so genannte chemische Nomenklatur. Die Formel hat auch viel mit der Verbindungsart bzw. dem Zustandekommen der Verbindung zu tun. Daher wird man mit der Zeit Erfahrungen im Aufstellen der Formeln sammeln.

Aufgaben

1 Welchen Vorteil hat die Berzelius-Schreibweise gegenüber der von Dalton?
2 Wie viele Atome sind jeweils enthalten: H_2O, H_2SO_4, 3 HCl, 2 $CaBr_2$, 3 $Al(OH)_3$.
3 Erkläre den Unterschied zwischen den folgenden Schreibweisen: CO und Co sowie HF und Hf.

Info

– Die nach Avogadro zweiatomigen Elemente schreibt man als Elemente folgendermaßen: H_2, N_2, O_2, F_2, Cl_2, Br_2, I_2. In Verbindungen können sie auch einzeln vorkommen, wie man an der Formel für Wasser sieht: H_2O.
– Aggregatzustände kennzeichnet man so: (s) für solid = fest, (l) für liquid = flüssig und (g) für gaseous = gasförmig. Die Bezeichnung (aq) steht für „aquatisiert", d. h. das Atom, Molekül oder Ion ist von Wasserteilchen umgeben. Beispiele: H_2O(s) bedeutet festes Wasser (Eis), HCl(aq) bedeutet gelöstes Wasserstoffchlorid.
– Ladungszahlen von Ionen werden an der Formel rechts oben angegeben und beziehen sich auf das gesamte Atom bzw. Molekül, z. B. Cl^-, Na^+, Ca^{2+}, NH_4^+, SO_4^{2-}.

58 Kleinste Teilchen – Bausteine von Reinstoffen

4 Wenn Kohlenstoff mit Sauerstoff zu Kohlenstoffdioxid reagiert, sieht das in jedem Land anders aus. Von oben nach unten: Deutsch, Englisch, Japanisch, Französisch, Russisch, Griechisch, Spanisch, Polnisch und Chinesisch! Die chemische Zeichensprache ist dagegen international – die chemischen Symbole (letzte Zeile) werden überall verstanden.

Kohlenstoff + Sauerstoff ⟶ Kohlenstoffdioxid

carbon + oxygen ⟶ carbondioxide

炭素 + 酸素 ⟶ 二酸化炭素

carbone + oxygène ⟶ dioxyde de carbone

углерод + кислород ⟶ двуокись углерода

ἄνθραξ + ὀξυγόνο ⟶ διοξίδιον τοῦ ἄνθρακα

carbono + oxigeno ⟶ dioxido de carbono

węgiel + tlen ⟶ dwutlenek węgla

碳 + 氧气 ⟶ 二氧化碳

$$C + O_2 \longrightarrow CO_2$$

1	mono	6	hexa
2	di	7	hepta
3	tri	8	octa
4	tetra	9	nona
5	penta	10	deka

Tab. 2: Griechische Zahlwörter

Info
Chemische Verbindungen müssen nicht immer streng nach den offiziellen Regeln bezeichnet werden. Beispiel: Wasserstoffsulfid statt Diwasserstoffsulfid.
Außerdem gibt es noch eine Reihe von Gebrauchs- oder Trivialnamen, an denen man die Formel nicht „ablesen" kann.
Beispiele: Ammoniak NH_3, Wasser H_2O, Salzsäure $HCl(aq)$, Wasserstoffperoxid H_2O_2.

Wie erhält man die richtigen Atomzahlverhältnisse für das Aufstellen einer Verbindungsformel? → 6.1, 7.2
Wie stellt man die Reaktionsgleichung einer chemischen Reaktion auf? → 6.1, 7.2

Die Formeln werden für die Reaktionsgleichung einer chemischen Reaktion benötigt, die international zu lesen ist (Abb. 4). Wie eine Reaktionsgleichung aufgestellt wird, hängt von der zugrunde liegenden Reaktion ab; das wird in den Kapiteln 6 und 7 erklärt.

Die Bezeichnung einfacher Verbindungen. Bei der Benennung von Verbindungen aus zwei Elementen (*binäre Verbindungen*), wie z. B. FeS, wird der unveränderte Name des ersten Elements vorangestellt. Dann wird an den Stammnamen (abgeleitet von den lat./griech. Namen) die Endung *-id* angehängt. Das ergibt in unserem Fall den Namen Eisensulfid. Neben Eisensulfid gibt es noch weitere Sulfide, z. B. Zinksulfid. Verbindungen mit Sauerstoff haben die Endung „-oxid", mit Chlor die Endung „-chlorid", z. B. FeO Eisenoxid und NaCl Natriumchlorid.

Bei der Benennung einer Verbindung ist es oft notwendig, das Zahlenverhältnis, in dem sich die Atome miteinander verbunden haben, anzugeben. Dazu verwendet man die griechischen Zahlwörter (Tab. 2). Die Silbe „mono" wird oft weggelassen. Beispiele:

SO_2	Schwefeldioxid	N_2O	Distickstoffoxid
SO_3	Schwefeltrioxid	NO_2	Stickstoffdioxid
CO	Kohlenstoffmonooxid	N_2O_5	Distickstoffpentaoxid
CO_2	Kohlenstoffdioxid	Al_2S_3	Dialuminiumtrisulfid

Aufgaben
4 Wie enden die Namen der Verbindungen mit Fluor und Iod?
5 Schreibe die Formel für Traubenzucker, drei Moleküle Schwefeltrioxid (gasförmiger Zustand), Dieisentrioxid (fester Zustand).
6 Benenne folgende Verbindungen: $SO_2(g)$, H_2S, $AgCl(s)$, PbO, $FeBr_3$, H_2O.
7 Welche Information liefert die Formel N_2O_5?

M 11 Die chemische Formel

Die Formel einer Verbindung gibt das Zahlenverhältnis der am Aufbau der Verbindung beteiligten Atome bzw. Ionen an. Dieses Verhältnis ist für eine bestimmte Verbindung konstant (Gesetz der konstanten Proportionen).
Man unterscheidet je nach Bindungstyp (→ 6, 7):

Molekülformel:
Das Zahlenverhältnis entspricht der tatsächlichen Atomanzahl des Moleküls.
Beispiel:
NH_3: 3 Wasserstoffatome sind mit 1 Stickstoffatom verbunden

Verhältnisformel:
Das Zahlenverhältnis gibt nur das Verhältnis der Ionen in der Verbindung wieder.
Beispiel:
$CaBr_2$: Calciumionen und Bromidionen liegen im Verhältnis 1 zu 2 vor

Die „Bestandteile" einer Formel:
In Abbildung 1 siehst du verschiedene chemische Formeln und wie die einzelnen Teile dieser Formeln heißen. Unter den Formeln ist ihre Sprechweise angegeben. Die Begriffe werden im Anschluss erläutert.

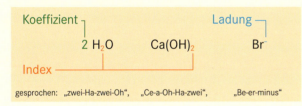

1 Was gehört zu einer chemischen Formel?

Ladung (= rechts hochgestellte Zahl):
Die Ladung gibt an, ob es sich um ein Kation (+) oder Anion (−) handelt und die Zahl davor, wie hoch die Ladung ist. Sie bezieht sich immer auf das gesamte Molekül.
Beispiel:
Br^-: einfach negativ geladen

Koeffizient (= Zahl vor dem Atom oder Molekül):
Der Koeffizient bezieht sich auf das gesamte Atom oder Molekül.
Beispiel:
$2\,H_2O$: 2 Moleküle Wasser

Index (= tiefgestellte Zahl):
Der Index bezieht sich
– immer auf das links davor stehende Elementsymbol.
  Beispiel:
  H_2O: 2 Atome Wasserstoff und 1 Atom Sauerstoff
– auf die in Klammern stehende Atomgruppe.
  Beispiel:
  $Ca(OH)_2$: 2 OH-Ionen und 1 Calciumion

Besonderheiten:
– Die Zahl 1 wird als Index und Koeffizient nicht geschrieben.
– Folgende Stoffe liegen zweiatomig vor: H_2, N_2, O_2, F_2, Cl_2, Br_2, I_2. Liegen sie atomar vor, werden sie mit eckigen Klammern gekennzeichnet: <O>, <H>.
– Edelgase liegen immer atomar vor: He (Helium), Ne (Neon), Ar (Argon), Kr (Krypton).
– Der (Aggregat-)Zustand wird mit folgenden Abkürzungen vermerkt.
  Abkürzung: (s) = solid = fest
  (l) = liquid = flüssig
  (g) = gaseous = gasförmig
– Liegt der Stoff in Wasser gelöst vor, erscheint das Kürzel (aq) = aquatisiert. Das bedeutet „von Wassermolekülen umlagert", z. B. $Na^+(aq)$.
– Einen gasförmigen Stoff, der entweicht, kann man auch mit einem Pfeil nach oben ↑ kennzeichnen, z. B. H_2↑: Wasserstoff entweicht.
– Mit einem Pfeil nach unten ↓ wird ein Stoff, der unlöslich ist und als Feststoff ausfällt, gekennzeichnet, z. B. AgCl↓: Silberchlorid fällt aus.

Auf einen Blick

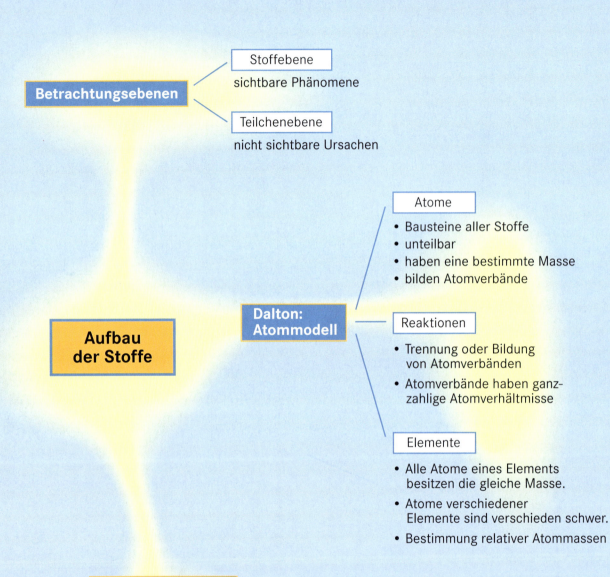

Auf einen Blick 61

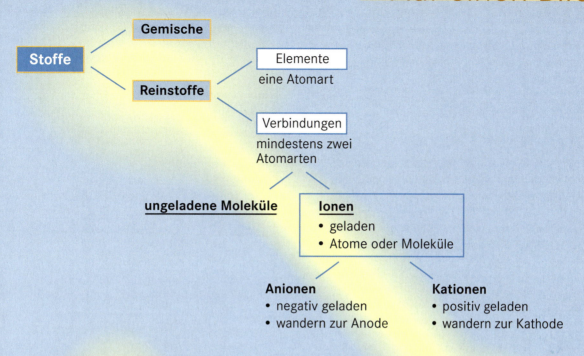

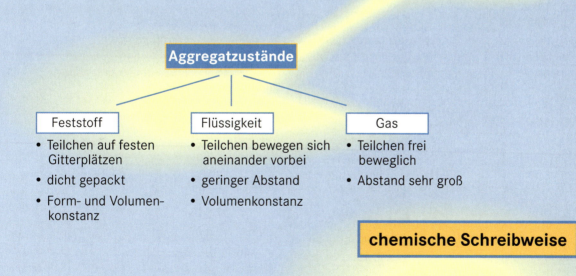

Knobelecke

1. Fasse in einer Tabelle alle Einteilungsmöglichkeiten für Stoffe zusammen und gib darin an, wie die verschiedenen Stoffkategorien auf Teilchenebene aussehen.

2. Skizziere auf Teilchenebene heterogene Stoffgemische.

3. Stelle mithilfe einer Zeichnung dar, was auf Teilchenebene bei der Destillation von einem Wasser-Alkohol-Gemisch passiert.

4. Beschreibe unter Einbezug der Teilchenebene die drei verschiedenen Aggregatzustände.

5. Erkläre mithilfe des Teilchenmodells, warum sich Gase unter hohem Druck in Flüssigkeiten verwandeln lassen.

6. Erkläre, warum man die gelösten Teilchen eines homogenen Stoffgemisches im Gegensatz zu denen eines heterogenen Stoffgemisches nicht sehen kann.

7. Erkläre, warum sich ein Farbstoff, der in Wasser gegeben wird, mit der Zeit gleichmäßig ausbreitet und ein Farbverdünnungseffekt festzustellen ist.

8. Erläutere den Unterschied zwischen Atomen und Molekülen.

9. Iod zeigt im Ladungsfeld keine sichtbare Wanderung von Teilchen. Welche Rückschlüsse kannst du aus dieser Beobachtung ziehen?

10. Eine grüne Lösung von Kupferchromat wird zwischen zwei Elektroden auf einen feuchten Papierstreifen aufgebracht. Es wird eine Gleichspannung angelegt. Man beobachtet, dass ein gelber Streifen zur Anode und ein blauer zur Kathode wandert. Interpretiere diese Beobachtung.

11. Erkläre die Bedeutung der Buchstaben und der tiefgestellten Zahlen in der chemischen Schreibweise.

12. Benenne folgende Verbindungen: PCl_5, CO, SF_6, Al_2O_3, $FeCl_3$, Mg_3N_2, NO, CCl_4.

13. Schreibe die Formeln: Dialuminiumtrisulfid, Wasserstofffluorid, Triwasserstoffnitrid, Bleitetrachlorid, Trilithiumnitrid, Calciumdicarbid, Kupferdibromid.

14. Schreibe die Formel für
    a) Spiritus,
    b) drei Kohlenstoffdioxidmoleküle (gasförmiger Zustand),
    c) Diiodpentaoxid (fester Zustand).

15. Überlege dir eine Erklärung dafür, dass das Auflösen eines Stoffes bei höherer Temperatur schneller vonstatten geht. Wo spielt das im Alltag eine Rolle?

16. Reinstoff oder Gemisch?

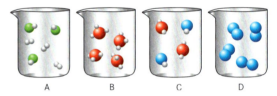

17. Erkläre den Unterschied zwischen folgenden Darstellungsweisen des Wassermoleküls:

Begründe, welche Darstellung deiner Meinung nach sinnvoller ist.

18. Vergleiche das chemische Teilchenkonzept mit dem Kapitel „Aufbau der Materie" aus dem Physikunterricht.

19. Ordne den beiden Betrachtungsebenen folgende Begriffe zu:
Schwefel, Wasserstoff, Metall, Chloratom, Eisennagel, Sauerstoffmolekül, Permanganation, Kochsalzlösung, Schwefelatom, Kochsalzkristall.

5 Atombau und gekürztes Periodensystem

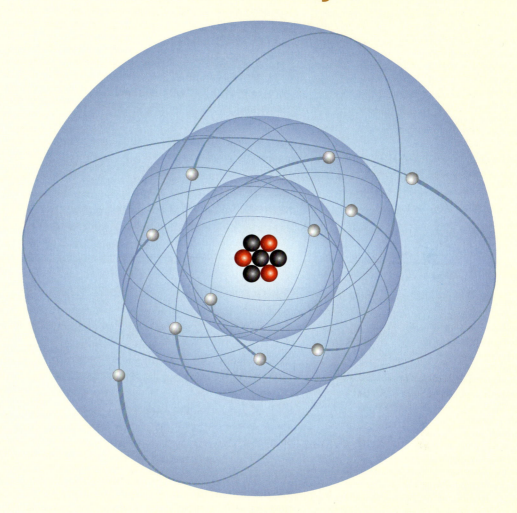

Die kleinsten Teilchen von *Elementen* sind *Atome* oder auch bei bestimmten Elementen *zweiatomige Moleküle*. Die kleinsten Teilchen von *Verbindungen* sind *ungeladene Moleküle* oder *Ionen*. Eine genauere *Betrachtung der Atome* ist nötig, um *Stoffeigenschaften* und *Reaktionsverhalten* zu erklären. *Modellvorstellungen* werden uns dabei von großem Nutzen sein.

5.1 Ein klassischer Versuch

Wir kennen als kleinste Teilchen der Reinstoffe *Atome*, *ungeladene Moleküle* und *Ionen*. Das Atom ist darunter von größtem Interesse, da es „Grundlage" für die anderen Teilchen ist: Moleküle sind Atomverbände, Ionen lassen sich von Atomen oder Atomverbänden ableiten.

Darum machten sich Naturwissenschaftler seit jeher Gedanken über den Aufbau eines Atoms und entwickelten Modelle dazu. Diese *Atommodelle* wurden im Lauf der Zeit immer weiter verbessert und mussten neuen Beobachtungen „angepasst" werden.

Ein „Rosinenkuchen-Modell". Im Jahr 1903 formulierte der Physiker Joseph Thomson (Abb. 1) ein Atommodell, das auf Erkenntnissen über den elektrischen Strom beruhte und einem Atom die Unteilbarkeit absprach. Thomson ging davon aus, dass dem Atom negative Ladung in Form von fast masselosen *Elektronen* „entrissen" werden kann; diese Elektronen sind in eine kugelige Grundmaterie eingebettet (Abb. 2). Die Grundmaterie besitzt fast die gesamte Masse des Atoms und ist positiv geladen, um die Neutralität des Atoms zu gewährleisten.

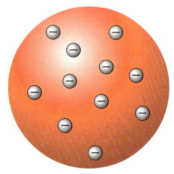

1 Der englische Physiker Joseph J. Thomson (1856–1940)

Negativ geladene Elektronen sitzen in der positiv geladenen Grundmasse wie Rosinen in einem Kuchenteig.

Die Leere im Atom. Im selben Jahr bewies der deutsche Physiker Philipp Lenard, dass Atome keine massiven Kugeln sind: In einem Versuch beschoss er eine Aluminiumschicht mit Elektronen. Verblüffendes Ergebnis war, dass fast alle Elektronen unabgelenkt durch die Aluminiumschicht hindurchgingen.

Durch einen Vergleich werden die Ergebnisse verständlicher: In unserem Vergleich wird die Folie aus Aluminiumatomen durch eine Mauer aus Ziegelsteinen vertreten. Die Mauer wird von einer Ballwurfmaschine ständig mit Bällen beschossen. Dies entspricht dem Elektronenstrahl. Um in diesem Bild zu bleiben, müsste das Ergebnis lauten: Fast alle gegen die Wand geworfenen Bälle prallen nicht zurück, sondern fliegen geradewegs durch das Ziegelwerk hindurch. Ein Ball kann aber nur an einer Stelle durch eine Wand, an der ein „Loch" ist. Da fast alle Bälle durch die Wand gelangen, müsste die Wand nur aus Löchern bestehen, d. h. die Wand wäre „leer".

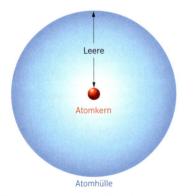

2 Das Atommodell Thomsons erinnert an einen Rosinenkuchen.

Lenard sagte bei seiner Nobelpreisverleihung 1905: „Das Innere des Atoms ist so leer wie das Weltall." (Abb. 3) Er schätze den „harten" Teil des Atoms auf höchstens 1/1000 des Atomradius – wie sich später herausstellte, ist es sogar nur 1/100 000 des Atomradius.

Thomsons und Lenards Arbeiten waren Grundlage für eine entscheidende Verbesserung des Atommodells.

3 Leere im Inneren des Atoms

Rutherfords Idee. Auch der neuseeländische Physiker Ernest Rutherford (Abb. 4) widmete sich der genauen Erforschung des Atombaus. Für ihn stand die Frage im Vordergrund: Gibt es ein „hartes" Zentrum des Atoms, und falls ja, wie groß ist es und woraus besteht es?
Rutherford nahm ebenso wie Lenard an, dass Atome ihre Masse auf nur einen winzigen Punkt des gesamten Volumens konzentrieren. Zusammen mit seinen Mitarbeitern unternahm er im Jahre 1909 einen Versuch, um dies zu belegen.

★ **Der Streuversuch.** Eine nur 0,0005 mm dicke Goldfolie wurde mit Teilchen beschossen. Weil Rutherford und seine Mitarbeiter die Beeinflussung der Elektronen durch die Goldatome ausschließen wollten, verwendeten sie zum Beschuss keine Elektronen wie Lenard, sondern die von Henri Becquerel 1896 entdeckten *radioaktiven Strahlen*. Dabei handelt es sich um einen Strahl aus so genannten *Alpha-Teilchen*. Diese sind wesentlich größer und weniger störanfällig als Elektronen.
In einem Bleiblock befand sich ein radioaktives Präparat als Quelle für die positiv geladenen Alpha-Teilchen (Abb. 5). Rundherum wurde ein Detektorschirm aufgestellt, auf dem auftreffende Alpha-Teilchen einen Lichtblitz verursachen. So sah man, wohin sie abgelenkt wurden.
Die Wissenschaftler beobachteten, dass die meisten Teilchen des Strahls die Goldfolie einfach durchdrangen, wie sie es erwartet hatten. Sie stellten aber auch fest, dass wenige Teilchen abgelenkt und manche sogar zurückgeworfen wurden.

4 Ernest Rutherford (1871 – 1937)

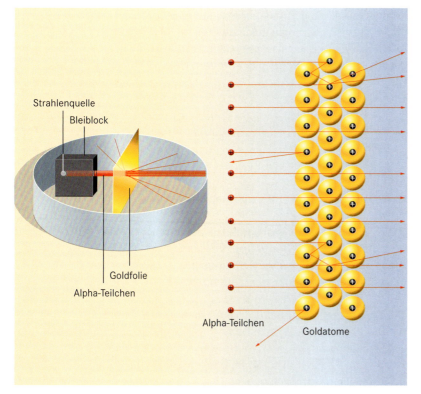

Aufgabe
1 Projektvorschlag: die Entdeckung der Radioaktivität (in Zusammenarbeit mit Physik). Stellt die Ergebnisse der Forscher Curie, Bequerel, Röntgen und Rutherford zusammen. Fertigt von jedem Forscher ein kurzes Porträt an und präsentiert eure Ergebnisse in geeigneter Weise.

5 Aufbau (links) und Deutung (rechts) des Rutherfordschen Streuversuchs: Die meisten positiv geladenen Alpha-Teilchen fliegen ungehindert durch die Goldatome hindurch. Einige Teilchen, die in die Nähe der Atomkerne kommen, werden abgelenkt. Nur die Teilchen, die direkt auf den Atomkern treffen, werden zurückgeworfen.

66 Atombau und gekürztes Periodensystem

6 Größenverhältnis beim Wasserstoffatom: Der Atomkern hat einen Durchmesser von ca. 10^{-15} m, das ganze Atom von 10^{-10} m. Hätte der Atomkern die Größe eines Tennisballs, würde sich die Atomhülle mit einem Radius von 3,2 km ausdehnen. Das entspricht etwa der 11-fachen Höhe des Fernsehturms in München.

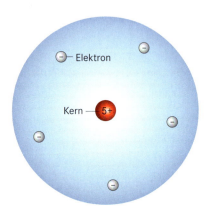

7 Darstellung eines Boratoms nach dem Kern-Hülle-Modell von Rutherford

Woraus besteht der winzige Kern?
→ 5.2
Was ist die Hülle, wenn sie aus „Nichts" zu bestehen scheint? → 5.2

★ **Der Vergleich mit der Mauer.** Aus dem Ergebnis des Streuversuchs kann man vieles über den Aufbau von Atomen ableiten. Benützen wir hierfür wieder unseren Vergleich mit der Mauer. In diesem Fall müsste das Ergebnis lauten: Fast alle gegen die Wand geworfenen Bälle fliegen geradewegs durch das Ziegelwerk hindurch. Einige Bälle prallen aber auch zurück. Das bewies den Forschern, dass Atome eine nachweisbare Masse besitzen. Schließlich prallt ein Ball nur von etwas Festem wieder ab; ebenso prallt ein Teilchen des Strahls nur an der Masse eines Atoms ab. Weil aber nur sehr wenige Teilchen im Versuch „abprallen", muss der „feste" Teil des Atoms extrem klein sein.

Das Kern-Hülle-Modell. Rutherford folgerte, dass nahezu die gesamte Masse des Atoms in einem winzigen *Atomkern* konzentriert und dieser *positiv* geladen ist. Der Kern weist einen Durchmesser um 10^{-15} m auf, also nur 1/100 000 des Atomdurchmessers (Abb. 6). Der „Rest" des Atoms ist die nahezu massefreie *Atomhülle*, in der sich die *negativ* geladenen Elektronen befinden, sodass das gesamte Atom nach außen hin *elektrisch neutral* ist (Abb. 7).

Nach dem *Kern-Hülle-Modell* von Rutherford besteht das Atom aus einem winzigen, positiv geladenen Kern, in dem die Atommasse konzentriert ist, und einer riesigen, nahezu massefreien und von Elektronen erfüllten Atomhülle.

Für Rutherford und seine Kollegen war es unglaublich, diese winzige Masse im Atom aufspüren und nachweisen zu können. Die Aussage Rutherfords über das Versuchsergebnis beweist dies eindrücklich: „Es ist so ziemlich das unglaublichste Ereignis, das mir je in meinem Leben passierte. Es war fast so unglaublich, als ob Sie eine 38-cm-Granate gegen ein Stück Seidenpapier abfeuern, und sie kommt zurück und trifft Sie."

Aufgaben
2 Was entspricht dem Teig und was den Rosinen im Atommodell von Thomson?
3 Beschreibe das Versuchsergebnis des Streuversuchs, wenn Atome doch massive Teilchen wären. Begründe deine Aussage.
4 Beschreibe, welches Versuchsergebnis zu erwarten wäre, wenn die Atomhülle viel kleiner wäre, als sie tatsächlich ist. Begründe deine Aussage.
5 „Alles besteht aus Nichts." Nimm zu diesem Satz Stellung.
6 Interpretiere die Aussage Rutherfords bezüglich „Granate" und „Seidenpapier".
7 Wie kam Rutherford zur Annahme, dass der Atomkern positiv und die Atomhülle negativ geladen sind?

5.2 Aufbau der Atome I: Atomkern

Elementarteilchen. Atome bestehen aus einem massiven Kern und einer sie umgebenden „leeren" Hülle. Die Kerne können in noch kleinere Bestandteile zerlegt werden, die so genannten Kernteilchen oder *Nukleonen*. Ihre Anzahl wird als *Massenzahl* (Nukleonenzahl) hochgestellt vor das Elementsymbol geschrieben (Abb. 1). Die Kernteilchen sind zwei nahezu massegleiche Bausteine (Tab. 1). Man unterscheidet bei den Nukleonen nach der nach außen wirksamen Ladung positiv geladene *Protonen* und elektrisch neutrale *Neutronen*.
In der Atomhülle befinden sich die negativ geladenen und nahezu masselosen *Elektronen*. Sie bestimmen das Reaktionsverhalten der Elemente.

1 In der Symbolschreibweise können die Elementarteilchen angegeben werden.

Elektronen (e⁻), Neutronen (n) und Protonen (p⁺) werden zu den *Elementarteilchen* zusammengefasst.

Die Elementarteilchen, ihre Symbole und ihre Masse findest du in Tab. 1. Die Ladungsgröße eines Elektrons entspricht der eines Protons mit umgekehrtem Vorzeichen. Im elektrisch neutralen Atom entspricht die Zahl der Elektronen in der Hülle der Zahl der Protonen im Kern.

Die Kernladungs- bzw. Ordnungszahl. Die Protonenzahl, die im Periodensystem als Kernladungs- bzw. *Ordnungszahl* tiefgestellt vor dem Elementsymbol angegeben wird (Abb. 1), bestimmt die Ladung des Kerns. Bei verschiedenen Atomarten ist sie unterschiedlich. Zu welchem *Element* ein Atom gehört, ist durch die konstante Anzahl der Protonen gekennzeichnet.

Elementar-teilchen	Symbol	Masse in kg
Proton	p⁺	$1{,}672 \cdot 10^{-27}$
Neutron	n	$1{,}675 \cdot 10^{-27}$
Elektron	e⁻	$0{,}911 \cdot 10^{-30}$

Tab. 1: Elementarteilchen

Isotope. Bei Atomen des gleichen Elements haben Forscher teilweise unterschiedliche Massen festgestellt. Wie ist das zu erklären? Atome erhalten ihre Masse durch die Kernteilchen. Bei Atomen des gleichen Elements ist die Protonenzahl gleich. Sie können sich also nur in der Anzahl ihrer Neutronen unterscheiden (Abb. 2). Dies bezeichnet man als *Isotopie*.

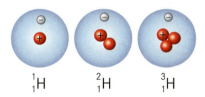

2 Die drei Isotope des Wasserstoffs

Ein chemisches Element besteht aus Atomen gleicher Protonenzahl, die sich jedoch in der Masse unterscheiden können (Isotopie). Die Isotope eines Elements besitzen eine unterschiedliche Neutronen- und damit Nukleonenzahl.

Isotope gehören trotz unterschiedlicher Neutronenzahl zum gleichen Element und zeigen deshalb das gleiche Reaktionsverhalten.

Info
Alle Elemente kann man in ein Periodensystem der Elemente (→ 5.12) einordnen (vgl. S. 177).
Die im Periodensystem angegebene Massenzahl ist ein Durchschnittswert aller Isotope des Elements.

Aufgaben
1 Ermittle die Protonen-, Neutronen- und Elektronenzahl für folgende Atome: $^{12}_{6}C$, $^{14}_{6}C$, $^{23}_{11}Na$ und $^{238}_{92}U$.
2 Neben $^{238}_{92}U$ ist im natürlichen Uran auch ein Isotop mit 143 Neutronen enthalten. Formuliere das Symbol dieses Isotops.
3 Wie heißt das Element mit 20 Protonen und 24 Neutronen im Atomkern?

Wieso benötigen masselose Teilchen wie Elektronen so viel Platz in der Elektronenhülle? → 5.3
Wie sind die Elemente im Periodensystem geordnet? → 5.12

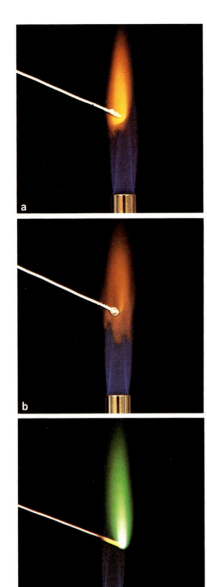

1 a–c Flammenfärbung durch Natrium-, Calcium- und Kupfersalze

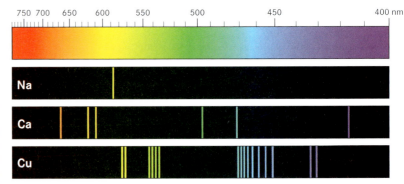

2 Spektrum des Lichts (oben) und Linienspektren von Natrium-, Calcium- und Kupfersalzen

5.3 Aufbau der Atome II: Atomhülle

Flammenfarbe und Spektrallinien. Da Atome sehr klein sind, kann man nur schwer Aussagen über die Elementarteilchen in ihrer Hülle machen. Schließlich kann man sie nicht direkt betrachten. Manche Beobachtungen physikalischer Versuche lassen aber Aussagen zu, die den Aufbau der Atomhülle erklären, ohne dass man sie direkt sieht. Vergleichen können wir dies mit der Fähigkeit, aus Spuren im Boden zu lesen, welches Tier zu welcher Zeit vorbeigelaufen ist.

Bringt man Kochsalz-Körnchen in eine Gasflamme, so färbt sich diese leuchtend gelb. Auch andere Natriumverbindungen verursachen eine gelbe Flammenfarbe, Calciumverbindungen dagegen eine rote und Kupferverbindungen eine grüne (Abb. 1). Zur genaueren Untersuchung dieser Erscheinung benutzt man das *Spektroskop*. Betrachtet man durch dieses die gelbe Natriumflamme, so zeigt sich statt des gesamten Spektrums (Abb. 2 oben) nur eine gelbe Linie. Andere Elemente liefern ebenfalls ein kennzeichnendes *Linienspektrum* (Abb. 2).

Für die Elemente existiert jeweils ein charakteristisches Linienspektrum.

Die Energie der Elektronen. Die beobachtete gelbe Flammenfarbe geht von angeregten Natriumatomen aus: In der Hitze nehmen Elektronen Energie auf und gehen in einen *energiereicheren*, *angeregten Zustand* über. Wenig später kehren sie, direkt oder in Stufen, in den Ausgangszustand zurück. Dabei wird die zuvor aufgenommene Energie frei und als Licht abgestrahlt. Die Chemiker können damit den *Energiegehalt* der *Elektronen* näher beschreiben.

Die Energiestufen. In den Linienspektren treten nur ganz bestimmte Linien auf. Dies bedeutet, dass die Energie nur in ganz bestimmten „Paketen" oder *Quanten* abgegeben (und aufgenommen) werden kann. Diese Vorstellung von den *Energiequanten* wurde 1900 von Max Planck (Abb. 3) entwickelt und 1905 von Albert Einstein weiter ausgebaut.

Atombau und gekürztes Periodensystem **69**

Dem Elektron stehen in der Atomhülle nur ganz bestimmte Energiestufen zur Verfügung, zwischen denen es unter Energieaufnahme oder -abgabe wechseln kann.

Jede Spektrallinie ist die Folge eines ganz bestimmten Übergangs eines Elektrons von einer höheren in eine niedrigere Energiestufe (Abb. 4). Aus der Lage der Spektrallinie kann der „Abstand" zwischen diesen Energiestufen berechnet werden.

Das Schalenmodell. Dieses Modell gibt uns eine Vorstellung davon, wie die Elektronen der verschiedenen Energiestufen um den Atomkern angeordnet sind. Der *Aufenthaltsbereich* der Elektronen einer Energiestufe wird durch eine „Schale" dargestellt (Abb. 5). In dieser Schale können sich die Elektronen frei bewegen.
Die Schalen sind „zwiebelartig" um den Atomkern angeordnet. Die energieärmsten Elektronen befinden sich in der innersten Schale, die energiereichsten in der äußersten.

Die verschiedenen Energiestufen der Elektronen in der Atomhülle kann man durch Schalen darstellen. Je größer die Entfernung zum Atomkern ist, desto energiereicher sind die Elektronen.

Jede Energiestufe oder Schale wird durch die sogenannte *Hauptquantenzahl n* gekennzeichnet. Für den energieärmsten Grundzustand – „die innerste Schale" – gilt n = 1, für den ersten angeregten Zustand – die „zweite Schale" – ist n = 2.
In jeder Energiestufe kann sich nur eine begrenzte Zahl von Elektronen aufhalten. Diese Zahl vergrößert sich, je höher die Energiestufe ist.

Die n-te Energiestufe kann maximal $2 \cdot n^2$ Elektronen aufnehmen.

Im Grundzustand (n = 1) sind dies maximal zwei Elektronen, im ersten angeregten Zustand (n = 2) maximal acht Elektronen.

3 Max Planck (1858 – 1947) wurde für seine Quantentheorie 1918 mit dem Nobelpreis geehrt.

Info
Wie alle Modelle ist das Schalenmodell eine Vorstellungshilfe. Es dient dazu, den Aufenthaltsraum der Elektronen darzustellen. Die Schalen existieren nicht wirklich.
Gibt es Elektronen einer bestimmten Energiestufe nicht, ist auch die zugehörige Schale nicht vorhanden.

Aufgaben
1 a) Vergleiche die Elektronen mit Kugeln am Hang, die mit Muskelkraft hinaufgerollt werden und sofort wieder herunterrollen.
  b) Wie kann man die Höhe berechnen, von der die Kugeln gestartet sind?
  c) Bewerte den Vergleich mit dem Energiestufenmodell.
2 Beschreibe, welchen Unterschied es macht, ob ein Elektron von der 5. oder der 3. Energiestufe auf die 2. Stufe zurückspringt.

Wie sind die Energiestufen mit Elektronen besetzt? → 5.4

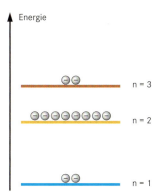

4 Energiestufenmodell des Magnesiumatoms

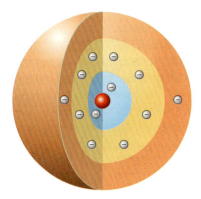

5 Schalenmodell des Magnesiumatoms

5.4 Elektronenverteilung in den Energiestufen

Die Aufbauregeln. Elektronen sind bestrebt, sich möglichst nahe am Kern aufzuhalten. Da jede Energiestufe aber nur eine bestimmte Menge an Elektronen aufnehmen kann, ergibt sich folgende Regel:

Erst wenn eine niedrigere Energiestufe mit Elektronen voll besetzt ist, findet man Elektronen in der nächsthöheren Energiestufe.

Die sich auf diese Weise ergebende Elektronenverteilung wird als *Elektronenkonfiguration* bezeichnet.

Das einzige Elektron eines Wasserstoffatoms befindet sich in der tiefsten Energiestufe n = 1. Diese Elektronenkonfiguration wird durch das Symbol 1^1 ausgedrückt: 1. Energiestufe mit 1 Elektron. Diese Stufe könnte gemäß der Regel $2 \cdot 1^2 = 2$ noch ein weiteres Elektron aufnehmen (Abb. 1).

Beim Lithiumatom mit seinen drei Elektronen können sich nur zwei der drei Elektronen in der untersten Energiestufe befinden. Das dritte Elektron hält sich demnach in der zweiten Energiestufe auf, die gemäß der Regel $2 \cdot 2^2 = 8$ noch sieben weitere Elektronen aufnehmen könnte (Abb. 1). Diese Konfiguration beschreibt man mit $1^2\ 2^1$ (1. Energiestufe mit 2 Elektronen, 2. Energiestufe mit 1 Elektron). Das Kohlenstoffatom mit 6 Elektronen weist entsprechend die Konfiguration $1^2\ 2^4$ auf.

Die Elektronenkonfiguration ist die Verteilung der Elektronen eines Atoms auf die verschiedenen Energiestufen. Sie erfolgt bei Atomen im Grundzustand nach der Aufbauregel.

★ **Unterniveaus.** Betrachtet man die Elektronenkonfigurationen genau, so stellt man Abweichungen zur Aufbauregel fest. Das liegt daran, dass höhere Energiestufen *Unterniveaus* haben, die zum Teil energetisch tiefer als Unterniveaus der tieferen Energiestufe sind und somit zuerst mit Elektronen besetzt werden (Abb. 2).

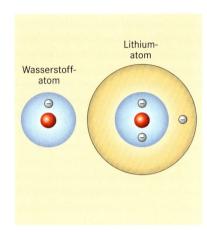

1 Besetzung der Schalen beim Wasserstoff- und Lithiumatom

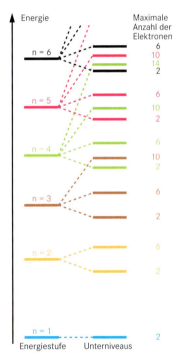

2 Besetzung der Energiestufen und der Unterniveaus mit Elektronen

Welche Rolle spielt die Atomhülle bei chemischen Reaktionen?
→ *5.5, 5.6, 5.7*
Sind alle Elektronen an der chemischen Reaktion beteiligt?
→ *5.5*

Aufgaben

1. Beschreibe die Elektronenkonfiguration für ein Kohlenstoffatom, ein Calciumatom, ein Bromatom und ein Bleiatom.
2. Zeichne den Aufbau der Atomhülle des Stickstoffatoms.
3. Zeichne jeweils ein Energiestufenmodell und ein Schalenmodell für ein Sauerstoff-, ein Chlor- und ein Calciumatom.
4. Ermittle die Anzahl der voll besetzten Energiestufen bei einem Atom mit 24, 36, 50, 80 Elektronen und nenne den Namen des Elements.
5. Ermittle die Gesamtzahl an Elektronen für ein Atom, das 2 Elektronen in seiner äußersten Energiestufe besitzt.
6. Wie viele Elektronen haben maximal in der 3. Energiestufe Platz?

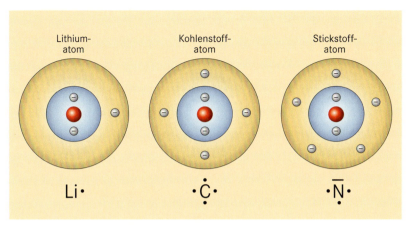

1 Lithium-, Kohlenstoff- und Stickstoffatom im Schalenmodell (oben) und in der Valenzstrichschreibweise (unten)

5.5 Besondere Elektronen

Energiereiche Valenzelektronen. Die Elektronen, die sich in der am weitesten vom Kern entfernten Energiestufe befinden, bezeichnet man als Außenelektronen oder *Valenzelektronen*. Weil hier die Anziehung des Atomkerns am schwächsten ist, sind sie am energiereichsten und lassen sich am leichtesten abtrennen.

Valenzelektronen sind die Elektronen der jeweils höchsten Energiestufe oder äußersten Schale (Valenzschale).

Die Elektronenformel. Um die Zahl der Valenzelektronen eines Atoms oder Ions anschaulich zu machen, gibt man sie als Punkte um das Elementsymbol an. Das Elementsymbol vertritt dabei den Kern mit allen inneren vollbesetzten Energiestufen; nur die äußersten Elektronen werden extra gezeichnet. Oft werden Elektronenpaare durch einen Strich symbolisiert – man nennt diese Schreibweise *Valenzstrichschreibweise* (Abb. 1, unten).

In der Valenzstrichschreibweise schreibt man einzelne Außenelektronen als Punkte, Elektronenpaare als Striche um das Elementsymbol.

Valenzelektronen sind an chemischen Reaktionen beteiligt. Das heißt, nur sie werden abgegeben oder in eine Valenzschale aufgenommen. Dabei werden Ionen gebildet. Abgabe und Aufnahme von Valenzelektronen sind kennzeichnend für die chemische Reaktion.

Elektronenabgabe: Li• → Li$^+$ + e$^-$
Elektronenaufnahme: |F̄• + e$^-$ → |F̄|$^-$

Je nach Elektronenkonfiguration ist für die Veränderung der Elektronenanzahl mehr oder weniger Energie nötig bzw. es wird mehr oder weniger Energie freigesetzt (→ 5.6).

Aufgaben

1 Schreibe folgende Teilchen in der Valenzstrichschreibweise: Na, N, S^{2-}, Ne und Ca^{2+}. Gib für die Ionen an, ob sie durch Elektronenaufnahme oder -abgabe entstanden sind.

2 Sauerstoff tritt in Metalloxiden als Ion O^{2-}, Stickstoff in Nitriden als Ion N^{3-} auf. Erkläre, wie es zur Bildung dieser Anionen aus den Atomen kommt.

3 Begründe, warum es sich bei Teilchen mit gleicher Elektronenkonfiguration nicht um gleiche Teilchen handeln muss.

4 Nenne Beispiele für Teilchen mit der gleichen Valenzelektronenanzahl, aber unterschiedlicher Ladung.

Warum werden Valenzelektronen aufgenommen oder abgegeben?
→ 5.6

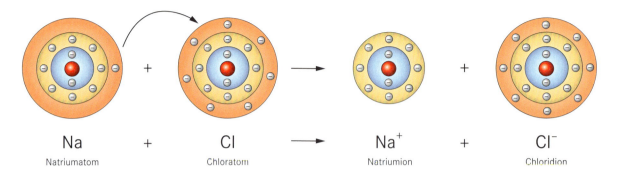

Na + Cl → Na⁺ + Cl⁻
Natriumatom   Chloratom   Natriumion   Chloridion

1 Durch den Elektronenübergang bei der Kochsalzsynthese erreichen Natrium- und Chloratom jeweils ein Elektronenoktett.

5.6 Der Edelgaszustand

Die Oktettregel. Die reaktionsträgen Edelgase weisen bei ihren Atomen alle eine vergleichbare Elektronenkonfiguration auf. Vereinfacht betrachtet besitzen sie alle eine voll besetzte Schale mit acht Valenzelektronen (*Oktettzustand*). Nur Helium besitzt in seiner Valenzschale, der ersten Energiestufe, zwei Elektronen.

Edelgase besitzen alle eine voll besetzte Valenzschale: Helium mit zwei Valenzelektronen, Neon, Argon, Krypton, Xenon und Radon mit jeweils acht.

Bei den Edelgasen mit mehr als drei Energiestufen – also Krypton, Xenon und Radon – muss man die Besetzung der Unterniveaus berücksichtigen (→ 5.4), um auf acht Valenzelektronen zu kommen.

Nicht reaktiv und stabil. Die Anordnung bzw. Anzahl von acht Valenzelektronen scheint besonders stabil zu sein. Ein Beispiel ist die Verbindung Kochsalz, die man aus Natrium und Chlorgas erzeugen kann (Abb. 2). Auf Teilchenebene reagieren zwei Natriumatome mit einem Chlormolekül zu zwei Natriumionen und zwei Chloridionen:

$$2\,Na + Cl_2 \rightarrow 2\,Na^+ + 2\,Cl^-$$

Das Natriumion ist ebenso stabil und reaktionsträge wie das Chloridion. Na⁺ besitzt die Elektronenkonfiguration von Neon, Cl⁻ die von Argon (Abb. 1).
Viele weitere Beispiele bestätigen, dass Teilchen mit einer Valenzschale, die mit acht Elektronen besetzt ist, reaktionsträge sind. Dieser stabile Zustand wird auch als *Edelgaszustand* bezeichnet. Teilchen, deren erste Schale die Valenzschale darstellt, sind wie das Edelgas Helium mit einem *Elektronenduplett* besonders reaktionsträge.

Teilchen mit einem Elektronenduplett (erste Schale ist Valenzschale) oder einem Elektronenoktett in der Valenzschale sind stabil und somit reaktionsträge.

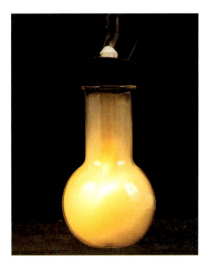

2 Die Reaktion zu Natriumchlorid erfolgt mit gelbweißem Licht.

Aufgaben
1 Begründe, warum ein Berylliumatom, dem zwei Elektronen entrissen wurden und das damit zum Be²⁺-Ion wurde, reaktionsträge ist.
2 Beurteile die Reaktivität folgender Teilchen: Na, Ne, Na⁺.
3 Begründe, warum einzelne isolierte Atome sehr selten vorkommen.

Atombau und gekürztes Periodensystem

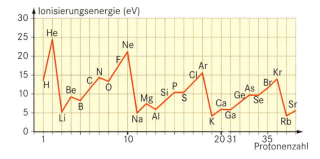

3 Erste Ionisierungsenergie der Elemente Wasserstoff bis Strontium

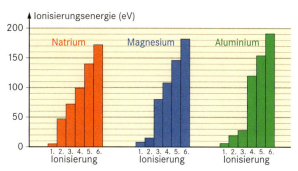

4 Die ersten sechs Ionisierungsenergien für Natrium, Magnesium und Aluminium

Die Ionisierungsenergie. Deutlich wird die Stabilität des Edelgaszustandes auch durch Versuche, bei denen man den Atomen die Valenzelektronen durch Energiezufuhr entreißt (Abb. 5). Da hierbei ein Ion entsteht, bezeichnet man diesen Vorgang als Ionisierung. Die 1. Ionisierungsenergie bezieht sich auf die Abspaltung des 1. Elektrons, die 2. Ionisierungsenergie auf die Abspaltung des 2. Elektrons usw.

Die für die Ionisierung notwendige Energie wird als Ionisierungsenergie bezeichnet.

Edelgase besitzen eine sehr hohe Ionisierungsenergie (Abb. 3), was deren stabilen Zustand unter Beweis stellt. Dagegen lassen sich bei den Elementen Lithium, Natrium und Kalium die Valenzelektronen leicht entfernen. Sie besitzen eine geringe Ionisierungsenergie und sind daher reaktionsfreudig. Durch Abgabe eines Elektrons können sie den Edelgaszustand erreichen.

Es ist zwar leicht, von einem Natriumatom ein Elektron zu entfernen, versucht man aber ein weiteres Elektron vom bereits positiv geladenen Natriumion abzutrennen, wird dies ungleich schwieriger: Es ist die zehnfache Energie nötig (Abb. 4). Damit wird die Stabilität des Edelgaszustandes erneut bestätigt. Beim Magnesiumatom hingegen steigt die Ionisierungsenergie erst nach der 2. Ionisierung stark an und beim Aluminium kann man sogar drei Elektronen relativ leicht abtrennen (Abb. 4).

Folglich ist immer erst dann eine sehr hohe Energie vonnöten, wenn der erreichte Edelgaszustand durch eine weitere Ionisierung aufgehoben werden soll.

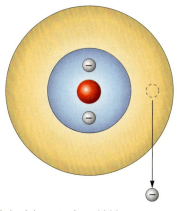

5 Ionisierung eines Lithiumatoms

Info
Neben dem Begriff der Ionisierungsenergie gibt es noch den entgegengesetzten Begriff der *Elektronenaffinität*. Das ist die Energie, die bei der Aufnahme eines Elektrons in die Valenzschale eines Atoms oder Ions frei wird bzw. aufgewendet werden muss. Die experimentelle Bestimmung von Elektronenaffinitäten ist schwierig. Daher findet sie kaum Verwendung.

Aufgabe
4 Formuliere die Elektronenkonfiguration des Aluminiumatoms. Begründe damit, warum Aluminium in seinen Verbindungen häufig als dreifach positiv geladenes Ion vorkommt.

Wie erreichen Atome den Edelgaszustand? → 5.7

1 Die Elemente Natrium, Magnesium, Aluminium, Silicium, Phosphor (weiß), Schwefel, Chlor und Argon.

5.7 Der Weg zum Edelgaszustand

Bildung von Kationen und Anionen. Untersucht man Atome und Ionen mit Edelgaskonfiguration, so stellt man bei ihnen eine besondere Stabilität und Reaktionsträgheit fest. Atome, die keine Edelgaskonfiguration besitzen, zeigen ein charakteristisches Reaktionsverhalten.
So ist Natriummetall äußerst reaktiv (Abb. 2). Erst durch Reaktion mit einem anderen Teilchen entsteht aus dem reaktiven Natriumatom das reaktionsträge *Natriumkation* mit voll besetzter Valenzschale. Ebenso reaktionsfreudig ist Chlor (Abb. 3): Erst durch heftige Reaktion des Moleküls wird es zum reaktionsträgen *Chloranion* (Chloridion).

Atome, die keine Edelgaskonfiguration besitzen, sind äußerst reaktiv und bilden Ionen, um den Oktettzustand zu erreichen.

2 Natrium reagiert heftig mit Wasser.

Elektronenaufnahme oder Elektronenabgabe? Obgleich die beiden Elemente Natrium und Chlor heftig reagieren, unterscheidet sich ihr Reaktionsverhalten grundsätzlich. Vergleicht man weitere Elemente unter dem Gesichtspunkt, auf welche Weise ihre Atome die stabile Edelgaskonfiguration erreichen, so wird Folgendes deutlich:
Atome der Elemente Natrium, Magnesium oder Aluminium geben während der Reaktion Elektronen ab.

3 Erwärmtes Eisen reagiert unter heftigem Aufglühen mit Chlor.

$$Na• \rightarrow Na^+ + e^- \qquad •Mg• \rightarrow Mg^{2+} + 2\,e^- \qquad •\overset{\bullet}{Al}• \rightarrow Al^{3+} + 3\,e^-$$

Im Gegensatz dazu erreichen Atome der Elemente Chlor, Schwefel oder Stickstoff den Edelgaszustand durch Aufnahme von Elektronen in ihre äußerste Schale.

$$|\overline{\underline{Cl}}|• + e^- \rightarrow |\overline{\underline{Cl}}|^- \qquad •\overline{\underline{S}}• + 2\,e^- \rightarrow |\overline{\underline{S}}|^{2-} \qquad •\overset{\bullet}{\underline{N}}• + 3\,e^- \rightarrow |\overline{\underline{N}}|^{3-}$$

Atome geben Elektronen ab oder nehmen Elektronen auf, um den Edelgaszustand zu erreichen.

Warum verhalten sich Atome so gegensätzlich? Die Antwort auf diese Frage finden wir in der Elektronenkonfiguration der Teilchen.

Atombau und gekürztes Periodensystem

Tab. 1: Die Zahl der Valenzelektronen bestimmt das Verhalten der Elemente.

Verschiedene Wege. Der Edelgaszustand für beide Gruppen besteht darin, die äußerste Schale voll mit acht Elektronen zu besetzen. Die Atome können einerseits durch Aufnahme von entsprechend vielen Elektronen die äußerste Schale auffüllen. Andererseits ist es auch denkbar, dass durch Abgabe aller Elektronen der Valenzschale das äußerste Energieniveau aufgelöst wird. Damit wird die darunter liegende Schale, die wie bei einem Edelgasatom mit Elektronen voll besetzt ist, zur neuen Valenzschale. Aus diesem Grund ist es wichtig, die Elektronenkonfiguration der Atome zu kennen, um ihr Verhalten vorhersagen zu können (Tab. 1).

Durch die Zahl der Elektronen vor der Reaktion ist bereits festgelegt, dass es einen „längeren", energetisch ungünstigeren und einen „kürzeren", energetisch vorteilhafteren Weg zur Achterschale gibt (Abb. 4):

– Befinden sich bis zu drei Elektronen in der äußersten Schale, werden diese abgegeben, damit eine darunter liegende voll besetzte Schale zur Valenzschale wird.
– Ab fünf Elektronen in der Valenzschale werden in der Regel so viele Elektronen aufgenommen, bis eine voll besetzte Valenzschale erreicht wird.

Aufgaben

1 Wasserstoffatome besitzen nur ein Valenzelektron. Begründe, ob solche Atome durch Elektronenaufnahmen oder -abgabe die Edelgaskonfiguration erreichen.

2 Warum gibt es nicht „den" Edelgaszustand?

3 Vergleiche ein Schwefelatom mit einem S^{2-}-Ion.

4 Welche Atome von Elementen geben Elektronen ab, welche nehmen Elektronen auf?

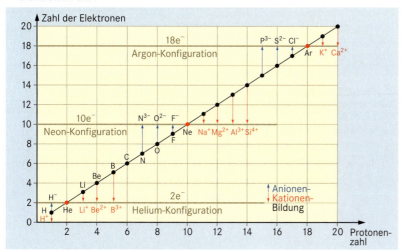

Kann man Atome von Elementen nach ihrer Methode, wie sie den Edelgaszustand erreichen, einteilen?
→ 5.8, 5.9

5.8 „Elektronennehmer" und „Elektronengeber"

1 Das Nichtmetall Schwefel

Nichtmetallatome bilden Anionen. Bei Raumtemperatur sind Sauerstoff und Stickstoff farblose Gase. Brom dagegen erweist sich als eine rotbraune Flüssigkeit und Schwefel (Abb. 1) als ein gelber Feststoff. Obgleich diese Stoffe auf den ersten Blick sehr unterschiedlich erscheinen, sind sie alle durch das Fehlen der typischen Metalleigenschaften wie elektrische Leitfähigkeit oder Glanz als *Nichtmetalle* geeint. Auch die reaktionsträgen Edelgase sind Nichtmetalle. Sie kommen atomar vor, während die meisten anderen Nichtmetalle zur Ausbildung von Molekülen neigen. Trotz der großen Unterschiede haben die Nichtmetalle eine Gemeinsamkeit: Für Nichtmetallatome ist es energetisch günstiger, Elektronen aufzunehmen:

$$•\overline{O}• + 2\,e^- \rightarrow |\overline{\underline{O}}|^{2-} \qquad |\overline{Br}• + e^- \rightarrow |\overline{\underline{Br}}|^-$$

Nichtmetallatome nehmen meist Elektronen in die Valenzschale auf. Sie sind Elektronenakzeptoren und bilden Anionen, um den Oktettzustand zu erlangen:

$$NM + n\,e^- \rightarrow NM^{n-}$$

Wichtige Nichtmetalle sind in der folgenden Tabelle und in Kapitel 5.9 aufgeführt.

Element	stabile Valenz-elektronenanzahl	Vorkommen
Stickstoff	8 muss drei Elektronen aufnehmen	– 78 % der Luft bestehen aus Stickstoff. – Aminosäuren, die sich zu Proteinen („Eiweißen") verketten lassen, sind im menschlichen Körper Wirk- und Baustoffe. – Dünger mit stickstoffhaltigen Ionen (z. B. Nitrationen, Ammoniumionen) für das Pflanzenwachstum
Sauerstoff	8 muss zwei Elektronen aufnehmen	– 21 % der Luft bestehen aus Sauerstoff. – für die Energiegewinnung aus Traubenzucker wichtig („Zellatmung") – Wasser (Lösungsmittel, vielfältiger Reaktionspartner bei biologischen Reaktionen)
Schwefel	8 muss zwei Elektronen aufnehmen (auch 10, 12)	– schwefelhaltige Heilquellen zur Behandlung von Rheuma, Gicht und Ekzemen – Schwefelhaltige Aminosäure in der Zwiebelschale reagiert beim Schneiden zu einer augenreizenden Schwefelverbindung. – Vulkanisation von Kautschuk (Autoreifen) – Herstellung von Düngemitteln, Farben
Phosphor	8 muss drei Elektronen aufnehmen (auch 10)	– Sicherheitszündhölzer – Missbrauch für militärische Zwecke, da brennender Phosphor mit Wasser nicht löschbar ist (Napalm-Bomben). – Bestandteil von Knochen, Zähnen, Zellmembranen – Energiespeicherstoff der Zelle (ATP) – Bestandteil der DNA

Metallatome bilden Kationen. *Metalle* sind die größte Stoffgruppe der chemischen Elemente mit so bekannten Vertretern wie Eisen, Kupfer, Blei und Gold (Abb. 2). Aber auch Natrium, Kalium und Calcium sind Metalle, weil sie grundlegende Gemeinsamkeiten mit den oben genannten Elementen aufweisen: Metallatome geben Valenzelektronen ab.

Natrium- und Kaliumatome geben jeweils ein Valenzelektron an den Reaktionspartner ab und werden zum einfach positiv geladenen Natrium- bzw. Kaliumion. Calcium- und Magnesiumatome bilden zweifach positiv geladene Kationen. Auch Aluminium und Blei zeigen das charakteristische Reaktionsverhalten: Aluminiumatome bilden dreifach positiv geladene und Bleiatome auch vierfach positiv geladene Kationen:

$$Na• \rightarrow Na^+ + e^- \qquad •Mg• \rightarrow Mg^{2+} + 2\,e^- \qquad •\overset{•}{Al}• \rightarrow Al^{3+} + 3\,e^-$$

Metallatome geben ihre wenigen und locker gebundenen Valenzelektronen ab. Sie sind Elektronendonatoren und bilden Kationen. Sie streben dadurch stabile Zustände an, die nicht immer ein Elektronenoktett sind:

$$M \rightarrow M^{n+} + n\,e^-$$

2 Das Metall Gold

Edle und unedle Metalle. Ist das Bestreben des Metallatoms, Elektronen abzugeben, besonders stark, so bezeichnet man dieses Metall als unedel. So geben z. B. Kalium-, Calcium-, Magnesium- und Aluminiumatome besonders leicht Elektronen ab. Ist das Bestreben des Metallatoms, Elektronen abzugeben, besonders schwach, so bezeichnet man es als *edles Metall*. So geben z. B. Kupfer-, Platin- und Goldatome besonders schwer Elektronen ab. Es ergibt sich folgende Reihenfolge:

Li K Na Mg Al Mn Zn Cr Fe Co Ni Sn Pb Cu Ag Hg Pt Au

⟵ unedle Metalle | edle Metalle ⟶

Bestreben, Elektronen abzugeben und Kationen zu bilden, nimmt ab

3 Das Halbmetall Germanium

Mehr über Metalle erfährst du in Kapitel 8.

Die Zwischenstellung der Halbmetalle. Nicht alle Elemente gehören zu den Metallen oder den Nichtmetallen. Manche nehmen eine Art Zwischenstellung ein: Sie sind *Halbmetalle*. Ein Halbmetall weist neben seiner schlechten Verformbarkeit silbrigen Glanz (Abb. 3) und geringe elektrische Leitfähigkeit auf. Diese nimmt bei steigender Temperatur zu. Halbmetalle haben also teilweise metallische Eigenschaften, ihre Atome können aber bei Reaktionen auch *Elektronen aufnehmen*.

Halbmetalle besitzen einige metallische Eigenschaften. In Reaktionen können Halbmetallatome Elektronen abgeben oder aufnehmen, um stabile Zustände zu erreichen.

Zu den Halbmetallen zählen die Elemente Bor, Silicium, Germanium, Arsen, Selen, Antimon, Tellur, Polonium und Astat. Die größte Bedeutung unter ihnen hat Silicium, über das du im Kapitel 5.10 mehr erfährst.

Aufgaben
1 Stelle eine Vermutung auf, warum Edelgasatome stabil sind, während andere Nichtmetallatome nur in Verbindungen zu finden sind.
2 Recherchiere, welche Bedeutung das Halbmetall Selen für den Menschen hat.

5.9 Wasserstoff – ein Nichtmetall

Wasserstoff: leicht und brennbar. Obwohl Wasserstoff das häufigste Element im Weltall ist, kommt es auf der Erde in elementarer Form als Gas kaum vor. Gründe hierfür sind:
- Wasserstoff ist das *leichteste aller Gase* (Dichte: 0,09 g/l). Es wandert (diffundiert) durch alle Wände und entweicht aus der Atmosphäre in den Weltraum. Wegen des großen Auftriebs eignet sich Wasserstoff als Füllgas für Gasballone und Luftschiffe (Abb. 1).
- Wasserstoff ist *sehr reaktionsfähig*. Seine Gemische mit Luft und Sauerstoff können explodieren.

Wasserstoff brennt, unterhält aber die Verbrennung nicht, sodass eine brennende Kerze in Wasserstoff-Atmosphäre erlischt (Abb. 2). Bei der Verbrennung bzw. Reaktion mit Sauerstoff entsteht Wasser: So erklärt sich der lateinische Name Hydrogenium, d. h. „Wasserbildner".

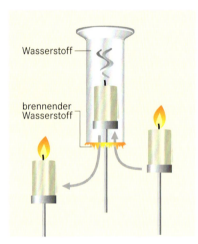

1 Luftschiffe waren früher mit Wasserstoffgas gefüllt; heute wird das nicht brennbare Gas Helium verwendet.

Die Gewinnung von Wasserstoff. Dass sich bei der Elektrolyse von Wasser Wasserstoff bildet, ist dir bekannt (→ 3.1). Seine Entdeckung verdankt dieses ursprünglich als „brennbare Luft" bezeichnete Gas der Reaktion unedler Metalle, z. B. Zink, mit einer Lösung von Wasserstoffchlorid:

$$Zn(s) + 2\,HCl(aq) \rightarrow H_2(g) + ZnCl_2(aq)$$

Auch die Umsetzung von Alkalimetallen (→ 5.11) mit Wasser liefert Wasserstoff. Dabei entstehen als *Hydroxide* bezeichnete Verbindungen (Salze), die sich aus Metallkationen und Hydroxidionen (OH⁻) zusammensetzen.

$$2\,K(s) + 2\,H_2O(l) \rightarrow H_2(g) + 2\,KOH(aq)$$

In der Technik gewinnt man Wasserstoff aus Erdgas (vor allem Methan CH_4) und Erdölprodukten, die an einem Katalysator (→ 9.3) mit Wasserdampf umgesetzt werden:

$$CH_4(g) + H_2O(g) \rightarrow CO(g) + 3\,H_2(g)$$

Wasserstoffverbindungen. Das Wasserstoffatom muss ein Elektron aufnehmen, um den Duplettzustand (Helium-Konfiguration) zu erreichen. Das entstehende Anion H⁻ bezeichnet man als Hydridion. Verbindungen von Metallen mit Wasserstoff heißen *Metallhydride*. Diese Verbindungen sind bei Raumtemperatur fest und leiten im geschmolzenen Zustand den elektrischen Strom.

Wasserstoff ist in allen organischen Verbindungen enthalten. Verbindungen mit Nichtmetallen zählen ebenso wie das Element Wasserstoff selbst zu den flüchtigen Stoffen. Bei Raumtemperatur sind sie:
- Gase (z. B. Methan CH_4, Ammoniak NH_3, Diwasserstoffsulfid = „Schwefelwasserstoff" H_2S, Wasserstoffchlorid HCl),
- Flüssigkeiten (z. B. Wasser H_2O, die im Benzin enthaltenen Kohlenwasserstoffe wie Octan C_8H_{18}),
- leicht schmelz- und verdampfbare Feststoffe (z. B. Paraffine wie etwa Wachse, Fette).

2 Eine brennende Kerze erlischt im Glaszylinder, der mit Wasserstoff gefüllt ist. Am Zylinderrand brennt der Wasserstoff.

Info
Gibt das Wasserstoffatom ein Elektron ab, so entsteht das Kation H⁺, welches man als Proton bezeichnet.

Verwendung in der Technik. Wasserstoff ist einer der wichtigsten Ausgangsstoffe der chemischen Industrie. Pro Jahr werden etwa 350 Mrd. m³ erzeugt. Die Hauptmenge dient der Herstellung von *Stickstoffdüngern*, wobei Wasserstoff mit Stickstoff zu Ammoniak (NH_3) umgesetzt wird. Ein Drittel der Produktion geht in die *Rohölverarbeitung*: Die im Rohöl enthaltenen Schwefelverbindungen werden mit Wasserstoff umgesetzt und in das leichter abtrennbare Diwasserstoffsulfid (H_2S) überführt. Ohne diese Maßnahme würde der Schwefelanteil in Benzin und Heizöl zum Umweltgift Schwefeldioxid verbrennen und zum „Sauren Regen" beitragen.

Da Wasserstoff das leichteste Gas ist, wurde er früher auch zur Füllung von Ballons genutzt. Heute verwendet man in Luftballons Helium, das ebenfalls leichter ist als Luft, aber nicht so gefährlich wie Wasserstoff. Wasserstoff bildet nämlich mit Sauerstoff eine explosive Mischung, das *Knallgas*. Da bei der Knallgas-Reaktion viel Energie frei wird, kann ein Gemisch aus flüssigem Wasserstoff und Sauerstoff als *Raketenantrieb* eingesetzt werden (Abb. 3).

3 Beim Start einer Rakete werden Wasserstoff und reiner Sauerstoff zu Wasser verbrannt.

Wasserstoff als Energieträger. Wasserstoff kann als Energieträger Kohle und Erdöl ersetzen. Als Ausgangsstoff für die Massenproduktion kommt Wasser infrage, dessen Elektrolyse aus ökologischen Gründen mit Sonnenenergie erfolgen müsste. Der entstehende Wasserstoff wird dann unter Druck gespeichert und kann später zum Heizen, zum Antrieb von Motoren (Wasserstoffmotor) oder zur Stromerzeugung (Brennstoffzelle) genutzt werden.

In der *Brennstoffzelle* reagieren Wasserstoff und Sauerstoff kontrolliert so miteinander, dass die frei werdende Energie in elektrische umgewandelt wird. Man testet heute diese Stromerzeugung in PKW, Bussen und speziellen Fluggeräten (Abb. 4). Im *Wasserstoffmotor* wird das Gas als Brennstoff zum Antrieb von Fahrzeugen genutzt.

Für die Speicherung des Wasserstoffs, z. B. im Autotank, werden drei Verfahren erprobt: Das Gas wird entweder unter Druck in dickwandige Stahlbehälter gepresst oder verflüssigt in superisolierte Tanks eingefüllt. Schließlich kann es auch an bestimmte Metalle (Metallhydride) gebunden werden, die es bei Wärmezufuhr wieder abgeben.

Wasserstoff ist ein äußerst umweltfreundlicher Treibstoff. Bei seiner Verbrennung werden weder Kohlenstoff- noch Schwefeloxide gebildet und selbst die Abgabe von Stickstoffoxiden bleibt gering.

Info

Der französische Sience-fiction-Autor Jules Verne schrieb 1874 in seinem Buch „Die geheimnisvolle Insel": „Eines Tages werden Wasserstoff und Sauerstoff eine unerschöpfliche Quelle von Wärme und Licht bilden, stärker als Steinkohle. Eines Tages werden die Kohlebunker der Dampfschiffe und die Tender der Lokomotiven anstelle von Kohle mit diesen beiden komprimierten Gasen gefüllt sein."

4 Stadtbus mit Brennstoffzelle und Drucktanks auf dem Dach

Aufgaben

1 Recherchiere, welche Katastrophe sich am 6.5.1937 in Lakehurst ereignet hat und nimm als Chemiker dazu Stellung.
2 Diskutiere die drei Speichermöglichkeiten von Wasserstoff im Auto bezüglich der Gefährlichkeit bei einem Unfall.
3 Vermute, wie Jules Verne (Info) zu seiner Zukunftsvision gekommen ist.
4 Was spricht derzeit für, was gegen den Einsatz von Wasserstoff als Energieträger? Diskutiert wirtschaftliche und ökologische Aspekte.

1 Bergkristall

2 Der Granat – ein Schmuckstein

3 Die Mineralfaser Asbest ist äußerst hitzebeständig, kann aber Lungenkrebs auslösen.

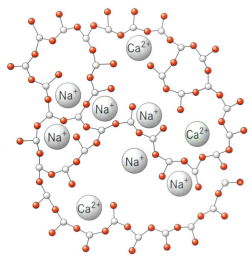
4 Die „chaotische" Struktur von Glas (● = Sauerstoffatom, ○ = Siliciumatom)

5 Herstellung von Glasscheiben

5.10 Silicium – ein Halbmetall

Vorkommen. Silicium ist das wichtigste Halbmetall. Es tritt nur in Verbindungen auf. Diese gehören zu den häufigsten der Erde: Die Erdkruste besteht ihrer Masse nach zu einem Viertel aus Siliciumatomen – dieser Rekord wird nur noch von den Sauerstoffatomen übertroffen. Beide Elemente verbinden sich zum Siliciumdioxid (Quarz) und zu den Silicaten. Siliciumverbindungen können uns in vielen Formen begegnen: als verformbarer Ton, als Quarz in Form von Sand bzw. des wasserklaren Bergkristalls (Abb. 1) oder als Bestandteile des Granits. Aus glutflüssigem Magma, das aus der Erdtiefe aufsteigt, kristallisieren Silicate aus, wie der Schmuckstein Granat (Abb. 2). Asbeste (Abb. 3) zerfasern leicht, da sie fadenförmige Verbindungsstrukturen besitzen. Sie sind die Siliciumverbindungen mit dem negativsten Image. Dagegen erfreut sich das vom Menschen erzeugte Silikat Glas immer noch großer Beliebtheit.

Glas, die erstarrte Schmelze. „Normale" Schmelzen erstarren beim Abkühlen plötzlich und bilden eine regelmäßige Struktur. Anders eine Glasschmelze: Die winzigen Kristallkeime wachsen so langsam, dass die Kristallisation nie zum Ende kommt. Die Abkühlung führt zur *erstarrten Schmelze – dem glasartigen Zustand*: Statt eines wohlgeordneten Kristallgitters liegt überwiegend ein unregelmäßiges, amorphes („gestaltloses") Netzwerk vor, in das die Metallkationen eingelagert sind (Abb. 4). Glas hat deshalb auch keine feste Schmelztemperatur: Es wird beim Erhitzen langsam weicher. Mitunter setzt noch nach langer Zeit die Kristallisation ein. Dann trübt sich das Glas, da die vielen ineinander verkeilten Kristalle das Licht in unterschiedliche Richtungen lenken. Das „Normalglas", aus dem Fenster (Abb. 5) und Flaschen gefertigt werden, ist ein Natron-Kalk-Glas. Zu seiner Herstellung wird Quarz mit Soda und Kalk erhitzt.

6 Einkristall-Siliciumstab und Wafer

7 Solarkraftwerk in Pellworm

Verwendung von Reinstsilicium. Silicium ist der wichtigste Grundstoff in der *Mikroelektronik*. Dazu wird es in hochreiner Form benötigt. Die Herstellung geht vom Ausgangsmaterial Quarz aus. Um aus dieser Verbindung das Silicium zu lösen, ist eine große Menge elektrischer Energie vonnöten. Das so gewonnene Rohsilicium muss über aufwändige Reinigungsverfahren in Reinstsilicium und anschließend mittels Zohnenziehverfahren in *Siliciumeinkristalle* umgewandelt werden (Abb. 6). Die Einkristall-Siliciumstäbe werden dann in Scheiben geschnitten – so genannte Wafer; diese bilden die Grundlage zur Herstellung von Mikrochips.

Auch in *Solarzellen* wird monokristallines Silicium eingesetzt, um aus Licht elektrischen Strom zu erzeugen. In Solarkraftwerken werden dazu viele Tausend Solarzellen zusammengeschaltet (Abb. 7).

8 An der Töpferscheibe wird der plastische Ton zur Vase geformt.

Vom Tongefäß zur Hochleistungskeramik. Keramik wurde lange Zeit ausschließlich aus *Ton* hergestellt (Abb. 8). Dieser enthält vor allem Aluminiumsilicate. Tonwaren werden im Brennofen bei hohen Temperaturen gebrannt. Dies führt zu Reaktionen, in denen aus den Silicatschichten des Tons eine räumlich vernetzte (dreidimensionale) Struktur entsteht, die die Härte der Tonwaren bedingt.

In modernen *Hochleistungskeramiken* werden die Aluminiumsilicate vor allem durch Verbindungen von Bor, Kohlenstoff und Stickstoff ersetzt, was zu besonderen Eigenschaften führt:
– *Hitzebeständigkeit* bis 1400 °C ermöglicht den Einsatz im Motorenbau oder als Brenndüsen in Ölheizungen.
– Eine *Härte* ähnlich wie die des Diamanten kann bei der Verankerung künstlicher Zähne im Kiefer und der Verlängerung der Lebensdauer von Hüftgelenkprothesen genutzt werden.
– *Beständigkeit* gegenüber Chemikalien.

Hochleistungskeramiken schrumpfen allerdings beim Brennen; zudem sind sie *spröde* und brechen sehr leicht auseinander.

Aufgaben

1 Finde heraus, wie das Zonenziehverfahren abläuft.
2 Stelle eine Vermutung auf, warum sich Glas, Asbest, Quarz und Ton so stark voneinander unterscheiden, obgleich ihnen allen Silicium und Sauerstoff zugrunde liegen.
3 „Ohne Keramik würde der Spaceshuttle im All verglühen!" Auf welche Eigenschaft dürfte sich diese Schlagzeile beziehen?
4 Finde heraus, welche Unterschiede zwischen Tongut, Tonzeug und Porzellan bestehen.

1 Sodaausscheidung an einem austrocknenden See

2 Die drei wichtigsten Alkalimetalle

Info
Der Begriff *Alkali* kommt aus dem Arabischen: „Al qali" bedeutet Asche. Lithium ist nach griechisch lithos, der Stein benannt. Rubidium und Caesium haben ihren Namen von ihrer rubinroten (lat. rubidus) bzw. himmelblauen (lat. caesius) Flammenfärbung.

3 Elektronenkonfigurationen der Alkalimetalle Li bis Rb

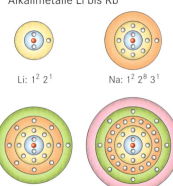

5.11 Alkalimetalle – eine Metallgruppe

Die Entdeckung. In Trockengebieten scheidet sich am Rand mancher Seen ein weißer, salzartiger, als Soda oder Natron bezeichneter Stoff ab (Abb. 1). Auch in der Asche von Meerespflanzen bleibt er zurück. Ähnlich kann man mit Wasser Pottasche aus der Asche von Holz und anderen Landpflanzen herauslösen.
Dass diese Stoffe keine Elemente sind, wies der englische Chemiker Humphry Davy 1807 nach: Elektrolysiert man die Salzschmelzen, so entstehen die äußerst reaktionsfähigen Metalle Natrium bzw. Kalium (Abb. 2). Nach deren Entdeckung wurden bald weitere „Alkalimetalle" gefunden, so das leichtere Lithium (Abb. 2) und die schwereren Elemente Rubidium und Caesium. Francium, das schwerste Alkalimetall, ist ein seltenes und radioaktives Element, das erst seit 1939 bekannt ist.

Eine Familie mit einzigartigen Eigenschaften. Die sechs Alkalimetalle bilden die erste der acht Elementgruppen im Periodensystem (→ 5.12) und zeichnen sich durch Eigenschaften aus, die für Metalle eher ungewöhnlich sind (→ 8):
- Sie sind sehr leicht: Lithium, Natrium und Kalium haben eine *geringere Dichte als Wasser*, sie schwimmen also auf dem Wasser.
- Sie weisen extrem *niedrige Schmelztemperaturen* auf: Die Werte sinken von 180 °C beim Lithium auf nur 29 °C beim Caesium ab. Dieses Metall kann schon durch die Handwärme verflüssigt werden.
- Einige sind so *weich*, dass sie sich mit dem Messer schneiden lassen (Abb. 2).
- Ihre frisch geschnittenen Flächen zeigen silbrigen Metallglanz. Dieser bleibt allerdings nur beim Lithium einige Zeit erhalten. Natrium und Kalium *laufen* schnell *bläulich an*, Rubidium und Caesium *entzünden sich* sofort, wenn sie *mit Luft* in Berührung kommen.
- Alle Alkalimetalle müssen daher unter *Luftabschluss aufbewahrt* werden: Für Lithium, Natrium und Kalium verwendet man meist Petroleum. Rubidium und Caesium werden in luftfreie Glasampullen eingeschmolzen.

Valenzelektron und chemisches Verhalten. Alle Alkalimetallatome besitzen jeweils ein einziges Valenzelektron. Durch die *Abgabe des Valenzelektrons* erreichen sie die stabile Edelgaskonfiguration, weil nun die nächstinnere Schale mit einem *Elektronenoktett* bzw. beim Lithiumatom einem *Elektronenduplett* zur äußersten besetzten Schale wird (Abb. 3).
Durch die für Metallatome typische Abgabe von Elektronen werden sie zu Kationen. Mit der Zahl der Elektronen und Schalen nimmt vom Lithium zum Caesiumatom der Atomradius und damit der Abstand zwischen Valenzelektron und Kern zu. Dadurch wird die Anziehungskraft geringer und die Abgabe des Valenzelektrons immer leichter: Die Ionisierungsenergie sinkt vom Lithium zum Caesium.

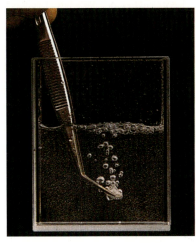  

4 Lithium reagiert unter Wasser.   **5** Natrium „hüpft" auf Wasser.   **6** Kalium brennt auf Wasser.

Reaktionen der Alkalimetalle. Alkalimetalle verbrennen an der Luft zu salzartigen *Oxiden,* z. B.:

$$4\,Li + O_2 \rightarrow 2\,Li_2O$$

Sie reagieren mit Wasser zu salzartigen *Hydroxiden,* z. B.:

$$2\,Na + 2\,H_2O \rightarrow 2\,NaOH + H_2$$

Lithium setzt sich mit kaltem Wasser nur langsam um, es bildet sich Wasserstoff (Abb. 4). Ein kleines Stück Natrium schmilzt, auf Wasser gebracht, schnell zu einer Kugel, die als Folge der Gasbildung (Wasserstoff) lebhaft auf der Wasserfläche herumspringt (Abb. 5). Legt man dieses Metall auf nasses Filterpapier, so entzündet es sich, da das isolierende Papier die Reaktionswärme nicht abführt (Abb. 7). Kalium entzündet sich bei Kontakt mit Wasser sofort (Abb. 6). Rubidium und Caesium reagieren noch heftiger.

Dampft man die durch Reaktion mit Wasser gebildeten Lösungen vorsichtig ein, so entstehen weiße, ätzende Verbindungen, die Hydroxide. Die wässerigen Lösungen dieser Hydroxide heißen *Laugen,* so z. B. Natronlauge NaOH(aq) und Kalilauge KOH(aq).

7 Natrium entzündet sich bereits auf nassem Papier.

Verwendung der Alkalimetalle. Lithium wird als *Legierungszusatz* zum Härten von Blei, Aluminium und Magnesium, als *Neutronenabsorber* in Kernkraftwerken und zur Herstellung von leistungsfähigen und zugleich leichten *Batterien* („Lithium-Zellen") verwendet. Elementares Natrium wird wegen der hohen Lichtausbeute für Energie sparende Natriumdampflampen (*Straßenbeleuchtung*) und wegen seiner hohen Wärmekapazität als *Kühlmittel in Kernkraftwerken* eingesetzt. Cäsium findet beim Bau von *Fotozellen* und *Elektronenröhren* Verwendung, da bei der Bestrahlung mit UV-Licht Elektronen abgespalten werden.

Vor allem aber die salzartigen Produkte finden vielfältig Verwendung. Näheres dazu erfährst du in Kapitel 6.

Aufgaben

1 Begründe, warum bei einer Überprüfung der elektrischen Leitfähigkeit von Natrium das Metall erst „geschält" werden sollte.

2 Das schwerste Alkalimetall besitzt den größten Atomradius. Erkläre diesen Sachverhalt.

5.12 Ordnung in der Welt der Elemente

Ordnung nach dem Reaktionsverhalten. Bisher haben wir die Elemente nur in die Gruppen *Metalle*, *Halbmetalle* und *Nichtmetalle* eingeteilt (→ 5.8). Bereits vor längerer Zeit haben Chemiker aber die Notwendigkeit gesehen, ein exakteres System in das Gewirr der Elemente bzw. Atomarten zu bringen. Sie suchten nach Übereinstimmungen und bildeten entsprechende *Elementgruppen*. So wurden die Elemente Lithium, Natrium und Kalium in die Gruppe der Alkalimetalle zusammengefasst, da sie ein ähnliches Reaktionsverhalten zeigten (→ 5.11).

Elemente mit ähnlichem Reaktionsverhalten gehören zu einer Elementgruppe.

Das Prinzip der Ordnung. Es war den Wissenschaftlern aber lange Zeit nicht klar, in welchem Verhältnis die von ihnen gebildeten Gruppen zueinander stehen. Als 1869 die Chemiker Dimitri Mendelejew und Lothar Meyer (Abb. 1, 2) unabhängig voneinander die unterschiedlichen Massen der Atome berücksichtigten, kam man der Lösung des Problems deutlich näher (Abb. 3). Später fand man heraus, dass es besser ist, die Atomarten nicht nach ihrer Masse, sondern nach steigender *Protonenzahl* zu ordnen:

Die Elemente einer Verwandtschaftsgruppe folgen in der Reihe aufsteigender Protonenzahlen in regelmäßigem Abstand aufeinander.

Periodizität. Am Beispiel der Gruppe der *Edelgase* ist dies sehr leicht zu beobachten. Das Edelgas mit der geringsten Masse ist Helium. Es taucht an zweiter Stelle der Elementreihung auf, da es zwei Protonen (und damit auch zwei Elektronen) besitzt. Das nächst „schwerere" Edelgas Neon findet man im Abstand von sieben dazwischen liegenden Elementen; das Neonatom hat somit acht Protonen und acht Elektronen mehr als das Heliumatom. Nach einem gleich großen Abstand trifft man auf das Edelgas Argon mit der Kernladungszahl Achtzehn. Ähnliches kann man auch für die Alkalimetalle feststellen (Abb. 4).

Gleich große Abstände von acht Protonen und somit auch acht Elektronen ergeben acht Gruppen (Elementfamilien) mit chemisch verwandten Elementen.

Das Periodensystem der Elemente (PSE). Die Elektronenkonfiguration ergibt unter Berücksichtigung der *Kernladungszahl* eine Periodik, welche dem Aufbau des PSE zugrunde liegt. Die Periodik von acht Elementen trifft eigentlich ab der 3. Hauptquantenzahl nicht mehr voll zu, da in diesem Energiezustand mehr als acht Elektronen Platz haben (→ 5.4).
Die ab dem Element Calcium durch zehn „zusätzliche" Elektronen bzw. Protonen ermöglichten Elemente und ihre schwereren Verwandten werden in Nebengruppen geordnet und beim gekürzten Periodensystem weggelassen. Auch Wasserstoff nimmt eine Sonderstellung ein und gehört nicht zu den Alkalimetallen.

1 Lothar Meyer (1830–1895)

2 Dimitri Mendelejew (1834–1907)

3 Der erste Versuch: Das Periodensystem von Mendelejew

Atombau und gekürztes Periodensystem

Der Aufbau des PSE. Vertreter einer Elementfamilie stimmen in der Anzahl ihrer Valenzelektronen überein, d. h., es gibt eine Gruppe mit einem Valenzelektron, eine mit zwei, eine mit drei usw. Sie sind senkrecht in *Hauptgruppen* angeordnet.

Elemente, die in einer Zeile nebeneinander angeordnet sind, besitzen demnach eine von links nach rechts zunehmende Zahl an Elektronen, Protonen, Neutronen und damit auch zunehmende Atommasse. Die Elemente einer Zeile werden als *Periode* bezeichnet und unterscheiden sich grundlegend voneinander. Bei ihnen stimmt nur die Energiestufe der Valenzschale überein.

Atome von Elementen einer Hauptgruppe haben die gleiche Anzahl von Valenzelektronen. Atome von Elementen einer Periode haben die gleiche Anzahl von Elektronenschalen.

Sowohl die Hauptgruppen als auch die Perioden sind nummeriert (Abb. 5). Die Ziffern geben die Zahl der Valenzelektronen (Hauptgruppe) oder die Energiestufe (Periode) an. Auf diese Weise können wir beim ersten Blick ins Periodensystem den Atombau eines Elements direkt nachvollziehen.

Ein vollständiges Periodensystem der Elemente findest du im Anschluss an das Bildquellenverzeichnis auf S. 177.

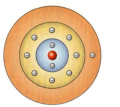

4 Das Natriumatom (links) hat acht Elektronen mehr als das Lithiumatom (rechts).

Info
Die im gekürzten Periodensystem nicht aufgelisteten Nebengruppenelemente sind ausschließlich Metalle. Zu ihnen gehören z. B. Gold, Silber, Kupfer, Eisen, Nickel und Chrom.

Aufgaben
1. Erkläre mithilfe einer Skizze, warum Schwefel und Sauerstoff direkt untereinander im PSE stehen.
2. Nenne Gemeinsamkeiten und Unterschiede von Lithium- und Fluoratomen, die sich aus dem PSE ablesen lassen.
3. Abb. 3 stellt die Reihung der damals bekannten Atomarten nach ihrer Masse dar. Erkläre, warum diese nicht kontinuierlich um den Faktor 1 zunimmt.
4. Ermittle, welchen Unterschied es macht, wenn man Atome nicht nach der Atommasse, sondern nach ihrer Protonenanzahl ordnet.
5. Die Elementfamilie der zweiten Hauptgruppe reagiert weniger heftig als die der ersten Hauptgruppe. Begründe diesen Sachverhalt mithilfe des PSE.

5 Ausschnitt aus dem gekürzten Periodensystem der Elemente

Periode	Hauptgruppe I	II	III	IV	V	VI	VII	VIII
1	₁H Wasserstoff							₂He Helium
2	₃Li Lithium	₄Be Berylium	₅B Bor	₆C Kohlenstoff	₇N Stickstoff	₈O Sauerstoff	₉F Fluor	₁₀Ne Neon
3	₁₁Na Natrium	₁₂Mg Magnesium	₁₃Al Aluminium	₁₄Si Silicium	₁₅P Phosphor	₁₆S Schwefel	₁₇Cl Chlor	₁₈Ar Argon
4	₁₉K Kalium	₂₀Ca Calcium	₃₁Ga Gallium	₃₂Ge Germanium	₃₃As Arsen	₃₄Se Selen	₃₅Br Brom	₃₆Kr Krypton

Wie kommen Atome von Metallen und Nichtmetallen, alleine oder gemeinsam, zum Edelgaszustand? → 6, 7

Methoden

M 12 Informationen aus dem Periodensystem entnehmen

Das *gekürzte Periodensystem* enthält acht Gruppen *(Hauptgruppen)* von Elementen; im vollständigen Periodensystem sind diese durch die *Nebengruppen* ergänzt, zu denen ausschließlich Metalle zählen.

Das bedeuten Zahlen und Symbole:
(vgl. Abb. 1, S. 67)

Elektronenkonfiguration ermitteln:
Beispiel: Element Zinn $_{50}$Sn. Seine Stellung in der 4. Hauptgruppe und der 5. Periode besagt, dass Zinn 4 Valenzelektronen (VE) in der 5. Energiestufe (mit der Hauptquantenzahl n = 5) besitzt. Die Elektronenkonfiguration $1^2\ 2^8\ 3^{18}\ 4^{18}\ 5^4$ zeigt, dass die zweitäußerste „Schale" (n = 4) noch nicht voll besetzt ist.

Tipp: Aus „elektronischen" PSE im Internet kann man weitere Informationen über die Elemente erhalten. Entsprechende Seiten findest du mithilfe des Stichworts „Periodensystem" in Suchmaschinen.

Info: In modernen PSE werden Haupt- und Nebengruppen von 1 bis 18 durchnummeriert.

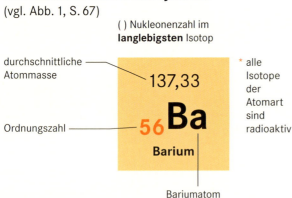

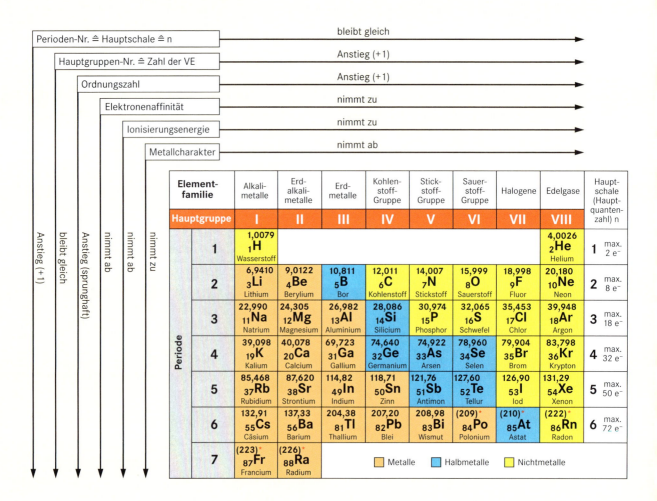

Auf einen Blick 87

Aufbau
- Elemente nach aufsteigender Kernladungszahl geordnet

Hauptgruppen
- acht
- senkrecht
- Elemente haben gleiche Anzahl von Valenzelektronen
- ähnliches Reaktionsverhalten

Periode
- sieben
- waagerecht
- Elemente haben gleiche Anzahl von Elektronenschalen
- unterschiedliches Reaktionsverhalten

Periodensystem der Elemente

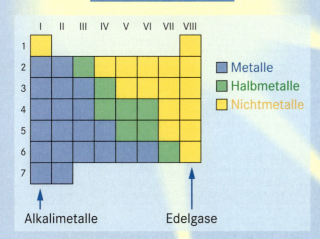

Metalle — Alkalimetalle
- Li, Na, K, Rb, Cs
- geringe Dichte
- niedrige Schmelztemperatur
- hochreaktiv mit Sauerstoff und Wasser
- bilden Salze

Halbmetalle — Silicium
- wichtigstes Halbmetall
- bildet mit Sauerstoff SiO_2 oder Silicate
- Glas, Keramik
- Reinstsilicium Grundstoff für Mikroelektronik und Solarzellen

Nichtmetalle — Wasserstoff
- leicht und brennbar, mit Sauerstoff Knallgasreaktion
- entsteht bei Reaktion von unedlen Metallen mit Säuren
- verbindet sich mit Nichtmetallen zu flüchtigen Stoffen
- Brennstoffzelle, Wasserstoffmotor

88 Auf einen Blick

Atommodelle

Demokrit → **Dalton** → **Thomson** → **Rutherford/Lenard** → **Schalenmodell**
kleinste Teilchen | Atom und Molekül | Rosinenkuchen-Modell | Kern-Hülle-Modell | Energiestufenmodell

Zeichen

Massenzahl
Nukleonenzahl
(= p⁺ + n)

Ordnungszahl
Kernladungszahl
(= p⁺ = e⁻)

Ladung
Elementsymbol
Index in Formel

Dimension

$$\frac{\varnothing \text{ Kern}}{\varnothing \text{ Hülle}} = \frac{1}{10^5} = \frac{\varnothing \text{ Stecknadelkopf}}{\varnothing \text{ Allianz-Arena München}}$$

Atom

Elementarteilchen

- Elektron **e⁻** (Z)
- Proton **p⁺**   (Z)
- Neutron **n**   (A − Z) } Nukleonen

Hülle

- enthält Elektronen
- je weiter vom Kern entfernt, desto energiereicher sind Elektronen

Kern

enthält Protonen und Neutronen

Z · p⁺
(A − Z) · n

Isotope

- gleiche Protonen- und Elektronenzahl
- gleiches Reaktionsverhalten
- ungleiche Neutronenzahl

Wasserstoff-Isotope

^1_1H ^2_1H ^3_1H

1 p⁺   1 p⁺   1 p⁺
0 n   1 n   2 n

Energiestufenmodell

Den Elektronen stehen nur bestimmte Energiestufen zur Verfügung

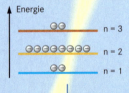

Schalenmodell

Der Aufenthaltsraum der Elektronen wird durch Schalen räumlich dargestellt

Elektronenkonfiguration

- Besetzung der Energiestufen mit maximal 2n² Elektronen
- Reihenfolge von niedrig nach hoch

1^1 2^8 3^2 —— e⁻-Anzahl
                Hauptquantenzahl

Valenzelektronen

- Elektronen der äußersten Schale
- Darstellung als Punkt (einzelnes Elektron) oder als Strich (Elektronenpaar)

|X̄·

Auf einen Blick 89

Nichtmetallatome

- nehmen e^- auf: Elektronenakzeptoren
- bilden Anionen:

$$H\cdot + e^- \longrightarrow \cdot H\cdot^-$$

$$I\overline{F}\cdot + e^- \longrightarrow I\overline{F}I^-$$

$$\cdot\overline{O}\cdot + 2e^- \longrightarrow I\overline{O}I^{2-}$$

$$I\dot{\underline{N}}\cdot + 3e^- \longrightarrow I\overline{\underline{N}}I^{3-}$$

Halbmetallatome

- können Elektronen aufnehmen und abgeben
- bilden Anionen oder Kationen
- z. B. B, Si, Ge

$$\cdot\dot{\underset{\cdot}{S}i}\cdot \longrightarrow Si^{4+} + 4e^-$$

Edelgaszustand

- voll besetzte Außenschale wie bei Edelgasen
- Teilchen energetisch stabil und reaktionsträge

Elektronenduplett

- zwei Valenzelektronen
- Elektronenkonfiguration von Helium:

$$\cdot He\cdot \,\hat{=}\, \cdot H\cdot^- \,\hat{=}\, Li^+$$

Elektronenoktett

- acht Valenzelektronen
- Elektronenkonfiguration z. B. von Neon: $I\overline{N}eI$

$$Na^+, Mg^{2+}, Al^{3+}, Si^{4+},$$

$$I\overline{F}I^-, I\overline{O}I^{2-}, I\overline{\underline{N}}I^{3-}$$

Metallatome

- geben e^- ab: Elektronendonatoren
- bilden Kationen:

$$Li\cdot \longrightarrow Li^+ + e^-$$

$$Na\cdot \longrightarrow Na^+ + e^-$$

$$\cdot Mg\cdot \longrightarrow Mg^{2+} + 2e^-$$

$$\cdot\dot{A}l\cdot \longrightarrow Al^{3+} + 3e^-$$

edle Metalle

- schwere Elektronenabgabe der Atome
- z. B. Ag, Au, Pt

unedle Metalle

- leichte Elektronenabgabe der Atome
- z. B. Li, Mg, Al

Knobelecke

1 Vergleiche die drei Elementarteilchen hinsichtlich Masse, Ladung und Aufenthaltsort im Atom.

2 Erkläre, warum man eine Vorstellung vom Aufbau der Atome benötigt, um den Begriff Element exakt zu definieren.

3 Erstelle aus folgenden Begriffen eine Mind-Map: Isotop – Element – Atom – Molekül – Proton – Atommasse – Atomhülle – Neutron – negative Ladung – positive Ladung – Atomkern – Schalen – Energiestufen – Elektronen.

4 Sortiere die Teilchen:
Na – Al^{3+} – K$^+$ – Cl – Ne – Ar – Na$^+$ – Cl$^-$
a) nach ihrer Masse,
b) nach der Anzahl der Elektronen,
c) nach der Anzahl der Valenzelektronen.

5 Für Schwefel wurden folgende Ionisierungsenergien ermittelt:

1.	2.	3.	4.	5.	6.	7.	8.	Ionisierung
10	23	35	47	73	88	281	329	eV

9.	10.	11.	12.	13.	14.	15.	16.	Ionisierung
379	447	505	565	652	707	3224	3494	eV

a) Erstelle ein Säulendiagramm aus den Werten.
b) Leite aus dem Diagramm den Aufbau, die Stellung im PSE und das Reaktionsverhalten des Schwefelatoms ab.
c) Stelle mithilfe des Diagramms einen Zusammenhang zum Energiestufenmodell her.
d) Vergleiche die Ergebnisse mit den Befunden zur Atomhülle von S. 68/69.

6 Bilde sinnvolle Sätze aus den Wortblöcken:

Die	Atomradien	nimmt/nehmen	Periode	von	oben nach unten	ab,	weil die	stärker	angezogen	werden.
	Ionenradien	innerhalb einer	Hauptgruppe		unten nach oben	zu,	Elektronen vom	schwächer	abgegeben	
	Ionisierungsenergie				rechts nach links		Kern	leichter		
	Elektronenaffinität				links nach rechts			schwerer		

7 Finde die Fehler:

•Pb• + 4 e$^-$ → |Pb|$^{4-}$

Na: 1^2 2^7 3^1

|Ca|$^+$ •Mg |N |S|$^-$ Br^{2-}

$^{20}_{26}$Fe $^{65}_{29}$Zn

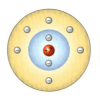 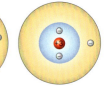

8 Ergänze folgende Tabelle:

Symbol	Ladung	Protonen	Neutronen	Elektronen
☐☐	0		16	16
56 ☐☐		26		23
37 ☐ 17	–			
☐ 8	2–		8	

9 Namen gesucht:
a) Um welche Elemente handelt es sich?
b) Wie viele Neutronen befinden sich im Atomkern?

 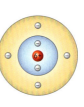 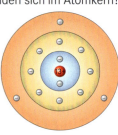

6 Salze – Ionenbindung

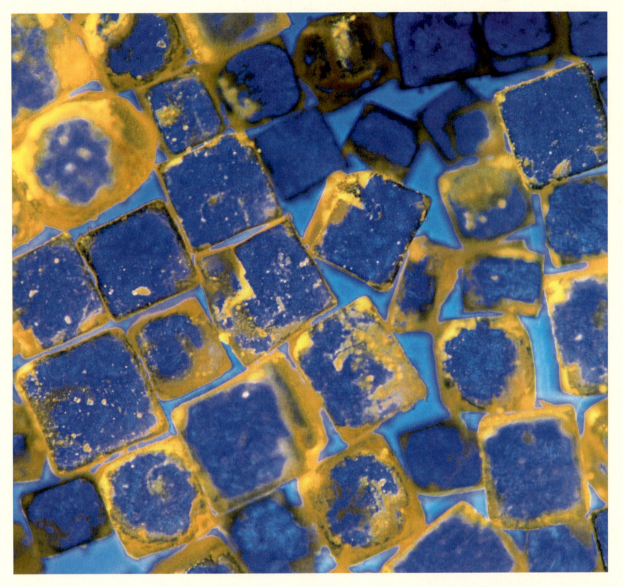

Ein Atom besteht aus einem Kern mit *Protonen* und *Neutronen* und einer Hülle mit *Elektronen*, die in *Schalen* angeordnet sind.
Für das *Reaktionsverhalten* sind die *Valenzelektronen* wichtig, da ein *Elektronenoktett* oder *-duplett* in der *Valenzschale* zu einem stabilen *Edelgaszustand* führt. *Nichtmetallatome* nehmen Elektronen auf, *Metallatome* geben Elektronen ab, um den Edelgaszustand zu erreichen. Daher sind sie ideale Reaktionspartner füreinander.

6.1 Metalle und Nichtmetalle bilden Salze

Metall und Nichtmetall reagieren miteinander. Noch bevor wir uns mit dem Atomaufbau beschäftigt haben, war uns bekannt, dass Atome sich zu Verbindungen zusammenlagern können. Aus den letzten Kapiteln können wir schließen, dass vor allem Metallatome mit Nichtmetallatomen reagieren, um den Edelgaszustand zu erreichen.

Das Metall Magnesium reagiert unter heftiger Lichterscheinung und Wärmeentwicklung mit dem Nichtmetall Chlor zu einer Verbindung mit dem Namen Magnesiumchlorid ($MgCl_2$).

$$Mg + Cl_2 \rightarrow MgCl_2$$

Auch das Element Kalium geht mit dem Element Chlor eine Verbindung (KCl) ein, wobei große Mengen an Reaktionsenergie frei werden (Abb. 1).

$$2\,K + Cl_2 \rightarrow 2\,KCl$$

In beiden Fällen entsteht als Produkt ein körniges weißes Pulver, das an Kochsalz erinnert. Da diese Produkte und das Kochsalz nicht nur ähnlich aussehen, sondern auch andere gemeinsame Eigenschaften besitzen, fasst man sie in einer Stoffgruppe zusammen: die *Salze*.

1 Kalium reagiert in einer Chloratmosphäre bereits bei Raumtemperatur spontan.

Metalle und Nichtmetalle reagieren zu Salzen.

Die Bildung der Ionen. Metallatome sind *Elektronendonatoren*. Natriumatome z. B. geben ihr einziges Valenzelektron ab und erreichen so die Edelgaskonfiguration (Tab. 1). Dabei entstehen einfach positiv geladene *Kationen*:

$$Na \rightarrow Na^+ + e^-$$

Bei diesem Vorgang ändert sich mit dem Elektronenübergang mehr als nur die Ladung der Teilchen. Metallatome verkleinern durch die Abgabe von Elektronen ihren Teilchenradius deutlich, da jetzt die äußerste Schale fehlt (Abb. 2 oben).

Nichtmetallatome sind *Elektronenakzeptoren*. Chloratome z. B. nehmen ein Elektron auf und erreichen so die Edelgaskonfiguration (Tab. 1). Dabei entstehen einfach negativ geladene *Anionen*:

$$Cl_2 + 2\,e^- \rightarrow 2\,Cl^-$$

Bei der Anionbildung bleibt der Teilchenradius annähernd gleich, da die Elektronen in eine bereits bestehende Schale aufgenommen werden (Abb. 2 unten).

Kation	Edelgasschale von	Anion
Na^+	Neon	F^-
Mg^{2+}	Neon	O^{2-}
Al^{3+}	Neon	N^{3-}
K^+	Argon	Cl^-
Ca^{2+}	Argon	S^{2-}

Tab. 1: Edelgaskonfiguration von Ionen

2 Veränderung der Teilchengröße, oben für den Übergang vom Natriumatom zum Natriumion, unten für den Übergang vom Chloratom zum Chloridion

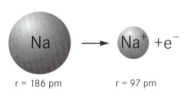

Metallatome (Elektronendonatoren) bilden Kationen und übertragen Elektronen auf Nichtmetallatome (Elektronenakzeptoren), die zu Anionen werden.

Der gesamte Vorgang wird in einer *Ionengleichung* zum Ausdruck gebracht, in der die Einzelatome der Reaktionspartner betrachtet werden:

$$Na + Cl \rightarrow Na^+ + Cl^-$$

Für die *Reaktionsgleichung* müssen auch die zweiatomigen Gase berücksichtigt werden. Bei dieser häufig gebrauchten Schreibweise kommt dann allerdings der Elektronenübergang nicht zum Vorschein:

2 Na + Cl$_2$ → 2 NaCl

Die Verhältnisformel. Durch den Elektronenübergang wird deutlich, in welchem Verhältnis Metall- und Nichtmetallatome miteinander reagieren müssen. Das Natriumatom gibt ein Elektron ab und das Chloratom nimmt eines auf. Das Verhältnis von reagierenden Natrium- zu Chloratomen beträgt deshalb 1 zu 1. Das spiegelt sich auch in der *Verhältnisformel* NaCl (= Na$_1$Cl$_1$) wider. Ein Calciumatom muss zwei Elektronen abgeben, um den Oktettzustand zu erreichen, ein Chloratom aber nur eines aufnehmen. Das Verhältnis von Calcium- zu Chloratomen ist daher 1 zu 2; die Verhältnisformel lautet dann CaCl$_2$ (Abb. 3).

Die Verhältnisformel gibt an, in welchem Zahlenverhältnis die Ionen in einer Ionenverbindung bzw. einem Salz vorliegen.

Ionenwertigkeit. Die Ladung der entstehenden Ionen entspricht bei den Hauptgruppenelementen in der Regel der Anzahl an Elektronen, die zum Erreichen der nächsten Edelgaskonfiguration aufgenommen bzw. abgegeben werden müssen. Sie wird als *Ionenwertigkeit* dieses Teilchens bezeichnet und mit römischen Ziffern und Vorzeichen vermerkt. Sie entspricht stets der Differenz zwischen der Protonenzahl und der Elektronenzahl. Beispiele: Ca^{2+} ist zweiwertig, Cl$^-$ ist einwertig, Al^{3+} ist dreiwertig (Abb. 4).

Die Ionenwertigkeit entspricht der Ladung der Ionen und gibt an, wie viele Elektronen aufgenommen bzw. abgegeben wurden.

Molekülionen. Nicht nur Nichtmetallatome können als Elektronenakzeptoren fungieren, sondern auch ganze Atomverbände (Moleküle). Molekülionen wie das Carbonation (CO$_3^{2-}$) kann man wie Atomionen behandeln, d. h. es ist zweiwertig. Es verbindet sich mit dem Calciumion im Verhältnis 1 zu 1 zu CaCO$_3$, mit dem Natriumion im Verhältnis 1 zu 2 zu Na$_2$CO$_3$ und mit Aluminium im Verhältnis 3 zu 2 zu Al$_2$(CO$_3$)$_3$.

Benennung von Salzen. Anhand der Verhältnisformel werden Salze nach einem bestimmten Schema (→ M 13) benannt. Historisch existieren aber auch sogenannte Trivialnamen, z. B. Kochsalz (NaCl), die aber keine Rückschlüsse auf die Formel zulassen (Tab. 2).

Aufgabe
1 Formuliere für folgende Reaktionen die Elektronenabgabe und die Elektronenaufnahme:
   a) Magnesium reagiert mit Sauerstoff zu Magnesiumoxid,
   b) Aluminium reagiert mit Sauerstoff zu Aluminiumoxid.

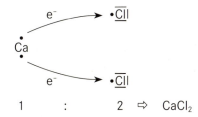

3 So kommt die Verhältnisformel von Calciumchlorid zustande.

Al^{3+}: Aluminium ist dreiwertig
Cl$^-$: Chlor ist einwertig

4 Ionenwertigkeit im Aluminiumchlorid

Trivialname	Formel
Ätznatron	NaOH
Flussspat	CaF$_2$
Gips	CaSO$_4$
Hirschhornsalz	NH$_4$HCO$_3$
Kalk	CaCO$_3$
Kochsalz	NaCl
Magnesia	MgO
Natron	NaHCO$_3$
Pottasche	K$_2$CO$_3$
Salmiak	NH$_4$Cl
Salpeter	KNO$_3$
Schwerspat	BaSO$_4$
Soda	Na$_2$CO$_3$

Tab. 2: Häufig vorkommende Trivialnamen

Was hält die Ionen in einer Ionenverbindung zusammen? → 6.2

M 13 Salze – Verhältnisformel und Benennung

Aufstellen von Verhältnisformeln

Beim Aufstellen einer Verhältnisformel kannst du nach dem unten angegebenen Schema vorgehen. Dabei solltest du Folgendes beachten:

– Negative und positive Ionenwertigkeiten werden so kombiniert, dass die Anzahl der abgegebenen und aufgenommenen Valenzelektronen gleich ist.

– Die positive Ionenwertigkeit ist gleich der Anzahl der abgegebenen Valenzelektronen.

– Die negative Ionenwertigkeit ist gleich der Anzahl der aufgenommenen Valenzelektronen.

– Stimmen die Ionenwertigkeiten vom Betrag überein, so kann man die Ionen ohne Index nebeneinander schreiben, z. B. NaCl.

So wird's gemacht:	Beispiel 1	Beispiel 2
1. Symbole der Ionen aufschreiben	Al^{3+} O^{2-}	Ca^{2+} NO_3^-
2. Ionenwertigkeit entspricht Ladung der Ionen	Al^{3+} (dreiwertig) O^{2-} (zweiwertig)	Ca^{2+} (zweiwertig) NO_3^- (einwertig)
3. Ionenwertigkeit über Ionen mit römischen Ziffern schreiben (mit + und –) und die Ladungszahl weglassen	+III –II Al O	+II –I Ca NO_3
4. Errechnen des kleinsten gemeinsamen Vielfachen (kgV) der Ionenwertigkeiten	kgV (3; 2) $3 \cdot 2 = 6$	kgV (2; 1) $2 \cdot 1 = 2$
5. kgV geteilt durch die Ionenwertigkeit ergibt den Index für die Verhältnisformel	Al 6 : III = 2 O 6 : II = 3	Ca 2 : II = 1 NO_3 2 : I = 2
6. Aufstellen der Verhältnisformel, Molekülionen in Klammern schreiben	Al_2O_3	$Ca(NO_3)_2$

Benennen von Salzen

Salze werden nach folgendem Schema benannt:

Salzname = Name Metall oder Kation + Name Anion

Die Namen von wichtigen Kationen und Anionen kannst du Tab. 1 entnehmen. Die Ionenwertigkeit wird in römischen Zahlen hinter das Kation geschrieben. Die Benennung mit griechischen Zahlwörtern ist bei Salzen nicht üblich. Daneben gibt es noch Trivialnamen (s. S. 93, Tab. 2).

Beispiel
Formel: MnO_2
Benennung: Mangan(IV)-oxid
Trivialname: Braunstein

Formel	Name	Formel	Name
NH_4^+	Ammonium	H^-	Hydrid
Fe^{2+}	Eisen (II)	F^-	Fluorid
Fe^{3+}	Eisen (III)	Cl^-	Chlorid
OH^-	Hydroxid	ClO^-	Hypochlorit
NO_3^-	Nitrat	O^{2-}	Oxid
NO_2^-	Nitrit	S^{2-}	Sulfid
CO_3^{2-}	Carbonat	N^{3-}	Nitrid
HCO_3^-	Hydrogencarbonat	C^{4-}	Carbid
SO_4^{2-}	Sulfat	SiO_4^{4-}	Silicat
$S_2O_3^{2-}$	Thiosulfat	MnO_4^-	Permanganat
PO_4^{3-}	Phosphat	CrO_4^{2-}	Chromat

Tab. 1: Namen von Kationen und Anionen

M 14 Eine Reaktionsgleichung mit Ionen aufstellen

Metall M und Nichtmetall N reagieren miteinander, d. h. es werden Elektronen e^- übertragen.

So wird's gemacht:	Beispiel:
1. Wortgleichung aufschreiben.	Aluminium + Chlor → Aluminium(III)-chlorid
2. Metall M gibt Elektronen ab, um Edelgaszustand zu erlangen. Ionenteilgleichung für *ein* Atom formulieren: $M \rightarrow M^{m+} + m\,e^-$ Wie viele Elektronen werden abgegeben? – Hauptgruppenmetalle: alle Valenzelektronen – Zinn und Blei: 4 oder 2 Elektronen – Nebengruppenmetalle: maximal 7 Elektronen – Kupfer, Gold, Silber: 1 oder 2 Elektronen	$Al \rightarrow Al^{3+} + 3\,e^-$
3. Nichtmetall N nimmt Elektronen auf, um Edelgaszustand zu erlangen. Ionenteilgleichung für *ein* Atom formulieren: $N + n\,e^- \rightarrow N^{n-}$ Wie viele Elektronen werden aufgenommen? – Wasserstoff: 1 Elektron – Ab der 2. Periode: 8 minus Valenzelektronen-Anzahl – Ab der 3. Periode: max. 8 minus Valenzelektronen-Anzahl	$Cl + e^- \rightarrow Cl^-$
4. Ionenteilgleichungen untereinander schreiben und die Anzahl der abgegebenen und aufgenommenen Elektronen in Übereinstimmung bringen, d. h. Teilgleichungen mit dem kleinsten gemeinsamen Vielfachen (kgV) multiplizieren: $M \quad\quad \rightarrow M^{m+} + m\,e^- \quad \vert \cdot n$ $N + n\,e^- \rightarrow N^{n-} \quad\quad\quad \vert \cdot m$	$Al \quad\quad\quad \rightarrow Al^{3+} + 3\,e^- \quad \vert \cdot 1$ $Cl + e^- \quad\quad \rightarrow Cl^- \quad\quad\quad\quad \vert \cdot 3$ $Al \quad\quad\quad \rightarrow Al^{3+} + 3\,e^-$ $3\,Cl + 3\,e^- \rightarrow 3\,Cl^-$
5. Vollständige Ionengleichung formulieren. Dazu beide Gleichungen zusammenfassen, d. h. „addieren", und Elektronen links und rechts „wegkürzen": $n\,M + m\,N + \cancel{m \cdot n\,e^-} \rightarrow n\,M^{m+} + \cancel{n \cdot m\,e^-} + m\,N^{n-}$ $n\,M + m\,N \quad\quad\quad \rightarrow n\,M^{m+} + m\,N^{n-}$ Verhältnisformel des Salzes formulieren $n\,M + m\,N \rightarrow M_n N_m$ Praktisch: Der Koeffizient in der Gleichung entspricht dem Index in der Formel des Ions.	$Al + 3\,Cl + \cancel{3\,e^-} \rightarrow Al^{3+} + \cancel{3\,e^-} + 3\,Cl^-$ $Al + 3\,Cl \quad\quad\quad \rightarrow Al^{3+} + 3\,Cl^-$ $Al + 3\,Cl \rightarrow AlCl_3$
6. Reaktions- oder Stoffgleichung aufstellen. Die Zahl der Atome und die Summe der Ladungen müssen links und rechts vom Reaktionspfeil ausgeglichen sein! Dies erreicht man durch Einsetzen entsprechender Koeffizienten. Beachte: – Die Index-Ziffer gehört zur Formel und wird nicht verändert. – Zweiatomige Elemente (H_2, O_2, N_2, F_2, Cl_2, Br_2, I_2)	$Al \;+ 3\,Cl \;\rightarrow AlCl_3$ (zweiatomiges Chlor) $Al \;+ 3\,Cl_2 \rightarrow AlCl_3$ (ausgleichen) $2\,Al + 3\,Cl_2 \rightarrow 2\,AlCl_3$

6.2 Ionenbindung und Ionengitter

Die elektrostatische Anziehung. Wir wissen, dass im Salz Kationen und Anionen vorhanden sind. Zwischen entgegengesetzt geladenen Ionen bestehen *elektrostatische Anziehungskräfte*, die gleichmäßig nach allen Richtungen wirken. Demnach zieht jedes Kation allseits die benachbarten Anionen an und umgibt sich mit möglichst vielen davon. Aus dem gleichen Grund ist auch jedes Anion von möglichst vielen Kationen umgeben (Abb. 1).
So ergeben sich für die Ionen eines Kristalls Positionen, die durch die wechselseitige Anziehungskraft fixiert sind. Da jedes Ion auf ein Gegenion anziehend wirkt, setzt sich dieses Bindungsprinzip fort, bis ein größerer Ionenverband entstanden ist.

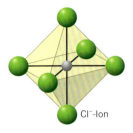

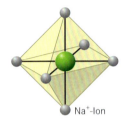

1 Im Kochsalz NaCl ist jedes Natriumion von sechs Chloridionen umgeben (oben) und jedes Chloridion von sechs Natriumionen (unten)

Die elektrostatische Anziehung zwischen Kationen und Anionen führt zur *Ionenbindung* im Salzkristall.

Verhältnisformel und Ionengitter. Ionen schließen sich nicht zu kleinen Verbindungseinheiten zusammen, sie bilden große Verbände. Es entstehen also keine Moleküle. Damit sind die von uns aufgestellten Formeln keine exakten Molekülformeln, sondern nur *Verhältnisformeln*. Die Indexe geben an, in welchem Zahlenverhältnis sich die Ionen im Verband befinden. Diese Verbände besitzen eine bestimmte Anordnung – es entsteht ein *Ionengitter*. Darin ist jedes Ion von einer bestimmten Zahl entgegengesetzt geladener Ionen umgeben (Abb. 2).

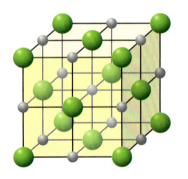

2 Modell eines Natriumchloridgitters

Durch den regelmäßigen Zusammenschluss der Ionen im Ionengitter entsteht ein Kristall.

Die Verhältnisformel bestimmt die Koordinationszahl. Die Anordnung der Ionen im Kristall ist für jedes Salz charakteristisch und absolut regelmäßig. Welcher Regelmäßigkeit der Aufbau folgt, ergibt sich unter anderem daraus, dass ein Salzkristall insgesamt elektrisch neutral sein muss. Die Ladungen von Kationen und Anionen gleichen sich in ihm aus. Sind die beiden Ionenarten gleich stark geladen, so enthält das Ionengitter beide Ionenarten im gleichen Zahlenverhältnis, z. B. Anzahl (Na$^+$) : Anzahl (Cl$^-$) = 1 : 1. Dagegen sind im Kristallgitter des Aluminiumchlorids AlCl$_3$ die Ionen Al^{3+} und Cl$^-$ im Verhältnis 1 : 3 gebunden. Deshalb ergeben sich für verschiedene Ionenzusammensetzungen unterschiedliche Anordnungen. Beim Kochsalz NaCl besitzen beide Partner die Koordinationszahl sechs (Abb. 3): Jedes Natriumion ist im Gitter von sechs Chloridionen umgeben und jedes Chloridion von sechs Natriumionen.

3 Kochsalz mit der Koordinationszahl sechs

Die *Koordinationszahl* ist die Anzahl der direkten Nachbarn in einem regelmäßig aufgebauten Verband.

Modelle verdeutlichen das Ionengitter. Verbindet man die Ionen eines Kristalls gedanklich miteinander, ergibt sich das Gittermodell (Abb. 6). Der Verband aus Anionen und Kationen wird daher als *Ionen-*

Salze – Ionenbindung **97**

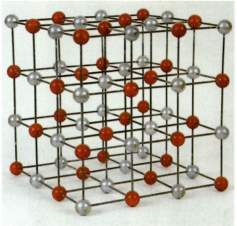

4 Würfelförmiger Kristall von Natriumchlorid

5 Das Kugelmodell des Ionengitters von Natriumchlorid

6 Das Gittermodell (Kugel-Stäbchen-Modell) von Natriumchlorid

gitter bezeichnet. Stellt man die Kristallstruktur als Gitter dar, veranschaulicht man zwar gut die Lage der Ionen zueinander, denn so wird die Koordinationszahl leicht nachvollziehbar. Aber man vernachlässigt die unterschiedliche Größe der Ionen.
Im *Kugelmodell* berücksichtigt man die Radien der Ionen. Hier erkennt man, dass sich die Ionen auf Lücke anordnen können. Das bedeutet, ein Kation kommt in der Mulde zwischen mehreren Anionen zu liegen und umgekehrt. Daraus ergibt sich eine sehr *dichte Packung der Teilchen*, die der Wirklichkeit näher kommt (Abb. 5).
Beide Modelle machen deutlich, dass ein würfelförmiger Baustein die kleinste Einheit von NaCl ist; man nennt diese *Elementarzelle*. Unzählige dieser Einheiten nebeneinander gereiht ergeben den Kristall (Abb. 4).

Ionenradien bestimmen die Koordinationszahl. Aus Abb. 5 wird uns klar: Die im Kochsalzkristall gebundenen Ionen sind unterschiedlich groß: Das Chloridanion hat einen nahezu doppelt so großen Radius wie das Natriumkation. Deshalb lassen sich um ein Natriumion höchstens sechs Chloridionen anordnen. Obwohl das Chloridion aufgrund seiner Größe sehr viel mehr Natriumionen um sich binden könnte, ist dies nicht der Fall. Da im Kochsalz Anionen und Kationen in der gleichen Anzahl vorliegen müssen, legt die Koordinationszahl des kleineren Ions, also KZ(Na$^+$) = 6, auch die des größeren Ions auf KZ(Cl$^-$) = 6 fest.
Cäsiumchlorid hat eine dem Kochsalz entsprechende Verhältnisformel CsCl. Das Kation ist aber wesentlich größer, es kann sich also mit mehr Chloridionen umgeben, nämlich mit acht (Abb. 7). So hat CsCl – bedingt durch die Ionengröße – trotz gleicher Ladungsverhältnisse eine andere Anordnung als NaCl.

7 Cäsiumchlorid mit der Koordinationszahl acht

$\frac{r(\text{Kation})}{r(\text{Anion})}$	Koordinationszahl	Anordnung
< 0,42	4	tetraedrisch
0,42 – 0,73	6	oktaedrisch
> 0,73	8	würfelförmig

Tab. 1: Ionenradius, Koordinationszahl und Gittertyp

Aufgabe
1 Ermittle die Koordinationszahlen bei verschiedenen Salzen deiner Wahl.

Welche Eigenschaften haben Ionenverbindungen → 6.3

1 Würfelförmiger Kristall von Flussspat (Calciumfluorid)

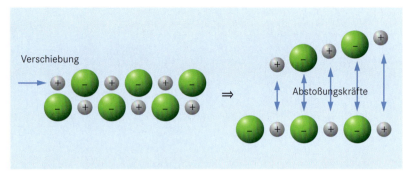

2 Wird in einem Kristall eine Schicht von Ionen gegenüber einer anderen verschoben, kommen sich Ionen gleichsinniger Ladung zu nahe. Die Abstoßungskräfte bewirken ein Zerspringen des Kristalls.

6.3 Eigenschaften der Salze

Salze – kristalline Feststoffe. Durch die Reaktion von Nichtmetallen mit Metallen entstehen kristalline Feststoffe, also *Kristalle*. Kristalle sind in kennzeichnender Weise von ebenen Flächen begrenzt. Am deutlichsten wird uns dies bei großen Kristallen mit ihren glatten Flächen (Abb. 1). Hier können wir leicht erkennen, dass diese Flächen in regelmäßigen Winkeln zueinander stehen. Dies gilt aber auch für kleinere Salzkristalle. Die Ursache für diese Kristallformen haben wir in den vorangegangenen Kapiteln kennengelernt.

Salz	Schmelztemperatur	Löslichkeit in Wasser bei 20 °C
KI	681 °C	1275 g/l
KCl	770 °C	340 g/l
NaCl	801 °C	358 g/l
Na_2SO_4	884 °C	210 g/l
CaF_2	1423 °C	0,016 g/l

Tab. 1: Schmelztemperaturen einiger Salze und ihre Löslichkeit in Wasser

Hohe Schmelz- und Siedetemperaturen. Aus dem starken Zusammenhalt der an die Gitterplätze gebundenen Ionen ergeben sich hohe Schmelz- und Siedetemperaturen (Tab. 1).

Salze sind spröde. Salze lassen sich nicht verformen oder verbiegen. Versucht man dies mit großer mechanischer Kraft, zerspringen sie unter dem Verformungsdruck. Wird die Krafteinwirkung bei einer Verformung sehr groß, finden auf Teilchenebene Veränderungen statt, die äußerlich sichtbar werden. Durch die einwirkende Kraft ergibt sich eine Verschiebung der einzelnen Ionenschichten gegeneinander. Ionen mit gleichsinniger Ladung kommen sich zu nahe (Abb. 2). Die Abstoßungskräfte bewirken ein Zerspringen des Kristalls, er ist *spröde*.

Aufgabe

1 Überprüfe zu Hause selbst die Löslichkeit von Kochsalz in Wasser. Protokolliere dein Vorgehen und vergleiche dein Ergebnis mit dem Wert in Tab. 1.

Löslichkeit in Wasser. Wassermoleküle können sich relativ leicht zwischen die einzelnen Ionen drängen und so für eine Auflösung des Kristalls sorgen. Dies liegt daran, dass das Wasser leicht positiv und leicht negativ geladene Stellen im Molekül hat. Aufgrund dieser Polarität sind viele Salze in Wasser löslich (Tab. 1). Die herausgelösten Ionen werden von Wassermolekülen umgeben, d.h. hydratisiert (Abb. 3). Dabei wird Hydratationsenergie frei. Ist diese sehr viel kleiner als die Gitterenergie, die bei der Salzbildung frei wurde, löst sich das Salz nicht auf.
In vielen organischen Lösemitteln, wie z. B. Benzin, lösen sich Salze nicht, da diese Lösemittelmoleküle nicht polar sind.

3 Die Zahl der umgebenden Wassermoleküle ist abhängig von Ladung und Größe der Ionen.

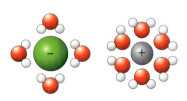

Salze – Ionenbindung 99

Elektrische Leitfähigkeit von Lösungen und Schmelzen. Feste Salze leiten den elektrischen Strom nicht. Die Ionen sitzen im Kristall auf festen Gitterplätzen. In Schmelzen und Lösungen von Salzen sind die Ionen dagegen frei beweglich. Sie besitzen daher elektrische Leitfähigkeit (Abb. 4). Salze sind *Ionenleiter* bzw. *Leiter 2. Klasse*.

Salze sind spröde, kristalline Feststoffe mit hohen Schmelz- und Siedetemperaturen. Sie lösen sich meist gut in Wasser. Sie sind Ionenleiter: Ihre wässrigen Lösungen und Schmelzen besitzen elektrische Leitfähigkeit.

Eigenschaften der Salze in der Praxis – Kristallzüchtung. Die Löslichkeit der meisten Salze wird mit fallender Temperatur kleiner. Diese Eigenschaft nützt man bei der Kristallzüchtung nach dem *Abkühlungsverfahren*: Man stellt bei höherer Temperatur eine gesättigte Lösung her und lässt diese langsam auf Zimmertemperatur abkühlen (Abb. 5). Dabei scheiden sich viele kleine Kristalle meist an den Wänden oder am Boden des Gefäßes ab und bilden einen dichten Rasen bzw. wachsen ineinander. Möchte man dies verhindern, gibt man einen „Impfkristall" in die übersättigte Lösung, an dem sich die Kristallisation fortsetzt.
Beim *Verdunstungsverfahren* stellt man eine bei Zimmertemperatur gesättigte Lösung her. Diese wird übersättigt, indem das Volumen des Lösungsmittels aufgrund der natürlichen Verdunstung langsam abnimmt (Abb. 6). Nach den beiden Verfahren lassen sich Kristalle mit einer Kantenlänge von mehreren Zentimetern herstellen (Abb. 7).

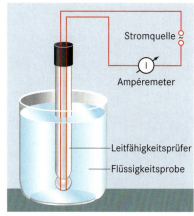

4 Zur Leitfähigkeitsprüfung werden zwei Metalldrähte, die in die Lösung oder Schmelze tauchen, über ein Ampèremeter mit einer Stromquelle verbunden. Zeigt das Messgerät einen Stromfluss an, so ist die Flüssigkeit elektrisch leitend.

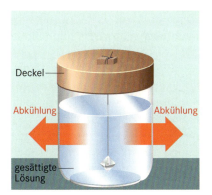

5 Abkühlungsverfahren

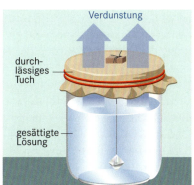

6 Verdunstungsverfahren

7 Ertrag aus Schülerübungen

Aufgaben
2 Erläutere, warum die Bezeichnung Salzmolekül nicht korrekt ist.
3 Was sagt die Formel KCl aus?
4 Erkläre, warum ein Kristall nicht elektrisch leitfähig ist.
5 Stelle eine konzentrierte Salzlösung her und gib diese ca. 1–2 cm hoch in eine flache Schale. Die Lösung sollte an einem ruhigen Platz ohne Temperaturschwankungen stehen. Durch Umsetzen von entstehenden Kristallen in weitere gesättigte Lösungen verhinderst du ein „Zusammenwachsen".

Wo begegnen uns Salze im Alltag?
→ 6.4

6.4 Bedeutung der Salze in Natur und Technik

Salze im Wasser. *Meerwasser* hat einen durchschnittlichen Salzgehalt von 3,5 %. Es enthält NaCl, MgSO$_4$, MgCl$_2$, CaCl$_2$ und KCl. Dabei kann der Salzgehalt der Meere sehr unterschiedlich sein: Die Ostsee hat mit ca. 1 % den niedrigsten Salzgehalt. Das Tote Meer enthält dagegen fast 300 g Salz pro Liter Wasser, also 30 %. Bei diesem hohen Salzgehalt können mit Ausnahme von Spezialisten weder Tiere noch Pflanzen existieren. Allerdings trägt das Wasser dadurch jeden Badenden (Abb. 1).
Quellwasser nimmt auf seinem Weg durch die Gesteinsschichten Mineralsalze und auch Kohlensäure auf. Es entstehen *Mineralwässer*. Der Anteil der Mineralsalze liegt zwischen 0,1 und 0,5 %.

1 Badevergnügen im Toten Meer

Salze – Rohstoffe für die Industrie. Die chemische Industrie gewinnt aus Natriumchlorid vor allem Soda (Natriumcarbonat) und Chlor. Soda fand in Seifensiedereien und Glashütten Verwendung; mit dem Wachsen der Textilindustrie wurde es als Hilfsstoff beim Waschen sehr bedeutend. Heute findet man es auch in Geschirrspülmitteln. Chlor, früher Ausgangsstoff für Bleich- und Desinfektionsmittel, wird heute vor allem zur Herstellung von Kunststoffen (PVC) und Lösungsmitteln verwendet.

Salz in der Landwirtschaft. Verschiedene Salze sind Bestandteile von Mineraldüngern und sichern unsere Nahrungsmittelproduktion. Kalisalze werden im Gebiet von Werra und Fulda in Hessen und Thüringen in Tiefen bis zu 1000 Metern aus dem Fels herausgesprengt (Abb. 2). Das Rohsalz muss allerdings wegen des hohen Kochsalzanteils erst aufbereitet werden.
Für Mineraldünger benötigt man vielfach auch Phosphat- und Nitratsalze, die eingeführt werden müssen; große Phosphat-Lagerstätten gibt es z. B. in Nordafrika. Magnesiumsulfat (Bittersalz) wird neben seiner Verwendung als Düngemittel auch zur Schädlingsbekämpfung eingesetzt, denn der bittere Geschmack überlagert den süßen Geschmack des Zellsaftes und Läuse wandern von befallenen Pflanzen ab.

2 Abbau von Kalisalzen in 1000 m Tiefe in Nordhessen

Salz – lebenswichtig für den Menschen. Salz ist für unseren Körper unverzichtbar: NaCl und KCl haben große Bedeutung für den Stoffwechsel, z. B. für das Nervensystem. Der tägliche Verlust (etwa 6 Gramm in Schweiß und Urin) muss mit der Nahrung ausgeglichen werden. Meist nehmen wir aber weit mehr Salz als notwendig auf. Im Übermaß schädigt es dann unsere Gesundheit!

3 Verschiedene Backtriebmittel

Salze im Haushalt. In Wasser gelöste Salze setzen den Gefrierpunkt des Wassers herab, d. h., es gefriert erst bei Temperaturen unter 0 °C. Deshalb wird Kochsalz als *Streusalz* gegen Eisglätte verwendet. Es schädigt dabei aber die Vegetation.
Carbonate wie Natron (NaHCO$_3$), Pottasche (K$_2$CO$_3$) oder Hirschhornsalz ((NH$_4$)$_2$CO$_3$) werden vielfach als *Backtriebmittel* („Backpulver") eingesetzt, da sie beim Backvorgang CO$_2$ freisetzen und somit zum „Aufgehen" des Teigs beitragen (Abb. 3).

Calciumhydrogencarbonat (Ca(HCO$_3$)$_2$) ist gut wasserlöslich und für die *Härte des Wassers* verantwortlich. Beim Erhitzen reagiert es zum schlecht löslichen Calciumcarbonat, welches in Kochtöpfen und an Heizstäben der Waschmaschinen einen hartnäckigen Belag bildet, den *Kesselstein* (Abb. 4). Silbernitrat (AgNO$_3$) spielt in der *Schwarz-Weiß-Fotografie* eine wichtige Rolle und wird wegen seiner ätzenden Wirkung in Medikamenten gegen Warzen verwendet.

Natriumchlorid (NaCl) ist ein wichtiges *Gewürz*, welches zum Kochen verwendet wird. Natriumfluorid (NaF) ist in *Zahnpasta* enthalten, da Fluoride die Bildung von Karies verhindern sollen. Wegen seiner Schleim lösenden Wirkung findet sich Ammoniumchlorid (NH$_4$Cl) in *Salmiakpastillen*. Natriumhypochlorit (NaOCl) wird zum *Bleichen* verwendet und findet sich auch in desinfizierenden *WC-Reinigern*. Vorsicht: Mit Säuren entsteht daraus giftiges Chlorgas!

Salze als Baustoffe. Kalk (CaCO$_3$), Gips (CaSO$_4$) und Zement bzw. Beton sind wichtige *Baustoffe*. Um Kalkmörtel herzustellen, wird zunächst aus Kalkstein Branntkalk (CaO) gewonnen, der mit Wasser zu Löschkalk (Calciumhydroxid Ca(OH)$_2$) umgesetzt und mit Sand vermischt wird. Das Abbinden wiederum zu Kalk erfolgt durch die Reaktion von Kohlenstoffdioxid der Luft mit dem Löschkalk. Gips wird für *Stuckarbeiten*, als *Putzgips* (Abb. 5) oder als *Verbandsmaterial* verwendet. Zement und Beton enthalten neben Calciumoxid auch noch andere salzartige Oxide. Schulkreide besteht hauptsächlich aus Gips.

Salzartige Oxide (Metalloxide). Die Mehrzahl der *Gesteine* besteht aus Sauerstoff-Verbindungen: Dazu zählen neben Kalk, Marmor und Dolomit auch die Silicate, z. B. als wesentlicher Bestandteil von Granit. Viele *Erze* sind Metalloxide, z. B. Eisenoxide wie Magneteisenstein (ein „Gemisch" von FeO und Fe$_2$O$_3$, vielfach als Fe$_3$O$_4$ angegeben) und Roteisenstein (Fe$_2$O$_3$). Oxidische Eisenverbindungen finden sich aber auch in anderen Gesteinen und als *Verwitterungsprodukt* im Boden, worauf die roten, braunen und gelben Farbtöne des Erdbodens zurückzuführen sind. Ein wichtiger Farbstoff ist das Weißpigment Titan(IV)-oxid (TiO$_2$), das z. B. in *Zahnpasta* oder als UV-Blocker in *Sonnencremes* Verwendung findet.

Aluminiumoxid (Al$_2$O$_3$) und Siliciumoxid (SiO$_2$) zeichnen sich durch große Härte und sehr hohe Schmelztemperaturen aus. Sie spielen daher bei der Herstellung von *feuerfester Keramik* und *Glas* eine wichtige Rolle. Aluminiumoxid ist zudem der Ausgangsstoff für die Aluminiumgewinnung (→ 8.1).

4 Kalkablagerungen auf dem Heizstab einer Waschmaschine

5 Eine Wand wird verputzt.

Aufgaben

1 Erläutere, warum man im Toten Meer nicht untergehen kann. Frage bei deiner Physik-Lehrkraft nach.
2 Finde heraus, wie man mit Salz eine „Kältemischung" herstellen kann.

102 Auf einen Blick

Bildung
- entstehen bei der Reaktion von Metallatomen M mit Nichtmetallatomen N
- Metallatom gibt Elektron(en) ab
- Nichtmetallatom nimmt Elektron(en) auf

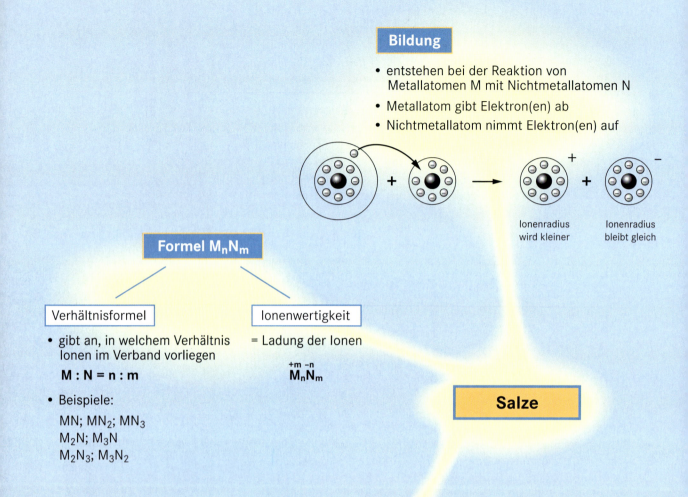

Ionenradius wird kleiner | Ionenradius bleibt gleich

Formel M_nN_m

Verhältnisformel
- gibt an, in welchem Verhältnis Ionen im Verband vorliegen
- $M : N = n : m$
- Beispiele:
  MN; MN_2; MN_3
  M_2N; M_3N
  M_2N_3; M_3N_2

Ionenwertigkeit
= Ladung der Ionen

$\overset{+m}{M_n}\overset{-n}{N_m}$

Salze

Ionengitter
Kationen und Anionen ziehen sich elektrostatisch an

Koordinationszahl
Anzahl der direkten Nachbarn eines Ions

vier — sechs — acht

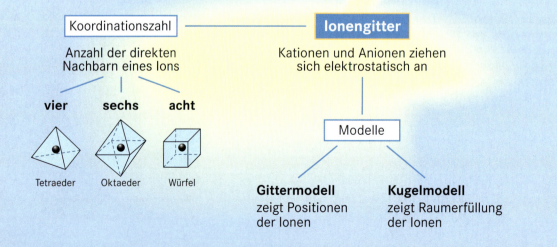

Tetraeder — Oktaeder — Würfel

Modelle

Gittermodell zeigt Positionen der Ionen

Kugelmodell zeigt Raumerfüllung der Ionen

Auf einen Blick 103

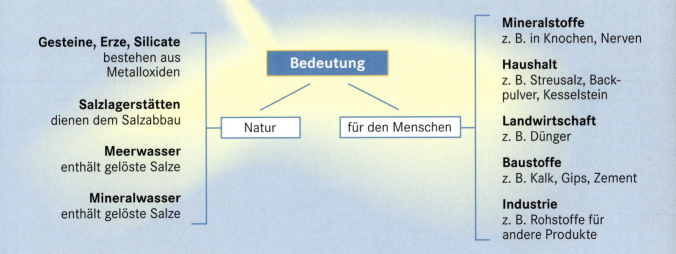

Knobelecke

1. Vergleiche in einer tabellarischen Gegenüberstellung ein Ion und ein Atom.

2. Stelle dar, warum es sich bei einem Salz zwangsläufig um eine Verbindung handeln muss.

3. Skizziere ein homogenes Stoffgemisch auf Teilchenebene und ein Salz auf Teilchenebene und leite aus deinen Skizzen ab, dass es sich nur im Fall des Salzes um eine Verbindung handelt.

4. Beschreibe die Bildung von Cäsiumchlorid aus den Elementen mit Ionengleichungen. Erkläre die jeweilige Ionenladung aus dem Bau des Cäsium- bzw. des Chloratoms.

5. Stellt man Chlorid- und Natriumionen vergrößert als Kugeln dar, so kann man die Chloridkugel mit 21 Natriumkugeln umgeben, dennoch besitzt Kochsalz (NaCl) die Koordinationszahl sechs. Erkläre diesen Sachverhalt.

6. Wähle aus den folgenden Eigenschaften diejenigen aus, die sich auf das Ionengitter zurückführen lassen: Verformbarkeit – große Bindungskräfte – Löslichkeit – elektrische Leitfähigkeit – Sprödigkeit – niedrige Siedetemperaturen – Reaktionsträgheit.

7. Nimm Stellung zu folgender Aussage: Dass beim Schmelzen von Kaliumbromid Ionen entstehen, beweist die elektrische Leitfähigkeit der Schmelze.

8. Entwirf einen Versuch oder eine Versuchsreihe, woraus klar hervorgeht, dass es sich bei der getesteten Substanz um ein Salz und nicht um einen molekularen Stoff handelt.

9. Formuliere die entsprechende Formel: Kupfer(II)-sulfat – Kaliumnitrat – Ammoniumsulfat – Natriumhydroxid – Aluminiumhydroxid – Ammoniumcarbonat – Aluminiumsulfat – Eisen(II)-hydrogencarbonat.

10. Formuliere die Ionengleichungen zur Bildung von Mg_3N_2, CaO, KI, $BaCl_2$ und Aluminiumfluorid.

11. Sortiere folgende Teilchen nach abnehmender Teilchengröße: $O – S – S^{2-} – Na^+ – Li – Li^+ – F^- – N$.

12. Ermittle die Art der Ionen in folgenden Salzen. In welchem Verhältnis liegen sie jeweils vor? $Cr_2O_3 – Na_2SO_4 – CaBr_2 – Mg_3N_2$

13. Bilde sinnvolle Sätze:
Ein Salz löst sich leicht/schwer in Wasser, wenn die Hydratationsenergie größer/kleiner als die Gitterenergie ist, d. h., die Wassermoleküle sich gut/schlecht um die Ionen anlagern können.

14. Setze folgende Formeln und Begriffe an die richtigen Stellen (*) des technischen Kalkkreislaufs. Übertrage dazu die Abbildung in dein Heft.
$CaCO_3$ – CaO – $Ca(OH)_2$ – Brennen – Löschen – Abbinden – gebrannter Kalk – Kalkstein – gelöschter Kalk – CO_2 – CO_2 – H_2O – H_2O

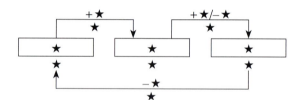

15. Ermittle das Zahlenverhältnis der Ionen in folgenden Salzen: Kaliumsulfid, Aluminiumoxid, Natriumbromid, Calciumoxid.

16. Benenne die Salze aus Tab. 2 von S. 93 nach der chemischen Nomenklatur.

17. Stelle mithilfe von Tab. 1, S. 94 alle möglichen Eisen(II)- und Eisen(III)-salze durch eine Formel dar und benenne sie.

7 Molekular gebaute Stoffe – Elektronenpaarbindung

Bestimmte *Nichtmetalle* liegen als zweiatomige *Moleküle* vor und lassen sich zu neuen Molekülen umgruppieren. *Nichtmetallatome nehmen* aber nur *Elektronen auf,* um den *Edelgaszustand* zu erreichen. Da hier kein *Elektronenaustausch* wie bei den *Salzen* stattfinden kann, muss es andere Möglichkeiten geben, einen *stabilen Zustand* zu erreichen, um *Moleküle* zu bilden.

Molekular gebaute Stoffe – Elektronenpaarbindung

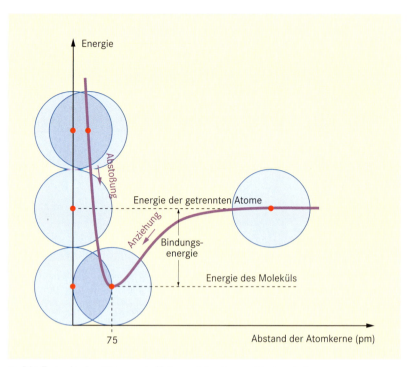

1 Die Energie der Wasserstoffatome hängt vom Abstand ab.

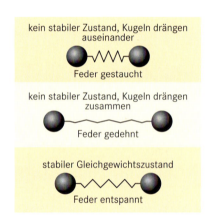

2 Ein Modell hilft uns zu verstehen, wie der energieärmere Zustand von zwei in einem konstanten Abstand befindlichen Atomen aussehen kann. Sind zwei Kugeln über eine Metallfeder verbunden, so hält die Feder die beiden Partner trotz Flexibilität auf einem konstanten Abstand. Wird dieser Abstand durch Ziehen oder Drücken verändert, so muss hierfür jeweils Energie aufgebracht werden. Verbleiben sie aber in diesem Abstand, ist dies ohne zusätzliche Energie möglich, d. h., dieser Zustand ist energieärmer als einer der anderen.

7.1 Nichtmetalle bilden molekulare Stoffe

Nichtmetalle reagieren miteinander. Wir kennen bereits einige Verbindungen, deren kleinste Teilchen keine Ionen sind, z. B. Wasser, Wasserstoff oder Wasserstoffchlorid. Hier haben sich Atome zu Molekülen und nicht zu einem Salz verbunden. Betrachtet man diese Moleküle genauer, so stellt man fest, dass sich Nichtmetallatome untereinander verbunden haben. Dies ist erstaunlich, da uns ja bekannt ist, dass Nichtmetallatome *Elektronenakzeptoren* sind.

Warum ist das Wasserstoffmolekül so stabil? Die im Wasserstoffmolekül gebundenen Atome können nur getrennt oder *dissoziiert* werden, wenn eine erhebliche Menge Energie zugeführt wird. Lässt man in der Umkehrung des Versuchs zwei Wasserstoffatome aufeinandertreffen und sich zu einem Wasserstoffmolekül verbinden, so wird diese Energie frei (Abb. 1). Folglich ist ein Wasserstoffmolekül stabiler als zwei einzelne Wasserstoffatome.
Nähert sich ein Wasserstoffatom einem anderen, so treffen zwei Atomhüllen mit Elektronen und zwei Atomkerne mit Protonen aufeinander. Es bewegen sich also geladene (Elementar-)Teilchen aufeinander zu. Aus der Physik ist uns bekannt, dass sich gleich geladene Teilchen abstoßen, unterschiedlich geladene anziehen. Nähern sich zwei Wasserstoffatome an, so ziehen sich die „Hülle" des einen und der Kern des anderen an, die Atome rücken näher aneinander. Aber nur so lange, bis die Atomkerne einen bestimmten Abstand unterschritten haben, bei dem sie sich auf-

grund der gleichen Ladung wieder *abstoßen*. Die Atome bleiben in einem konstanten Abstand zueinander, weil jede Abstandsänderung Energie kostet (Abb. 2): Entweder müssen die Abstoßungskräfte der Kerne oder die Anziehungskräfte von Kern und Hülle überwunden werden. Die Atome sind somit aneinander gebunden.

Nichtmetallatome, die aufgrund des nicht erreichten Edelgaszustandes sehr energiereich und reaktiv sind, verbinden sich zu stabilen, d. h. energieärmeren Molekülen. Dabei wird Energie frei.

Das bindende Elektronenpaar. Mit modernen Verfahren lässt sich die Elektronendichte im Molekül ermitteln und in einer Art „Höhenschichtenkarte" darstellen (Abb. 3). Dieses Bild zeigt, dass die Bindungslänge – also der Abstand zwischen den beiden Atomkernen im Molekül – wesentlich kleiner ist als der doppelte Radius der einzelnen Atome (Abb. 4). Die Atomhüllen beider Atome *durchdringen* sich folglich. Die bindenden Elektronen halten sich überwiegend im Raum zwischen den beiden Atomkernen auf. Dadurch erhöht sich dort die negative Ladung und zieht die beiden positiv geladenen Atomkerne an.

Im Molekül besitzen die Atome keine voneinander getrennten Atomhüllen. Die Elektronen halten sich in einer gemeinsamen, beide Atomkerne umschließenden „Molekülhülle" auf.

Das Konzept der Elektronenpaarbindung. Gilbert Newton Lewis entwickelte 1916 ein Modell, das erklären sollte, warum Nichtmetallmoleküle stabil sind. Er übertrug dazu die Stabilität der Edelgaskonfiguration auf Moleküle. Atome sind in Molekülen durch *gemeinsame Elektronenpaare* verbunden. Zu dem gemeinsamen Elektronenpaar steuert jedes Atom, das an der Bindung beteiligt ist, „formal" ein Elektron bei, sodass ein Paar gebildet wird. Das *bindende Elektronenpaar* gehört beiden Partnern zu gleichen Teilen. So nutzt jeder Bindungspartner ein zusätzliches Elektron für seine Valenzschale und erreicht somit den Edelgaszustand zumindest zeitweise: Zur Hälfte der Zeit kann das bindende Elektronenpaar jeweils voll einem Partner zugerechnet werden.

Die Bindung in Molekülen erfolgt durch gemeinsame Elektronenpaare; man nennt sie Atombindung, kovalente Bindung oder Elektronenpaarbindung. Jedes Atom der Bindung erreicht durch seine Valenzelektronen und die zusätzlichen Elektronen seines Bindungspartners den stabilen Edelgaszustand.

Im Wasserstoffmolekül sieht das folgendermaßen aus:

 bzw. H∶H

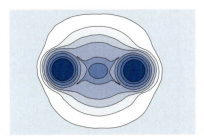

3 Wasserstoffmolekül: Die Elektronendichte ist zwischen den im Molekül gebundenen Atomen deutlich erhöht.

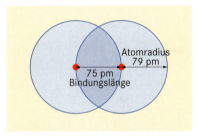

4 Bindungslänge im Wasserstoffmolekül

Aufgaben

1 Erkläre, warum Edelgase keine Moleküle bilden.
2 Erläutere, warum sich zwei Wasserstoffatome zu einem Molekül verbinden, obwohl sie durch die Bindung keine stabile Achterschale erreichen.
3 Stelle eine begründete Hypothese auf, warum zwei Natriumatome kein Molekül bilden können.
4 Welchen Grund kann es dafür geben, dass ein in einem Molekül gebundenes Atom sich aus der Bindung löst und mit einem anderen Atom eine Bindung eingeht? Entwickle eine Hypothese.

Wie viele Elektronenpaarbindungen kann ein Atom bilden? → 7.2, 7.3

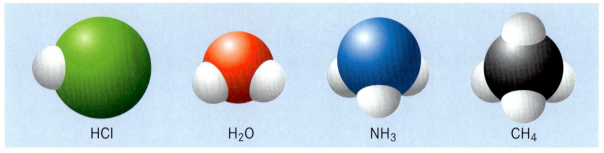

1 So viele Wasserstoffatome binden Chlor, Sauerstoff, Stickstoff und Kohlenstoff.

7.2 Molekülformel und Molekülgitter

Die stöchiometrische Wertigkeit. In Molekülen erlangen Atome über gemeinsame Elektronenpaare formal den stabilen Edelgaszustand. Wie viele Bindungen ein Atom eingeht, um diesen Zustand zu erreichen, können wir aus der Elektronenkonfiguration des jeweiligen Atoms ableiten. Die *stöchiometrische Wertigkeit*, d. h. die Zahl an Elektronen, die einem Atom zum Oktettzustand fehlt, gibt an, wie viele Elektronenpaar-Bindungen dieses Atom eingehen muss (Abb. 1).

Die stöchiometrische Wertigkeit eines Elements ist die Zahl der Wasserstoffatome, die von einem Atom dieses Elements gebunden werden kann.

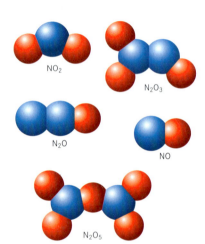

2 Verschiedene Oxide des Stickstoffs

Berechnen der stöchiometrischen Wertigkeit. Die stöchiometrische Wertigkeit errechnet sich so: Anzahl der Elektronen des betreffenden Edelgaszustandes minus Anzahl der Valenzelektronen des jeweiligen Nichtmetalls. Diese Berechnung gilt nur für die 2. Periode uneingeschränkt. Damit ergibt sich für die 2. Periode eine maximale stöchiometrische Wertigkeit von vier. Nichtmetalle aus höheren Perioden können diese allerdings übersteigen.

Für Sauerstoff ergibt sich die stöchiometrische Wertigkeit zwei (acht minus sechs), für Stickstoff drei (acht minus fünf). Deshalb sollte ein Sauerstoffatom im Molekül zwei Bindungen ausbilden, Stickstoff drei. Ein Element kann auch in *unterschiedlichen Wertigkeiten* auftreten. So kann Stickstoff verschiedene Oxide bilden, mit Wertigkeiten von eins bis fünf (Abb. 2), wobei alle Atome den Oktettzustand erreichen.

H – C̄l| H – Ō – H

H – N̄ – H   H – C – H (mit H oben und unten)

3 Valenzstrichformeln von Wasserstoffchlorid, Wasser, Ammoniak und Methan

Die Lewisformel (Valenzstrichformel). Sollen Moleküle mit ihrem Aufbau aus Atomen und Bindungen skizziert werden, so hat sich die Valenzstrichschreibweise bewährt (→ 5.5), die auch *Lewisformel* genannt wird. Dabei werden die *freien Elektronenpaare* nur dem zugehörenden Elementsymbol als Strich (Einzelelektronen als Punkt) zugeordnet, während die *bindenden Elektronenpaare* als Verbindungsstrich zwischen den Elementsymbolen stehen (Abb. 3). So lassen sich die verschiedensten Moleküle in ihrem Aufbau schnell skizzieren und es kann leicht überprüft werden, ob die Oktettregel erfüllt ist (→ M 17).

Die Molekülformel. Mithilfe der stöchiometrischen Wertigkeit können wir die Verknüpfungen von Nichtmetallatomen zu Verbindungen vorhersagen und mit der Lewisformel (Valenzstrichformel) die Bindungsverhältnisse erklären.

Am Beispiel Wasser wollen wir den Molekülaufbau aus Atomen für ein bereits bekanntes Molekül theoretisch ableiten: Wasser besteht aus den Elementen Wasserstoff und Sauerstoff. Ein Wassermolekül muss demnach Wasserstoff- und Sauerstoffatome aufweisen. Damit nun Wasserstoffatome und Sauerstoffatome gemäß ihrer stöchiometrischen Wertigkeit zu einem stabilen Molekül zusammenkommen, müssen zwei einwertige Wasserstoffatome mit einem zweiwertigen Sauerstoffatom binden (Abb. 4).

Dieser Aufbau wird in der Molekülformel in Kurzschreibweise zusammengefasst, bei der durch tiefgestellte Indexe die Anzahl der Atome im Molekül berücksichtigt wird. Für das Wassermolekül ergibt sich die Formel H_2O.

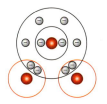

4 Ein Sauerstoffatom bindet zwei Wasserstoffatome. Die nichtbindenden Valenzelektronen brauchen viel Platz; deshalb ist das Wassermolekül gewinkelt.

Verbindungen werden mit chemischen Formeln dargestellt. Dabei kann es sich um Verhältnisformeln (bei Salzen) handeln oder um Molekülformeln (bei molekularen Stoffen).
Die Molekülformel beschreibt exakt das Molekül, d. h., welche Atome sich verbunden haben und wie viele jeweils im Molekül vorkommen.

Info
Da die Formel das Molekül exakt beschreibt und keine Verhältnisse wie in Salzen angibt, können auch teilergleiche Indexe vorkommen: H_2O_2, P_4O_6.

Moleküle bilden Molekülgitter. In Feststoffen sind die kleinsten Teilchen in Gittern fest angeordnet. Ist das kleinste Teilchen eines Stoffes ein kleines Molekül, führt dies zu einem *Molekülgitter*. Im Gegensatz zu einem Salzgitter, in dem sich unterschiedlich geladene Ionen anziehen, sind sogenannte *zwischenmolekulare Kräfte* für den Zusammenhalt im *Molekülgitter* verantwortlich. Diese können unterschiedlich stark ausgeprägt sein. Im festen Iod z. B. sind sie nicht sehr stark, sodass Iodmoleküle sich leicht aus dem Gitter entfernen können: Iod sublimiert (Abb. 5).

Sind alle Atome wie z. B. beim Diamanten durch Elektronenpaarbindungen verbunden, spricht man von einem *Atomgitter* (→ 7.4).

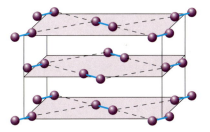

5 Molekülgitter von festem Iod: Die gestrichelten Linien zeigen die zwischenmolekularen Kräfte an.

Aufgaben
1 Erkläre die Unterschiede und Gemeinsamkeiten zwischen der Ionenwertigkeit und der stöchiometrischen Wertigkeit.
2 Verdampft man Lithium, so bilden sich in geringer Menge neben Atomen auch zweiatomige Lithiummoleküle. Erkläre diese Besonderheit.
3 Beschreibe jeweils, auf welche zwei unterschiedlichen Weisen ein Sauerstoff- und ein Chloratom den Oktettzustand erreichen können.

Kann ein Atom auch mehrere Atombindungen zum gleichen Atom ausbilden? → 7.3
Ist eine Atombindung zwischen Metallatomen möglich? → 7.3

Methoden

M 15 Moleküle – Molekülformel und Benennung

Molekülformel für ein Molekül aufstellen

Beim Aufstellen von Molekülformeln kannst du nach dem unten angegebenen Schema vorgehen. Dabei solltest du Folgendes beachten:

- Die stöchiometrische Wertigkeit entspricht im Allgemeinen den fehlenden Valenzelektronen zum Oktett- oder Duplettzustand.

- Stimmen die stöchiometrischen Wertigkeiten überein, haben die Elemente in der Formel keinen Index, z. B. CO.
- Welches Element in der Formel weiter rechts steht, entscheidet folgende Prioritätenliste:
F – O – Cl – Br – I – At – S – Se – Te – H – N – P – As – Sb – C – Si – B (rot: häufige Elemente).
Es heißt also NH_3 und nicht H_3N.

So wird's gemacht	Beispiel 1	Beispiel 2
1 Symbole der Nichtmetalle aufschreiben	C O	N H
2 Stöchiometrische Wertigkeit der Nichtmetalle ermitteln Wertigkeiten der Nichtmetalle: – Wasserstoff tritt immer einwertig auf, Sauerstoff fast immer zweiwertig – Elemente der 4. Hauptgruppe (C, Si): meist vierwertig, C auch zweiwertig – Elemente der 5. Hauptgruppe (N, P): meist dreiwertig, P auch fünfwertig – Elemente der 6. Hauptgruppe (O, S, Se, Te): meist zweiwertig, S auch vier- und sechswertig – Elemente der 7. Hauptgruppe (F, Cl, Br, I, At): meist einwertig, aber auch fünf- und siebenwertig	C (vierwertig) O (zweiwertig)	N (dreiwertig) H (einwertig)
3 Stöchiometrische Wertigkeit mit römischen Ziffern über die Atome der Nichtmetalle schreiben	$\overset{IV}{C}$ $\overset{II}{O}$	$\overset{III}{N}$ $\overset{I}{H}$
4 Errechnen des kleinsten gemeinsamen Vielfachen (kgV) der stöchiometrischen Wertigkeiten	kgV (4; 2) = 4	kgV (3; 1) = 3
5 kgV geteilt durch die stöchiometrischen Wertigkeit ergibt den Index für die Verhältnisformel	C 4 : IV = 1 O 4 : II = 2	N 3 : III = 1 H 3 : I = 3
6 Aufstellen der Verhältnisformel	CO_2	NH_3

Moleküle benennen

Moleküle werden nach folgendem Schema benannt:
Molekülname = Name Nichtmetall 1
+ Name Nichtmetall 2 (mit Endung –id)

- Atomzahlverhältnisse können mit griechischen Zahlwörtern angegeben werden (vgl. Tab. 2, S. 58).
- Reihenfolge für die Festlegung des Nichtmetalls 2: siehe obige Prioritätenliste.
- In der organischen Chemie gibt es wegen den unzähligen Verbindungsmöglichkeiten ein spezielles Benennungssystem. Hier werden die Elementsymbole alphabethisch in der Formel angeordnet, z. B. $C_6H_{12}O_6$.
- Verwendung von Trivialnamen: s. Tab. 1.

Trivialname	Formel
Ammoniak	NH_3
Hydrazin	N_2H_4
Lachgas	N_2O
Methan	CH_4
Ozon	O_3
Phosphin	PH_3
Schwefelwasserstoff	H_2S
Wasser	H_2O
Wasserstoffperoxid	H_2O_2

Tab. 1: Häufig vorkommende Trivialnamen

M 16 Eine Reaktionsgleichung mit Atomen aufstellen

Nichtmetall 1 und Nichtmetall 2 reagieren miteinander, d. h. sie bilden ein oder mehrere gemeinsame(s) Elektronenpaar(e), um den Oktettzustand oder Duplettzustand (H) zu erreichen.

So wird's gemacht	Beispiel 1	Beispiel 2
1 Wortgleichung aufschreiben	Wasserstoff + Stickstoff $\rightarrow$ Triwasserstoffnitrid (Ammoniak)	Glucose + Sauerstoff $\rightarrow$ Wasser + Kohlenstoffdioxid
2 Elementsymbole und Formeln einsetzen	$H + N \rightarrow NH_3$	$C_6H_{12}O_6 + O \rightarrow H_2O + CO_2$
3 Zweiatomige Elemente berücksichtigen $(H_2, O_2, N_2, F_2, Cl_2, Br_2, I_2)$	$H_2 + N_2 \rightarrow NH_3$	$C_6H_{12}O_6 + O_2 \rightarrow H_2O + CO_2$
4 Die Zahl der Atome muss links und rechts vom Reaktionspfeil ausgeglichen sein! Dies erreicht man durch Einsetzen entsprechender Koeffizienten.	$3 H_2 + N_2 \rightarrow 2 NH_3$	$C_6H_{12}O_6 + 6 O_2 \rightarrow 6 H_2O + 6 CO_2$

Wichtige Hinweise:
- Die Index-Ziffer gehört zur Formel und darf nicht verändert werden.
- Eine Reaktionsgleichung kann nur dann richtig aufgestellt werden, wenn alle Formeln der Edukte und der Produkte auch richtig formuliert wurden.

- Diese Methode ist nicht nur auf die Synthese molekularer Stoffe beschränkt, sondern wird allgemein beim Aufstellen von Reaktionsgleichungen verwendet.
- Es wird ein Atom nach dem anderen ausgeglichen, anschließend werden die ausgeglichenen Atome erneut geprüft (s. Beispiele 1 und 2).

1. Beispiel:

$NH_4NO_3 \rightarrow H_2O + N_2 + O_2$	N und O ausgeglichen, H nicht!
$NH_4NO_3 \rightarrow 2 H_2O + N_2 + O_2$	H ausgleichen; Test: N ausgeglichen, O nicht!
$2 NH_4NO_3 \rightarrow 4 H_2O + N_2 + O_2$	O ausgleichen; Test: H ausgeglichen, N nicht!
$2 NH_4NO_3 \rightarrow 4 H_2O + 2 N_2 + O_2$	N ausgleichen; Test: O, H ausgeglichen

2. Beispiel:

$SnCl_2 + HCl + O_2 \rightarrow SnCl_4 + H_2O$	Sn ausgeglichen, Cl, H, O nicht!
$SnCl_2 + 2 HCl + O_2 \rightarrow SnCl_4 + H_2O$	Cl ausgleichen; Test: H, Cl, Sn ausgeglichen, O nicht!
$SnCl_2 + 2 HCl + O_2 \rightarrow SnCl_4 + 2 H_2O$	O ausgleichen; Test: Sn, Cl ausgeglichen, H nicht!
$SnCl_2 + 4 HCl + O_2 \rightarrow SnCl_4 + 2 H_2O$	H ausgleichen; Test: Sn, O ausgeglichen, Cl nicht!
$2 SnCl_2 + 4 HCl + O_2 \rightarrow 2 SnCl_4 + 2 H_2O$	Cl ausgleichen; Test: Sn, O, H ausgeglichen

7.3 Bindungsarten

Die Atome von Wasserstoff und Chlor, aber auch von Sauerstoff und Stickstoff erreichen jeweils in ihren zweiatomigen Molekülen den Edelgaszustand. Bei den Atomen des Sauerstoffs, des Schwefels oder des Stickstoffs ist dies formal schwieriger zu lösen, da sie weniger als sieben Valenzelektronen besitzen. Somit reicht eine Bindung zum Partner nicht aus, um jedem Atom eine Edelgaskonfiguration zu verschaffen. Für derartige Atome gibt es folgende Möglichkeiten:

Mehrere Bindungspartner. Das Atom *teilt sich Elektronenpaare* mit mehreren Atomen, um den Edelgaszustand zu erreichen. Beim Schwefel z. B. ist jedes Schwefelatom mit zwei anderen durch je ein gemeinsames Elektronenpaar zu einem S_8-Molekülring verbunden (Abb. 1 oben). Im Wassermolekül hat Sauerstoff zwei Elektronenpaarbindungen zu zwei Wasserstoffatomen.

Der Edelgaszustand kann durch Bindung mehrerer Partner erreicht werden.

Mehrfachbindungen. Das Atom ist mit einem anderen Atom *durch mehrere Elektronenpaare verbunden*, um den Edelgaszustand zu erreichen. Im Sauerstoffmolekül O_2 beispielsweise sind die beiden Sauerstoffatome durch zwei gemeinsame Elektronenpaare verbunden. Man nennt dies eine *Doppelbindung*. Im Stickstoffmolekül N_2 sind zwei Atome durch drei gemeinsame Elektronenpaare verbunden. Diese Art von Bindung heißt *Dreifachbindung* (Abb. 1).

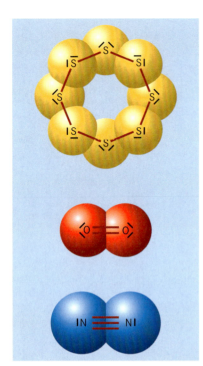

1 Bindungsverhältnisse im S_8-Molekül (oben), im Sauerstoffmolekül (Mitte) und im Stickstoffmolekül (unten).

Der Edelgaszustand wird durch Mehrfachbindungen erreicht. Die Doppelbindung erfolgt durch zwei gemeinsame, die Dreifachbindung durch drei gemeinsame Elektronenpaare.

Doppelbindungen findet man häufig in Molekülen, auch drei gemeinsame Elektronenpaare tauchen auf. Vierfachbindungen sind dagegen nur von Metallen der Nebengruppen unter ganz speziellen Bedingungen bekannt. Dies ist aber eine Ausnahme, da die Atombindung ein Charakteristikum der Nichtmetalle ist und Metalle mit weniger als vier Valenzelektronen durch gemeinsame Elektronenpaare kein Oktett erreichen können. Atome mit vier Valenzelektronen bilden mehrere Bindungen zu mehreren Bindungspartnern aus (→ 7.4).

Was sich bei Mehrfachbindung verändert. Bei allen Mehrfachbindungen ist wegen der vermehrten Zahl bindender Elektronenpaare die Elektronendichte zwischen den Atomrümpfen besonders hoch. Dies bewirkt eine verstärkte elektrostatische Anziehung, weshalb die Abstände zwischen den Atomzentren – die *Bindungslängen* – verkürzt sind und die zur Trennung der Bindung nötige Energie erhöht ist.

Eine Atombindung ist umso stärker, je kleiner der Abstand zwischen den Atomen und je größer der Betrag der Bindungsenergie ist.

Aufgaben

1 Erläutere, warum ein Wasserstoffatom keine Mehrfachbindungen auszubilden vermag.

2 a) Kohlenstoffatome können wie Schwefelatome auch Moleküle ausbilden, indem sie untereinander Bindungen eingehen. Entwirf ein mögliches Molekül in der Lewisform.
  b) Kohlenstoff- und Wasserstoffatome können unendlich viele Kohlenwasserstoffmoleküle bilden. Skizziere mindestens 5 verschiedene.

Wie können Metallatome sich ohne gemeinsame Elektronenpaare untereinander verbinden? → 8.2

Methoden **113**

M 17 Valenzstrichformeln ermitteln

Schrittweises Aufstellen einer Valenzstrichformel (VE = Valenzelektronen):		
So wird's gemacht	ungeladenes Molekül: NH_3	Molekülion: CO_3^{2-}
1 Summe der vorhandenen VE aller Atome des Moleküls ermitteln. Bei Ionen wird die der Ladungszahl entsprechende Anzahl von Elektronen addiert (Anionen) bzw. subtrahiert (Kationen).	N: 5 VE = 5 VE 3 H: 3 · 1 VE = 3 VE 8 VE	C: 4 VE = 4 VE 3 O: 3 · 6 VE = 18 VE 2-: 2 VE = 2 VE 24 VE
2 Summe der benötigten VE ermitteln: Für jedes Atom jeweils 8 Elektronen für Oktett, 2 Elektronen für Duplett oder n Elektronen für einen anderen stabilen Zustand addieren.	N: 8 VE = 8 VE 3 H: 3 · 2 VE = 6 VE 14 VE	C: 8 VE = 8 VE 3 O: 3 · 8 VE = 24 VE 32 VE
3 Bindende Elektronen (BE) ermitteln: – BE = benötigte VE – vorhandene VE – Bindungsanzahl = BE : 2	14 – 8 = 6 3 Bindungen	32 – 24 = 8 4 Bindungen
4 Nicht bindende Elektronen (NBE) ermitteln: NBE = vorhandene VE – BE	8 – 6 = 2 1 Elektronenpaar	24 – 8 = 16 8 Elektronenpaare
5 Einzelatom oder Atom mit größter Wertigkeit zentral anordnen.	N	C
6 „Restatome" um zentrales Atom symmetrisch anordnen und durch ein Elektronenpaar verbinden. Wasserstoffatome sind stets einbindig und daher endständig.	H – N – H | H	O – C – O | O
7 Von den BE übrig gebliebene Elektronen für Doppel- bzw. Dreifachbindungen verwenden.	–	O = C – O | O
8 NBE so verteilen, dass jedes Atom Oktett bzw. H ein Duplett erreicht.	H–N–H / H	$\overline{O}$=C–$\overline{O}$I / I$\underline{O}$I
9 Formale Ladung der Atome im Molekül ermitteln: – formale Ladung = VE des Atoms – Zahl der Atombindungen – Zahl der NBE – Ionenladungszahl ergibt sich aus der Summe der formalen Ladungen am Molekül.	–	$4 - 4 - 0 = 0$ $6 - 2 - 4 = 0$ formale Ladung $6 - 1 - 6 = -1$ formale Ladung bzw. $\left[\overline{O} = C - \overline{O}I \right]^{2-}$ | I$\underline{O}$I Ionenladung

1 Geschliffener Diamant: Cullinan I

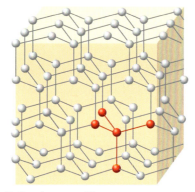

2 Struktur von Diamant

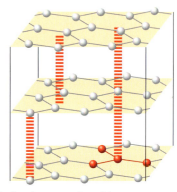

3 Struktur von Graphit

7.4 Kohlenstoff – ein Element mit mehreren „Gesichtern"

Verschiedene Zustandsformen. Manche Elemente können verschiedene Gitter bilden, die sich auch in den Eigenschaften unterscheiden. Die unterschiedlichen Zustände nennt man *Modifikationen* des Elements.

Modifikationen sind verschiedene Zustandsformen eines Elements. Für die ungleichen Eigenschaften ist das unterschiedliche Verknüpfungsmuster durch Atombindungen verantwortlich.

Drei Kohlenstoffmodifikationen. *Diamant* und *Graphit* sind den Menschen schon lange bekannt, aber niemand ahnte eine „Verwandtschaft" dieser so unterschiedlichen Stoffe. Erst seit Antoine Lavoisier 1780 beide Stoffe jeweils zu Kohlenstoffdioxid verbrannte, weiß man: Diamant und Graphit sind Modifikationen des Kohlenstoffs. Sensationell war im Jahr 1985 die Entdeckung einer dritten Modifikation: die *Fullerene*.

Info
Der größte Rohdiamant, der je gefunden wurde, heißt „Cullinan". Er wurde 1905 in einer südafrikanischen Mine entdeckt und war größer als eine Faust. Cullinan wurde in 105 Teile gespalten; die neun größten Teile wurden zu Schmuckstücken geschliffen und sind im Besitz der englischen Königin. Der schwerste – Cullinan I – besitzt Birnenform und ist in das englische Königszepter eingefasst. Er wurde bekannt als „Stern von Afrika".

Diamant. Im Diamanten ist jedes Kohlenstoffatom mit *vier* anderen durch ein gemeinsames Elektronenpaar verbunden. So entsteht ein regelmäßiges, nach allen Raumrichtungen gleich stabiles *Atomgitter* (Abb. 2). Der Diamant gilt als der kostbarste aller Edelsteine (Abb. 1). Das Ritzen von Glas unterscheidet ihn von billigeren Nachbildungen, denn er ist der härteste natürliche Stoff. Der Diamant ist glasklar, leitet den elektrischen Strom nicht und zeichnet sich durch hohe Lichtbrechung aus.

Diamanten entstanden in der Natur bei hohem Druck und hohen Temperaturen in den tieferen Schichten der Erdrinde. Bei Vulkanausbrüchen gelangten sie mit dem Magma nach oben. Künstliche Diamanten ließen sich früher nur aus Graphit gewinnen, wenn man ähnliche Bedingungen wie in der Natur (5 GPa und 2000 °C) erzeugte. Säge- und Schleifblätter bzw. Bohrer für den Tunnelbau werden mit solchen Industrie-Diamanten beschichtet (Abb. 4). Für Juweliere sind diese allerdings zu klein. Der *Brillant* ist die bekannteste Form des Schmuckdiamanten. Das funkelnde Farbenspiel wird erst durch den Schliff erreicht, der das Licht vollständig reflektieren lässt.

4 Erdölbohrer mit Industrie-Diamanten

Graphit. Graphit besteht aus Kohlenstoffatomen, die nur mit *drei* anderen verbunden sind (Abb. 3). Das jeweils vierte Valenzelektron ist keiner Bindung „zugeordnet", sondern delokalisiert. Die Atome bilden kein Gitter, sondern flache, übereinander liegende *Schichten*. Die delokalisierten Elektronen einer Schicht halten sich in einer gemeinsamen „Elektronenwolke" auf und verstärken die Elektronenpaarbindungen; daher sind die Atomabstände kürzer als im Diamant.

Graphit wird als *Elektrodenmaterial* eingesetzt, da die delokalisierten Elektronen leicht verschiebbar sind und Graphit somit elektrisch leitend ist. Die Absorption von Lichtenergie durch Anregung dieser Elektronen bedingt die schwarze Farbe und den metallischen Glanz (Abb. 5). Die übereinander liegenden Schichten können gegeneinander verschoben werden, da zwischen ihnen nur schwache Anziehungskräfte herrschen. Daher eignet sich Graphit auch als Schmiermittel. Am bekanntesten ist Graphit (graphein, gr.: schreiben) aber als Bestandteil der Bleistiftminen.

5 Gegenstände aus Graphit

Fullerene. Bei diesen Molekülen sind die Kohlenstoffatome jeweils über eine Doppel- und zwei Einfachbindungen zu kugelförmig geschlossenen „Käfigen" aus 60 oder mehr Atomen verbunden (Abb. 6).

Als man 1985 bei Experimenten Graphit mit Laserstrahlen verdampfte, wurde unter den Produkten ein Molekül aufgespürt, in dem genau 60 Kohlenstoffatome zu einem hohlen „Fußball" verbunden sind. Man bezeichnete diese neue Modifikation, welche sich im Ruß jeder Flamme befindet, als Fulleren (Abb. 7). Heute kennt man einen ganzen „Fulleren-Zoo", der von „Bucky-Babys" (ab C_{32}) bis zu „Bucky-Riesen" (bis C_{960}) reicht. 1990 gelang es erstmals, eine sichtbare Menge von wenigen Milligramm des tiefroten C_{60}-Kohlenstoffs herzustellen.

Praktische oder technische Anwendungen für Fullerene sind:
- Einlagerung von Metallen, die als Katalysatoren (→ 9.3) wirken,
- Einschleusung von Arzneimitteln in den Körper,
- Energie und Kosten sparende Diamantenherstellung,
- zusammen mit Alkalimetallen Herstellung von Supraleitern,
- Synthese von Arzneimittel, die z. B. HIV-Vermehrung hemmen.

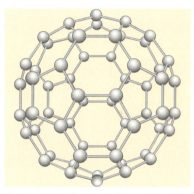

6 Die dritte Kohlenstoffmodifikation

Info
Ein Material wird supraleitend, wenn sein elektrischer Widerstand auf null absinkt, d. h., Stromtransport praktisch ohne Energieverlust stattfindet. Dies geschieht in der Regel erst bei sehr niedrigen Temperaturen nahe dem absoluten Nullpunkt.

Kohlenstoff im Alltag. Als unerwünschtes Nebenprodukt fällt bei unvollständigen Verbrennungsvorgängen gesundheitsschädigender *Ruß* an. Großtechnisch hergestellten Industrieruß nutzt man als *Schwarzpigment* und als *Füllstoff* sowie *Verstärkungsmittel* in Gummiartikeln wie Autoreifen.

Durch Erhitzen von Holz unter Luftabschluss wird Holzkohle gewonnen. Holzkohle hat eine Struktur mit vielen Hohlräumen und dadurch eine große innere Oberfläche. Sie hat deshalb ein großes Adsorptionsvermögen und findet in Filtern als *Aktivkohle* Verwendung.

7 Eine der Kuppelkonstruktionen des amerikanischen Architekten R. B. Fuller, dem Namenspaten der Fullerene.

Aufgaben
1 Erkläre, wie die Eigenschaften der unterschiedlichen Modifikationen der Elemente vom Molekülbau abhängig sind.
2 Vergleiche in einer Tabelle die drei Kohlenstoffmodifikationen.

7.5 Vielfalt molekularer Stoffe

Molekulare Stoffe sind in unserem Alltag in großer Zahl vertreten. Den größten Anteil stellen dabei organische Verbindungen, aber auch molekular gebaute Sauerstoffverbindungen (Oxide) sind sehr zahlreich.

Molekular gebaute Oxide (Nichtmetalloxide). Ohne *Wasser* wäre ein Leben auf der Erde nicht möglich, da es für viele chemische Reaktionen im Körper oder auch für die Fotosynthese benötigt wird (Tab. 1). Der Mensch hat einen täglichen Wasserbedarf von ca. 3 Litern. Wasser ist auch Ausgangsstoff für Synthesen, Lösungs- und Transportmittel sowie Kühl- und Löschwasser. Im Reinstoff Wasser (destilliertes Wasser) sind keine Salze gelöst.

Das flüssige *Wasserstoffperoxid* (Diwasserstoffdioxid H_2O_2) ist ein Bleichmittel und wird u. a. zum Blondieren von Haaren eingesetzt. Es wirkt auch desinfizierend.

Luftschadstoffe und Säuren:
Schwefel lässt sich an Luft mit einer Brennerflamme entzünden (Abb. 1). Er reagiert zu *Schwefeldioxid* (SO_2), einem giftigen Gas. Da Kohle und Erdöl Schwefel enthalten, wird bei deren Verbrennung im Automotor oder in der Ölheizung ebenso SO_2 frei (Abb. 2). Stickstoff der Luft reagiert bei den hohen Temperaturen in den Brennkammern der Autos und Heizungen zu den giftigen Gasen *Stickstoffmonooxid* (NO) und *-dioxid* (NO_2). Die Oxide des Schwefels und des Stickstoffs sind für den Sauren Regen verantwortlich, da sie mit Wasser Schwefel- und Salpetersäure bilden.

Schwefelsäure (H_2SO_4) ist die wichtigste Säure in der chemischen Industrie und spielt eine Schlüsselrolle in der Herstellung anderer Produkte (z. B. Sulfat-Düngemittel). Die Schwefelsäureproduktion ist oft ein Maß für die Leistungsfähigkeit der chemischen Industrie eines Landes. *Salpetersäure* (HNO_3) ist Ausgangsprodukt für Nitrat-Düngemittel und pyrotechnische Produkte, z. B. den Sprengstoff TNT.

Auch das *Oxid des Phosphors* (P_4O_{10}) reagiert mit Wasser zur *Phosphorsäure* (H_3PO_4). Als Bestandteil von Colagetränken „überdeckt" diese den süßen Geschmack des Zuckers. Die Salze dieser Säure werden als Phosphat-Dünger in der Landwirtschaft eingesetzt.

Oxide des Kohlenstoffs:
Kohlenstoffdioxid (CO_2) ist schwerer als Luft und sammelt sich in Höhlen oder in Silos in Bodennähe an. Daher ist dort die Erstickungsgefahr sehr groß. Es entsteht auch bei Gärprozessen von Mikroorganismen, z. B. bei der Hefegärung. Das nicht brennbare Gas wird in Feuerlöschern verwendet, da es die Flammen erstickt. Festes CO_2 („Trockeneis") kommt als Kühlmittel oder als Nebellieferant auf Showbühnen zum Einsatz. Das Gas löst sich gut in Wasser und reagiert mit diesem zur Kohlensäure (H_2CO_3).

Kohlenstoffmonooxid (CO) ist ein giftiges, farb- und geruchloses Gas, das bereits bei einem Anteil von 0,2 % in der Atemluft tödlich ist, da es die

Organismus	Wassergehalt
Qualle	98 %
Regenwurm	87 %
Forelle	61 %
Mensch	60 %

Tab. 1: Wassergehalt verschiedener Lebewesen

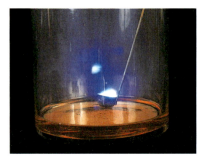

1 Verbrennen von Schwefel

Info
Das Stickstoffoxid Lachgas N_2O wirkt schmerzstillend und schwach narkotisch. Einatmen des Gases führt zu Euphorie, häufig begleitet von Lachen – daher stammt auch der Name. Früher wurde es für leichte Narkosen beim Zahnarzt verwendet. Um die Wirkung zu steigern, muss es mit reinem Sauerstoff gegeben werden. Zusammen mit anderen Narkosemitteln wird es in der modernen Anästhesie immer noch verwendet; sein Einsatz ist allerdings rückläufig.

2 Luftverschmutzung durch Abgase

„Andockstellen" des Sauerstoffes am Hämoglobin in den roten Blutkörperchen blockiert, den Sauerstofftransport im Blut stoppt und somit zu Erstickung führt. Es ist schwerer als Luft und entsteht, wenn bei Verbrennungen von Kohlenstoffverbindungen nicht genügend Sauerstoff zur Verfügung steht oder die Verbrennung bei hohen Temperaturen stattfindet. CO findet sich in Autoabgasen und im Zigarettenrauch. Bei Rauchern sind dadurch ca. 10% der roten Blutkörperchen für den Sauerstofftransport blockiert.

Verbindungen mit Wasserstoff. Eine wichtige Verbindung in der chemischen Industrie ist *Ammoniak* (NH_3), Ausgangsverbindung für Säuren, Sprengstoffe (z. B. Nitroglycerin), Düngemittel oder Farbstoffe.
Schwefelwasserstoff (H_2S) ist ein giftiges vulkanisches Gas (Abb. 3), das nach faulen Eiern stinkt. Es entsteht bei der Zersetzung schwefelhaltiger Verbindungen (z. B. Eiweiße), auch bei Verdauungsvorgängen im Darm. Stehende Gewässer, Kläranlagen und Sümpfe, aber auch Heilquellen (z. B. in Bad Tölz) enthalten Schwefelwasserstoff in gelöster Form.
Verbinden sich Halogene mit Wasserstoff, entstehen Gase, die in Wasser zu Säuren reagieren. *Salzsäure* (HCl(aq)) ist eine starke Säure; *Flusssäure* (HF(aq)) ist weniger stark, ätzt aber Glas und muss deshalb in Kunststoffflaschen aufbewahrt werden.

3 Bei jedem Vulkanausbruch entweichen gewaltige Mengen an giftigen Gasen und Staub in die Atmosphäre.

Organische Moleküle. Kohlenstoffatome besitzen die Fähigkeit, sich praktisch unbegrenzt miteinander verbinden zu können. Dabei kann reiner Kohlenstoff entstehen (Diamant oder Graphit, → 7.4) oder eine unendlich Vielfalt an *Kohlenstoffverbindungen* (Abb. 4). Kohlenstoffatome sind untereinander zu *Ketten* oder *Ringen* verknüpft, an die andere Atome gebunden sind, meist Wasserstoff-, oft auch Sauerstoffatome.
Der einfachste *Kohlenwasserstoff* ist Methan (CH_4), das im Erdöl und Erdgas vorkommt. *Ethanol* (C_2H_6O) enthält zusätzlich ein Sauerstoffatom; es ist der uns bekannte Alkohol in Spirituosen oder der vergällte Spiritus für den Brenner. Verbinden sich Kohlenwasserstoffe mit Halogenen, so entstehen die für die Ozonschicht gefährlichen Fluorchlorkohlenwasserstoffe (FCKW).

Info
Pro Wiederkäuer werden am Tag 25 Liter Methangas durch Einzeller und Bakterien im Darm bei der Verdauung freigesetzt. Methangas ist umweltrelevant, da es den Treibhauseffekt mit verursacht.

Aufgabe
1 Ordne den Verbindungen in Abb. 4 folgende Formeln zu: CH_4, C_6H_{12}, C_6H_{14}, C_8H_{16}, $C_{14}H_{30}$, C_2H_6O, $C_6H_{15}N$, $CHCl_3$.

4 Die Vielfalt der Kohlenstoffverbindungen

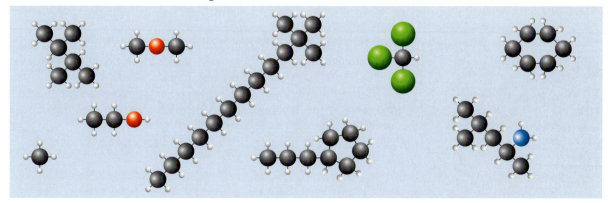

Molekular gebaute Stoffe – Elektronenpaarbindung

5 Hermann Staudinger (1881–1965)

Riesenmoleküle (Makromoleküle). Beim Diamanten, rotem Phosphor und plastischem Schwefel sind die Moleküle riesengroß. Genau genommen ist jeder Diamant ein einziges Molekül, da die „enthaltenen" Kohlenstoffatome alle untereinander mit Atombindungen verknüpft sind. Für diese großen Moleküle führte der Freiburger Chemiker Hermann Staudinger (Abb. 5) den Begriff *Makromolekül* („Riesenmolekül") ein, wobei jedoch keine scharfe Grenze zu den „Kleinmolekülen" besteht.

In Makromolekülen sind mindestens einige hundert Atome durch Elektronenpaarbindungen verknüpft. Diese Polymere entstehen meist durch Aneinanderreihung vieler gleich- oder verschiedenartiger Kleinmoleküle (Monomere).

Ohne polymere Natur- und Kunststoffe gäbe es weder Leben noch wichtige Gebrauchsgegenstände.

6 Elektronenmikroskopische Aufnahme von Cellulosefibrillen in der pflanzlichen Zellwand

Natürliche Polymere. Die Träger der Erbinformation – die *Nukleinsäuren* – sind langkettige (RNA) oder in einer Helix doppelt gewundene (DNA) Makromoleküle.
Eiweiße oder *Proteine* können über 10 Millionen Atome beinhalten. Im Organismus werden sie hauptsächlich als Bau- und Gerüststoffe verwendet und finden sich z. B. in Haaren, Federn oder im Muskeleiweiß. Sie dienen auch als Biokatalysatoren (Enzyme) zum „Steuern" von Stoffwechselvorgängen (→ 9.4).
Auch die *Polysaccharide* (Vielfachzucker) *Stärke* und *Cellulose* sind Makromoleküle. Der bei der Fotosynthese erzeugte Zucker wird als Stärke gespeichert. Cellulose wird als Gerüststoff für die Zellwände der Pflanzen verwendet (Abb. 6).

Künstliche Polymere. Kurzkettige Kohlenwasserstoffe lassen sich durch Polymerisation zu Riesenmolekülen verbinden. Polyethen, PVC, Polyester, Styropor, Teflon und Plexiglas sowie die Kunstfasern Nylon und Trevira sind Beispiele für solche makromolekularen *Kunststoffe*. Polyurethane werden als „Bauschaum" zum Abdichten beim Hausbau verwendet. Bei der Verbrennung von PVC entstehen allerdings hochgiftige chlorhaltige organische Verbindungen, z. B. Dioxine.
Silicone – Makromoleküle aus Silicium – sind wärmebeständig sowie nicht reaktionsfreudig und können somit für Prothesen, Herzklappen oder künstliche Gelenke verwendet werden.
Einige Kunststoffe sind hitze- und druckbeständig, z. B. Epoxidharze in Zweikomponentenklebern. Das liegt daran, dass die Riesenmoleküle untereinander nochmals mit Atombindungen verknüpft sind und somit ein „Super"-Makromolekül bilden. Sind die Makromoleküle nur wenig untereinander vernetzt, so ist der Kunststoff elastisch und dehnbar wie Gummi.

Aufgaben

2 Finde heraus, aus welchem Material LEGO®-Steine bestehen.

3 Stelle eine Liste von Kunststoffabkürzungen zusammen, indem du Verpackungsmaterial untersuchst.

4 Finde heraus, welches Polysaccharid Pilze und Insekten gemeinsam haben.

Methoden

★ M 18 Moleküldarstellung am Computer

Mithilfe von *Struktureditoren* können auf einfache Art und Weise chemische Verbindungen für die Verwendung in einer Textverarbeitungs-Software gezeichnet werden. *Molekülbetrachtungsprogramme,* die eigenständige Programme, in Struktureditoren integriert oder Plugins für Internetbrowser sind, stellen diese dann in einer 3D-Struktur dar. Alle Programme sind Freeware und können z. T. nach Registrierung im Internet heruntergeladen werden.

Mithilfe der Editoren können auch *Reaktionsgleichungen* und Zeichnungen von *Apparaturen* erstellt werden. Die Bilder können dann in verschiedenen Grafikformaten gespeichert und anschießend in ein Textverarbeitungsprogramm eingebunden werden.

Die Abbildung unten zeigt die typische Oberfläche eines Struktureditors mit Molekülbetrachtungsprogramm. An diesem Beispiel sollen grundlegende Einstellungsmöglichkeiten stellvertretend für alle anderen Editoren vorgestellt werden.

– Voreinstellungen:
Unter „Tools" „Structure properties" anklicken, Menüpunkte wie in der Abbildung ändern und speichern („Save"). Hier wird die Darstellungsform der Strukturformeln definiert.

– Zeichnen:
Formeln werden im Structure-Modus gezeichnet, der Draw-Modus funktioniert wie ein Vektor-Zeichenprogramm. Die Buttons C, H, N, O, ... ergeben jeweils mit der linken Maustaste angeklickt auf der Zeichenfläche schon fertige Moleküle (CH_4, H_2, NH_3, H_2O, ...). Um diese zu verändern, muss ein zu verbindendes Element aus dem PSE oder von der linken Seite angeklickt, auf der Zeichenebene mit einem weiteren Klick positioniert und mit gedrückter linken Maustaste eine Verbindungslinie zum Bindungspartner gezogen werden: z. B. NH_3 durch Anklicken des H-Buttons zu NH_2-H verändern, usw.
Mehrfachbindungen erstellt man durch Klicken mit der linken Maustaste auf die Einfachbindung.

– 3D-Ansicht:
Nach dem Zeichnen der Strukturformel Struktur „bereinigen" (Button), Molekül markieren, 3D-Struktur vorbereiten (Button) und zur 3D-Ansicht wechseln (Button).
In dieser Ansicht kann durch Drücken der rechten Maustaste die Darstellungsform verändert und durch Mausbewegung das Molekül gedreht werden.

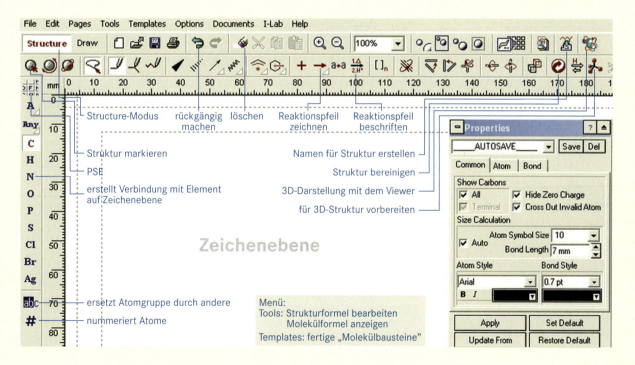

120 Auf einen Blick

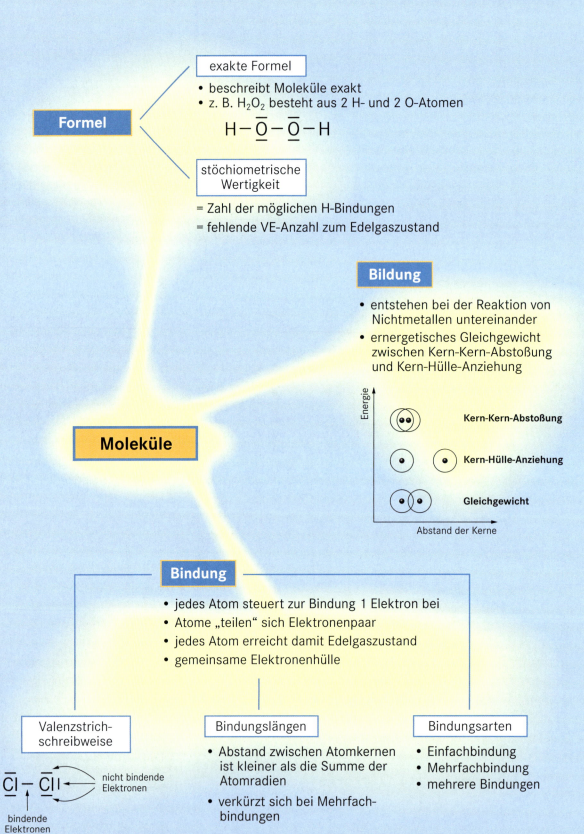

Auf einen Blick 121

Nichtmetalloxide

- Wasser H_2O wichtigstes Lösungsmittel
- Oxide von N, C, S sind Luftschadstoffe
- Nichtmetalloxide bilden mit Wasser Säuren

Makromoleküle (Polymere)

- bestehen aus einigen 100 Atomen
- entstehen aus kleinen Bausteinen (Monomeren) durch Polymerisation

natürliche
z. B. Proteine, Polysacchride

künstliche
z. B. Kunststoffe, Silicone

Wasserstoffverbindungen

- aus Nichtmetall und Wasserstoff
- flüchtige Verbindungen
- z. B. Ammoniak NH_3, Wasserstoffchlorid HCl

molekulare Stoffe

organische Moleküle

- unendliche Anzahl
- Kohlenstoffverbindungen, meist mit H und O
- bilden Ketten oder Ringe

Gittertyp

Atomgitter

- bestehen aus einem einzigen Makromolekül
- einzelne Atome werden durch Elektronenpaarbindung an Gitterplätzen gehalten
- z. B. Kohlenstoff

Molekülgitter

- kleine Moleküle ordnen sich im Gitter an
- zwischenmolekulare Kräfte halten sie an Gitterplätzen
- z. B. Iod

Modifikationen
verschiedene Verknüpfungsmuster bei einem Element

Kohlenstoff

Diamant
4 C-Atombindungen
⇒ dreidimensionales Atomgitter

Graphit
3 C-Atombindungen
⇒ zweidimensionales Atomgitter mit delokalisierten Elektronen

Fullerene
3 Einfach-, 1 Doppelbindung
⇒ „Ball"

Knobelecke

1 Vergleiche in einer Tabelle ein isoliertes Chloratom, ein gebundenes Chloratom und ein Chloridion.

2 Erläutere unter Verwendung geeigneter Beispiele und Skizzen, warum manche Elemente molekular vorliegen.

3 Ordne folgende Begriffe den Überbegriffen Atombindung oder Ionenbindung zu (Mehrfachnennungen möglich):
feste Anzahl von Bindungspartnern – Elektronenübergang – Ionen - Oktettzustand – Gitter – Metall - Nichtmetall – gemeinsame Elektronen – Valenzschale.

4 Zeichne das Ammoniakmolekül (NH_3) in der Valenzstrichschreibweise und erläutere, warum dieses Molekül stabil ist.

5 Beurteile durch Erstellen einer entsprechenden Valenzstrichformel die Stabilität/Existenz folgender Teilchen:
H_2O – H_2S – HCl – $BrCl$ – H_3F – Li_2.

6 Benenne folgende Teilchen:
SF_6 – PCl_5 – HF – SO_3 – OF_2 – NH_3 – P_4O_6.

7 Vergleiche die Stoffe NaCl und Cl_2 hinsichtlich ihres Aufbaus und der daraus folgenden Eigenschaften.

8 Erläutere am Atombau des Stickstoffatoms, warum dieses Teilchen atomar nicht stabil ist und gib Wege an, auf welche Weise dieses Teilchen stabilisiert werden kann.

9 Vergleiche Metalle und Nichtmetalle in ihren Reaktionsverhalten. Erläutere, welche Bindungen zwischen Nichtmetallatomen sowie zwischen Nichtmetall- und Metallatomen bestehen.

10 Formuliere jeweils formal die Gleichung zur Bildung von:
HI – Cl_2O – H_2S – N_2O – N_2O_3 – PCl_5.

11 Zeichne die Valenzstrichformel:
N_2 – HF – N_2H_4 – F_2 – CH_4 – C_2^{2-} – HCN – Ethan C_2H_6 – Ethen C_2H_4 – Ethin C_2H_2 – H – S^{2-} – Cl^- – CN^- – NO_3^- – H_3O^+ – PO_4^{3-}.

12 Zeichne mehrere mögliche Valenzstrichformeln von O_3, NO_2, SO_3 und C_2H_6O.

13 Begründe, in welchen Fällen eine Molekülformel vorliegt:
$CaCO_3$ – HI – Br_2 – CH_3COOH – Fe_2O_3 – KI – $C_6H_{12}O_6$ – SO_3 – $(NH_4)_2SO_4$ – H_2S – PO_4^{3-}.

14 Beschreibe die Unterschiede und Gemeinsamkeiten zwischen Ionenwertigkeit und stöchiometrischer Wertigkeit.

15 Stelle die Reaktionsgleichungen zur Aufgabe 7 von S. 42 auf.
Tipp: Es entsteht eine Eisen(II)-Verbindung.

16 Was ist an der Karikatur falsch? Warum kann das nicht passieren? Finde eine Erklärung.

17 a) Stelle jeweils formal die Reaktionsgleichungen zur Bildung aller Stickstoffoxide (s. S. 108, Abb. 2) auf.
b) Benenne die Oxide.
c) Schreibe die Oxide in der Lewis-Formel.

18 Diskutiere mit einem Mitschüler, welche Darstellungen der Verbindungen auf Teilchenebene auf der Seite 54 nicht ganz exakt sind und begründe dies. Bewerte die Darstellung hinsichtlich der Anschaulichkeit.

19 Im Jahr 1986 starben in Kamerun am Ufer eines Sees viele Menschen und Tiere, weil der See plötzlich große Mengen an CO_2 freisetzte. Erkläre den Zusammenhang.

8 Metalle – Metallbindung

Metallatome geben Elektronen ab, um den *Edelgaszustand* zu erreichen. Da hier weder ein *Elektronenaustausch* wie bei den *Salzen* stattfinden kann, noch durch *Elektronenpaarbindungen* der *Edelgaszustand* zu erreichen ist, muss es andere Möglichkeiten geben, einen *stabilen Zustand* zu erreichen.

Metalle – Metallbindung

8.1 Gewinnung eines Metalls aus einem Salz

Die meisten Metalle kommen in der Natur nicht elementar, sondern als Erze, d. h. salzartige Verbindungen, vor. Ein Verfahren, aus einem Erz das Metall zu gewinnen, ist die *Elektrolyse*, bei der die Verbindung durch elektrischen Strom zersetzt wird. Da Erze Ionenverbindungen (Salze) sind, die durch einen Elektronenübergang vom Metall auf das Nichtmetall gebildet wurden, wird durch die Elektrolyse dieser Elektronenübergang „künstlich" rückgängig gemacht, die Ionen werden entladen und wieder zu Atomen. Am Minuspol (Kathode) nehmen die positiv geladenen Kationen Elektronen auf, am Pluspol (Anode) geben die negativ geladenen Anionen Elektronen ab.

Zuvor muss allerdings das Erz gereinigt vorliegen. Am Beispiel der Aluminiumgewinnung soll dies erläutert werden.

1 Der Rohstoff Bauxit

Rohstoff für die Aluminiumgewinnung: Bauxit. Wichtigster Rohstoff für die Gewinnung von Aluminium ist Bauxit (Abb. 1). Derzeit sind Nordaustralien mit 40 % der Weltförderung, Westafrika und Mittelamerika die wichtigsten Exportländer dafür. Die bislang entdeckten Vorkommen werden auf 50 Milliarden Tonnen geschätzt; jährlich gewinnt man davon etwa 130 Millionen Tonnen im Tagebau (Abb. 2). Bauxit ist kein Reinstoff: Aluminiumoxid ist mit 40–60 % Hauptbestandteil, doch er enthält auch noch SiO_2, Fe_2O_3 und TiO_2. Zur Gewinnung des reinen Aluminiumoxids müssen diese Begleitstoffe abgetrennt werden.

2 Abbau von Bauxit im Tagebau

Info
Deutschland verbraucht mit ca. 6 % der Weltförderung an Bauxit soviel wie Asien, Afrika und Lateinamerika zusammen!

Gewinnung von Aluminiumoxid. Sie verschlingt wegen des hohen Energieverbrauchs die Hälfte der Produktionskosten für Aluminium. Bei der Gewinnung nach dem *Bayer-Verfahren* (Abb. 3) wird der Bauxit fein gemahlen und bei 250 °C mit Natronlauge in einem Rührdruckkessel versetzt. Dabei bildet sich Aluminiumhydroxid $Al(OH)_3$, welches mit Lauge wasserlösliches Natriumaluminat bildet. Auch das Siliciumdioxid geht zunächst in Lösung, reagiert aber dann zum unlöslichen Natriumaluminiumsilicat ($Na_2[Al_2Si_4O_{12}]$). Eisen- und Titanoxide lösen sich nicht. Den unlöslichen Rückstand (Rotschlamm) lässt man absetzen; den Rest entfernt man in großen Filteranlagen. Die Aluminatlösung ist bei 60 °C „übersättigt", d. h., ein $Al(OH)_3$-„Impfkristall" führt zum Auskristallisieren von reinem Aluminiumhydroxid. Dieses wird bei etwa 1300 °C entwässert und in reines Aluminiumoxid überführt:

$$2 Al(OH)_3 \rightarrow Al_2O_3 + 3 H_2O$$

3 Schema des Bayer-Verfahrens

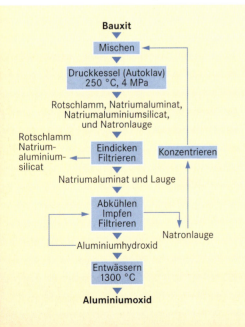

Die Schmelzflusselektrolyse. Da Aluminiumoxid erst bei 2050 °C schmilzt, werden 10 % Al_2O_3 einer Schmelze von Kryolith $Na_3[AlF_6]$ zugesetzt: Das Gemisch schmilzt dann bereits bei 950 °C. Als Elektrolysezelle dient eine flache Wanne (Abb. 4, 5). An der Kathode aus Kohlenstoff scheidet sich das Aluminium ab. An der Anode entsteht Sauerstoff, der mit dem Anodenmaterial Kohlenstoff zu CO_2 reagiert. Das sich am Boden der „Öfen" ansammelnde Aluminium wird in luftfreie Tiegel abgesaugt, in die Gießerei gebracht und dort rein oder auch legiert vergossen.

Metalle – Metallbindung **125**

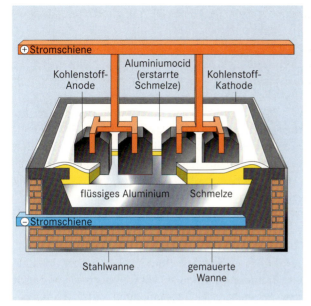

4 Elektrolysewanne für die Aluminiumgewinnung

5 Blick in eine Aluminiumhütte mit den Elektrolysewannen

Warum verwendet man keine wässrige Aluminiumsalzlösung? Aluminium ist unedler als Wasserstoff, d. h. ein besserer Elektronendonator (→ 5.8). Das bedeutet wiederum, dass Aluminiumionen im Vergleich zu Wasserstoffionen schlechtere Elektronenakzeptoren sind.
Bei der Elektrolyse einer wässrigen Aluminiumsalzlösung reagieren also die Wasserstoffionen, die in Wasser enthalten sind, zu Wasserstoff und nicht die Aluminiumionen zu Aluminium. Daher kann nur eine wasserfreie und elektrisch leitende Schmelze verwendet werden.

Umweltprobleme. Als Abfallprodukt fällt pro Tonne Aluminiumoxid bis zu einer Tonne Rotschlamm an, der hauptsächlich deponiert wird. Der hohe *Energiebedarf* belastet die Umwelt: Mit der elektrischen Energie, die von den Aluminiumhütten der Welt verbraucht wird, ließen sich 12 Millionen Haushalte mit elektrischer Energie versorgen!
Eine erhebliche Umweltbelastung geht auch von den *Abgasen* aus, die bei der Elektrolyse gebildet werden. Heute dürfen bestimmte Grenzwerte nicht überschritten werden. Dies wird durch spezielle Filteranlagen erreicht. Ein Beitrag zum Umweltschutz ist das Recycling von Aluminium (Abb. 6). Damit lassen sich fast 90 % der Energie und Abgase einsparen.

Heute überall: das Leichtmetall Aluminium. Aluminium und seine Legierungen wurden wegen der geringen Dichte nach Stahl zum wichtigsten metallischen Werkstoff. Im Verkehrswesen lässt sich Antriebsenergie sparen, wenn z. B. Felgen, Aufbauten von Bahnwagons und Flugzeugen aus Aluminium hergestellt werden. Auch Fenster, Bierfässer, Leichtkoffer oder Dosen sind aus Aluminium. Jährlich werden in Deutschland ca. eine Milliarde Tuben für Zahnpasta, Kosmetika oder Arzneimittel hergestellt und 70 000 Tonnen Aluminium zu Folien gewalzt.

Aufgaben
1 Welche Trennverfahren werden beim Bayer-Verfahren angewendet?
2 Die Gesamtgleichung der Aluminiumgewinnung setzt sich aus der Elektrolyse und der Sauerstoffreaktion mit Kohlenstoff an der Anode zusammen. Formuliere jeweils die Reaktionsgleichungen und eine Gesamtgleichung.
3 Nenne Verwendungsmöglichkeiten von Aluminium.
4
6 Recycling von Aluminium schont unsere Ressourcen.

Metalle – Metallbindung

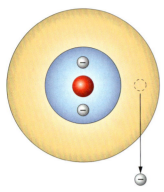

1 Metallatome geben Elektronen ab.

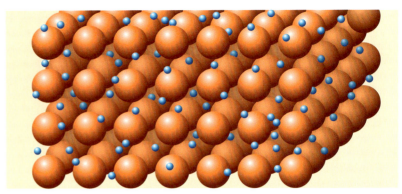

2 Metallgitter mit „Elektronengas" (rot: Atomrümpfe, blau: Elektronen)

8.2 Metallgitter und Elektronengasmodell

Metallatome geben Elektronen ab. Wir wissen bereits, wie sich Metallatome verhalten, wenn sie auf Nichtmetallatome treffen: Es kommt zur Salzbildung. Was ist aber, wenn für Metalle kein Reaktionspartner vorhanden ist? Obwohl kein Elektronenakzeptor vorliegt, geben die Metallatome trotzdem ihre Valenzelektronen ab, um eine stabile Edelgasschale zu erreichen (Abb. 1).

Der *Metallcharakter* nimmt ab, je stärker die Valenzelektronen angezogen werden: Bei den Hauptgruppenelementen in der Periode nach rechts (wegen der steigenden Kernladung) und in der Hauptgruppe nach oben (wegen des abnehmenden Atomdurchmessers) (→ M 12). Am deutlichsten zeigt sich dies in der 4. Hauptgruppe beim Übergang von den Metallen Blei und Zinn über die Halbmetalle Germanium und Silicium zum Nichtmetall Kohlenstoff.

Was passiert aber nun mit den abgegebenen Elektronen?

Aufgaben
1 Erkläre den Unterschied zwischen Metallgitter, Molekülgitter und Ionengitter.
2 Erkläre, warum die Elemente der Nebengruppen ausschließlich Metalle sind.

Das Elektronengasmodell. Metalle lassen mitunter schon mit bloßem Auge erkennen, dass sie aus einer Vielzahl von Kristallkörnern, den Kristalliten, zusammengesetzt sind (Abb. 3). Wenn eine Metallschmelze erstarrt, bilden sich in ihr zahlreiche Kristallisationskeime. Diese wachsen, bis sie auf einen benachbarten Kristallit treffen. Innerhalb der Kristallite besitzen Metalle eine regelmäßige Struktur: Sie sind in einem räumlichen *Kristallgitter* geordnet, das im Gegensatz zu den Salzen nicht aus Kationen und Anionen aufgebaut ist, sondern nur aus Kationen. Diese Kationen bezeichnet man als *Atomrümpfe*. Die frei beweglichen, *delokalisierten* Valenzelektronen bewegen sich als *Elektronengas* zwischen den Kationen (Abb. 2). Elektrostatische Anziehungskräfte zwischen den positiv geladenen Atomrümpfen und den negativ geladenen Elektronen sorgen für den Zusammenhalt im Metallgitter.

3 Kristallstruktur auf einer verzinkten Metalloberfläche: Das Zink bildet gut erkennbare, flache Kristalle, die scharf voneinander abgegrenzt sind.

Nach dem *Elektronengasmodell* besteht ein Metallgitter aus den an ihren Gitterplätzen gebundenen positiv geladenen Atomrümpfen, die von negativ geladenem Elektronengas zusammengehalten werden.

★ **Metallgitter.** Die hohe Dichte der meisten Metalle beruht auf der Anordnung der (kugelförmig gedachten) Kationen. Diese beschreibt man am besten durch übereinander gelegte Kugelschichten. Metalle kristallisieren in drei Gittertypen:
- Die *hexagonal-dichteste Kugelpackung* ist eine Abfolge von drei dichtest gepackten Kugelschichten (Abb. 4, links). In ihr kristallisieren z. B. die Metalle Beryllium, Magnesium, Titan oder Zink.
- Die *kubisch-dichteste Kugelpackung* besteht sogar aus einer Abfolge von vier Schichten (Abb. 4, rechts). Calcium, Aluminium, Kupfer, Silber und Gold haben dieses Gitter.
- Bei der *kubisch-innenzentrierten Packung* ist ein Zentralkation würfelförmig von acht weiteren Kationen umgeben (Abb. 5). Beispiele dafür sind alle Alkalimetalle, Vanadium und Chrom.

In den beiden dichtesten Packungen hat jedes Kation zwölf direkte Nachbarn: sechs in der Ebene und jeweils drei darüber und darunter. Dies ergibt eine *Koordinationszahl* von zwölf. Die kubisch-innenzentrierte Packung ist weniger dicht gepackt: Hier hat jedes Kation nur acht nächste Nachbarn; die Koordinationszahl beträgt also acht.

Legierungen. Metalle lassen sich untereinander und auch mit einigen Nichtmetallen zu so genannten Legierungen mischen bzw. zusammenschmelzen. Dabei werden Fremdatome in den Gitterverband aufgenommen. Dies geht umso leichter, je ähnlicher die Größe der Metallkationen ist. Sie können sich dann gegenseitig ersetzen. Sind die Fremdatome sehr klein, z. B. Wasserstoff-, Kohlenstoff- oder Boratome, so werden sie in die Lücken des normalen Metallgitters eingebaut. Derartige *Einschlusslegierungen* gibt es etwa von Eisen mit Kohlenstoff; sie spielen bei der Härtung von Stahl eine bedeutsame Rolle.

Die Schmelztemperatur einer Legierung liegt meist tiefer als die der einzelnen reinen Metalle, was die Verarbeitung erleichtert. Legierungen haben aber meist eine größere Härte als ihre Bestandteile. So ist Messing härter als Kupfer und Zink, Edelstahl härter als Eisen. Legierungen spielen in der Technik eine große Rolle, da ihre Eigenschaften durch Veränderung ihrer Zusammensetzung speziellen Verwendungszwecken angepasst werden können.

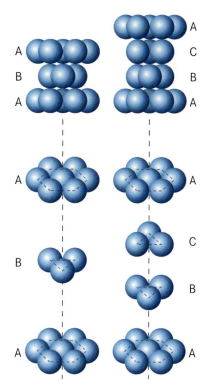

4 Links: hexagonal-dichteste Kugelpackung mit Schichtfolge A B A; rechts: kubisch-dichteste Kugelpackung mit Schichtfolge A B C A

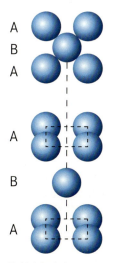

5 Kubisch-innenzentriertes Gitter mit Schichtfolge ABA

Tab. 1: Bekannte Legierungen

Legierung	Bestandteil	Verwendung
Messing	Kupfer (75 %), Zink (25 %)	Maschinenteile, Armaturen, Beschläge, Messgeräte, Musikinstrumente
Bronze	Kupfer (70 %), Zinn (30 %)	Glocken, Münzen, Maschinenteile, Kunstgegenstände, Achsenlager
Neusilber	Kupfer mit Nickel und Zink	Besteck, chirurgisches Gerät, Schmuck, Münzen
Edelstahl	Eisen (ca. 70 %) mit Nickel, Chrom oder Wolfram	Werkzeuge, Achsen, Weichen, Antriebswellen, Räder

Welchen Einfluss hat die Metallbindung auf die Eigenschaften der Metalle? → 8.3

128　Metalle – Metallbindung

1 Golden glänzt die Marienstatue in der Sonne. Kurfürst Maximilian I. ließ die Säule mit der Statue 1638 auf dem Münchner Marienplatz errichten – aus Dank dafür, dass die Stadt im Dreißigjährigen Krieg nicht zerstört wurde.

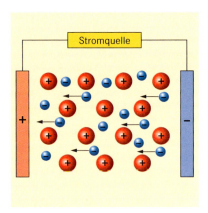

2 Im Stromkreis bewegen sich die Elektronen zum Pluspol.

3 Die Wolframwendel einer Glühlampe muss Temperaturen bis 3000 °C standhalten.

8.3 Eigenschaften der Metalle

Alle Metalle zeigen typische physikalische Eigenschaften, die man mithilfe des Elektronengasmodells erklären kann.

Metallischer Glanz. Metalle haben auf glatten oder polierten Flächen, an denen das Licht reflektiert wird, einen metallischen Glanz (Abb. 1). Sie sind für sichtbares Licht undurchlässig und somit undurchsichtig. Die Ursache hierfür sind Wechselwirkungen zwischen den freien Elektronen im Elektronengas und dem Licht.

Elektrische Leitfähigkeit. Metalle haben eine *hohe elektrische Leitfähigkeit*, die aber mit *steigender Temperatur abnimmt*. Nach dem Einschalten von Strom beginnt das Elektronengas zu „fließen". Bei angelegter Spannung fließen die Elektronen zum positiven Pol der Stromquelle (Abb. 2). Metalle sind *Elektronenleiter* bzw. *Leiter 1. Klasse*.
Mit steigender Temperatur erhöht sich zwar die Geschwindigkeit der Elektronen, doch nehmen auch die Schwingungen der Atomrümpfe um ihre Gitterplätze zu. Dadurch wird die Zahl der Zusammenstöße der Elektronen untereinander und mit den Atomrümpfen vergrößert und die Beweglichkeit der Elektronen eingeschränkt. Der elektrische Widerstand wächst; als Folge nimmt die elektrische Leitfähigkeit ab.
Bei hoher Temperatur oder Lichtenergie kann die Bewegung der Atomrümpfe und der Elektronen in einem Metall so heftig werden, dass einige Elektronen aus dem Metall austreten können. So lassen sich die Alkalimetalle als Fotozellen verwenden.
Durch das häufige Auftreffen von wandernden Elektronen auf die Atomrümpfe werden diese zu Schwingungen angeregt. Dies bringt eine Temperaturerhöhung mit sich. Die Folge ist ein glühender Leitungsdraht, der z. B. zur Lichterzeugung (Abb. 3) genutzt wird.
Kupfer besitzt nach Silber die beste Leitfähigkeit und wird daher in der Elektrotechnik für Strom führende Kabel eingesetzt (Abb. 4).

Info
Bei Halbmetallen, wie Silicium oder Germanium, nimmt die elektrische Leitfähigkeit mit steigender Temperatur zu. Der Grund liegt in der Bindung der Elektronen an die Metallatome. In Halbmetallen sind die Elektronen im Gegensatz zu Metallen stärker an die Metallatome gebunden. Bei zunehmender Temperatur werden sie „gelockert" und zu „Leitungselektronen".

4 Schnitt durch ein Kabel

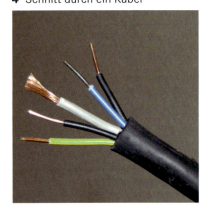

Wärmeleitfähigkeit. Metalle haben eine gute Wärmeleitfähigkeit. Erhitzt man ein Metallstück an einem Ende, so geraten dort die Metallatome in Schwingungen, die Geschwindigkeit der Elektronen nimmt zu. Die angeregten Elektronen können weitere Metallatome zu Schwingungen anregen und so im Metall rasch Wärmeenergie transportieren. Aus diesem Grund fühlen sich Metalle kalt an, da sie die Handwärme schnell ableiten. Diese Eigenschaft macht sie zum geeigneten Material, um Wärmeenergie zu übertragen: So wird z. B. flüssiges Natrium in Kernkraftwerken zum Wärmetransport aus dem Reaktorraum benutzt. Heiz- und Kühlsysteme sind aus Metallen gefertigt (z. B. Heizungskörper).

Gute Verformbarkeit. Die leichte mechanische Verformbarkeit ermöglicht z. B. das Auswalzen von Eisen und Kupfer zu Blechen, die Herstellung von Gold- oder Aluminiumfolien, das Hämmern von Eisen oder Kupfer sowie das Ziehen von Metallen zu Eisenbahnschienen und Drähten. Dabei werden die Kationen-Schichten gegeneinander verschoben, das Elektronengas hat hier die Funktion eines „Schmiermittels". Wie Abb. 5 zeigt, erhält man nach der Verschiebung von Ebenen aus gleichen Atomrümpfen eine praktisch identische Lage. Dagegen kommt bei einer Verschiebung von Gitterebenen in einem Salzkristall Anion neben Anion und Kation neben Kation zu liegen. Durch die Abstoßungskräfte zerspringt der spröde Ionenkristall.

Härte. Die Härte der Metalle beruht auf der elektrostatischen Anziehung zwischen den freien Elektronen und den positiv geladenen Atomrümpfen. Die Härte hängt somit auch von der Anzahl der abgegebenen Elektronen ab. Eisenatome geben doppelt so viele Elektronen pro Ion ab wie Lithiumatome. So kann man Eisen im Gegensatz zu Lithium nicht mit dem Fingernagel ritzen.

Unterschiede in den Eigenschaften. In manchen Eigenschaften verhalten sich Metalle auch sehr unterschiedlich. Während Wolfram erst bei 3410 °C schmilzt, ist Quecksilber bereits bei Zimmertemperatur flüssig! Auch in der *Dichte* unterscheiden sich Metalle zum Teil stark: *Leichtmetalle* wie die Alkalimetalle, Magnesium oder Aluminium haben eine Dichte unter 5000 kg/m^3. Sie haben als Kristallgitter keine dichteste Packung, sondern sind kubisch-innenzentriert (→ 8.1). Zu den *Schwermetallen* (ϱ > 5000 kg/m^3) mit der größten Dichte zählen Blei, Gold, Platin, Iridium und Osmium. Nur drei Metalle zeigen *magnetische Eigenschaften*: Eisen, Kobalt und Nickel.

Metalle zeichnen sich durch ihren metallischen Glanz aus. Sie leiten den elektrischen Strom, sind gute Wärmeleiter und lassen sich leicht verformen.

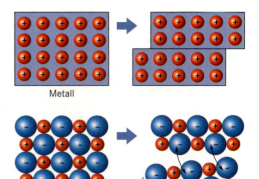

5 Metalle (oben) sind gut verformbar, Salzkristalle (unten) sind spröde und zerspringen beim Verformen.

Metall	Dichte (in kg/m^3)
Lithium	535
Magnesium	1738
Aluminium	2700
Zink	7140
Eisen	7874
Kupfer	8920
Blei	11340
Gold	19 300
Platin	21 450
Osmium	22 610

Tab. 1: Dichte einiger Metalle

Aufgaben
1 Erkläre, warum Goldringe und Brillengestelle in der Sauna unerträglich heiß werden.
2 Erkläre, wieso der Erdkern, der aus Eisen besteht, bei 5000 °C fest ist.

Wie reaktiv sind Metalle? → 8.4

8.4 Reaktionsverhalten von Metallen

Edle Metalle. Da *edle Metalle* wie Gold, Silber oder Platin (→ 5.8) kaum das Bestreben haben, Elektronen abzugeben und somit relativ *reaktionsträge* sind, kommen sie in der Natur auch elementar (gediegen) vor (Abb. 1). Edle Metalle lösen sich nicht in verdünnten Säuren, auch mit Luftsauerstoff reagieren sie nur sehr langsam, Gold z. B. überhaupt nicht. Ohne Gold wäre die heutige Mikroelektronik nicht denkbar (Abb. 2).

Unedle Metalle. Unedle Metalle wie Natrium oder Zink bilden mit Salzsäure das Metallchlorid und Wasserstoff:

$$Zn(g) + 2\,HCl(aq) \rightarrow ZnCl_2(aq) + H_2(g)$$

Mit Sauerstoff reagieren sie recht unterschiedlich: Cäsium entzündet sich bei Luftkontakt (→ 5.11), während z. B. Magnesium oder Aluminium an der Luft beständig sind. Eine dünne Oxidschicht auf der Oberfläche schützt das Metall vor weiteren Reaktionen. Man nennt diesen Vorgang auch *Passivierung*. Das erklärt, warum das unedle Aluminium als Fassadenverkleidung der Luft und dem Sauren Regen ausgesetzt werden kann. Unedle Metalle wie Natrium oder Magnesium bilden mit Wasser unter Wasserstoffentwicklung Laugen:

$$2\,Na(s) + 2\,H_2O(l) \rightarrow 2\,NaOH(aq) + H_2(g)$$

Korrosion. Eisen bildet mit Sauerstoff ebenfalls eine Oxidschicht, doch liegt diese zu locker auf, sodass Feuchtigkeit und Luftsauerstoff weiter an die Metalloberfläche gelangen können. Das Metall wird durch Rostbildung zerstört; man nennt diesen Vorgang *Korrosion*.

Der grüne Belag auf Kupferdächern oder an Kupferrohren besteht vorwiegend aus Kupfercarbonat und Kupfersulfat und wird Patina genannt. Er ist nicht mit „Grünspan" (Kupferacetat) zu verwechseln, welches durch Reaktion von Kupfer mit Essigsäure entsteht.

Durch Galvanisieren lassen sich unedlere Metalle durch einen Überzug aus edleren Metallen schützen und auch verschönern: So werden bei Fahrrädern und Motorrädern Lenkstangen und andere Teile verchromt (Abb. 3); zur Herstellung von preiswertem Modeschmuck wird Eisen mit einer dünnen Schicht aus dem wesentlich teureren Silber oder Gold überzogen (Abb. 4).

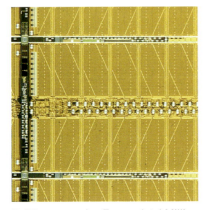

1 Pfanne eines Goldwäschers mit Nuggets

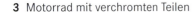

2 Die nur wenige Tausendstel Millimeter starken Kontaktdrähte integrierter Schaltungen bestehen aus reinstem Gold, damit keine Oxidschicht den Kontakt behindert.

Aufgabe

1 Formuliere die Reaktion von Lithium, Aluminium und Calcium mit Salzsäure.

3 Motorrad mit verchromten Teilen

4 Versilberter Schmuck

8.5 Bedeutung der Metalle in Natur und Technik

Die Bedeutung der Metalle. Außer Aluminium, Blei und Zinn sind alle bedeutenden Gebrauchsmetalle in den Nebengruppen des PSE zu finden. Nur wenige Metalle, wie Gold und Silber, kommen in der Natur in elementarer (gediegener) Form vor. Alle anderen Metalle müssen mithilfe chemischer Reaktionen aus ihren Erzen gewonnen werden (→ 8.1).

Magnesium. Das Leichtmetall wird mit Aluminium legiert im Flugzeug- und Schiffsbau eingesetzt, weil es gegenüber Eisen eine Gewichtsverminderung um 80 % ermöglicht. Auch Bleistiftspitzer aus Metall bestehen aus Magnesium. In jedem Feuerwerk stammt der blendende Funkenregen vor allem von brennendem Magnesiumpulver, dessen Licht z. B. von Strontiumsalzen rot und von Bariumsalzen grün gefärbt wird.

Kupfer ist als *Münzmetall* bekannt (Tab. 1), wird aber meist in Form seiner Legierungen eingesetzt. Vor allem als *Leitungsmaterial* in der Elektronik (Stromkabel) findet Kupfer Verwendung (→ 8.3). Auch für Dachrinnen und Dachabdeckungen, für Wasserrohre, Heizrohre und Kühlschlangen sowie zum Löten wird es genutzt.

Blei, ein relativ weiches Metall, wird hauptsächlich in *Autobatterien* (Bleiakkumulatoren) verwendet und kann als *Schutzmaterial für Röntgenstrahlen* genutzt werden. Blei ist ein kumulierendes Gift: Durch Ansammlung im Körper kommt es zu einer Vergiftung. Mit Gegenständen aus Blei, z. B. auch beim „Bleigießen" zu Silvester, kann man aber gefahrlos hantieren, da Blei eine wasserunlösliche Oxidschicht bildet.

Quecksilber ist bei Zimmertemperatur flüssig und wird in *Thermometern* als Steigflüssigkeit verwendet. Mit Silber, Zinn und Kupfer ergibt Quecksilber die Legierung *Amalgam*, welche zuerst verformbar ist und dann aushärtet. Deshalb wird diese Legierung bei *Zahnfüllungen* benutzt. *Quecksilberdampflampen* werde z. B. in Beamern eingesetzt. Das bläuliche Licht entsteht beim Verdampfen von ca. 10 mg Hg bei 1000 °C.

Eisen ist in Form seiner Legierungen, so den *rostfreien Stählen* (mit etwa 20 % Chrom und 10 % Nickel), auch heute noch das wichtigste Gebrauchsmetall. Aus den Eisenerzen Fe_2O_3 und Fe_3O_4 entsteht im *Hochofen* (Abb. 1) das Metall durch Reaktion mit Kohlenstoffmonooxid, das bei der Verbrennung von Koks (Steinkohle) mit Sauerstoff entsteht. Einmal in Betrieb genommen, ist ein Hochofen bis zu zehn Jahre ohne Unterbrechung in Betrieb. Das dabei entstehende Roheisen bzw. Gusseisen ist wegen der Verunreinigungen vor allem mit Kohlenstoff recht spröde und brüchig.
Über 90 % des Roheisens werden zu Stahl verarbeitet. Zu diesem Zweck wird der Kohlenstoffgehalt von bis zu 4 % durch Entkohlung in einem sogenannten Konverter auf etwa 1,7 % gesenkt. Eisen findet sich in unserem Leben an vielen Stellen: in Autos, Fahrrädern, Werkzeugen, Baumaterial, Heizkörpern, Nägeln, Rasierklingen, Kochtöpfen, Möbeln usw.

Münzen	Material
1, 2, 5 Cent	Kern aus Eisen mit Kupferüberzug
10, 20, 50 Cent	„nordisches Gold": Kupfer, Aluminium, Zink und Zinn
1 Euro	Kern aus Nickel, überzogen mit grauem Kupfer-Nickel, äußerer Ring aus gelbem Messing-Nickel
2 Euro	Kern aus Nickel, überzogen mit gelben Messing-Nickel, äußerer Ring aus grauem Kupfer-Nickel

Tab. 1: Unsere Cent- und Euro-Münzen

1 Flüssiges Eisen verlässt den Hochofen.

Aufgaben
1. Finde heraus, welche Metalle am häufigsten in der Erdkruste vorkommen (Platz 1 bis 5).
2. Diskutiere die Verwendung von Amalgam als Zahnfüllung und nenne Alternativen.

132 Auf einen Blick

Gewinnung
- Recycling von Metallschrott
- aus Erzen:
  z. B. Elektrolyse = erzwungene Umkehrung der Salzbildung:
  Erz → Nichtmetall + Metall

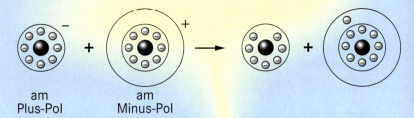

am Plus-Pol   am Minus-Pol

Metallgitter

Elektronengasmodell
delokalisierte Elektronen halten positiv geladene Atomrümpfe auf ihren Plätzen

Kugelpackungen
- Anordnung der Atomrümpfe in übereinander gelegten Kugelschichten
- hexagonal-dichteste Kugelpackung
- kubisch-dichteste Kugelpackung
- kubisch-innenzentrierte Kugelpackung

Metalle

Reaktionsverhalten

unedle Metalle
- geben Elektronen leicht ab
- stabile Metallionen
- mit HCl: H_2 und Salze
- mit O_2: Oxide
- mit H_2O: H_2 und Laugen

edle Metalle
- reaktionsträge
- geben Elektronen nur schwer ab
- instabile Metallionen

Schutz

Korrosion
- Metall wird durch Reaktion mit H_2O/O_2 zerstört

Galvanotechnik
- Überzug mit Edelmetallen
- z. B. Cr (Verchromer Ni, Cu, Au

Auf einen Blick   133

Härte

elektrostatische Anziehung zwischen freien Elektronen und Atomrümpfen

Verformbarkeit

Verschiebung der Kationenschichten leicht möglich

gute Wärmeleitfähigkeit

durch frei bewegliche Elektronen im Elektronengas

Glanz

Wechselwirkung zwischen Elektronen und Licht

Eigenschaften

gute elektrische Leitfähigkeit (Leiter 1. Klasse)

- durch frei bewegliche Elektronen im Elektronengas
- mit steigender Temperatur sinkt Leitfähigkeit

Edelmetalle

- z. B. Ag, Au, Pt
- Wertanlage
- Schmuck

Metalle

Magnesium

z. B. Fahrzeugbau, Bleistiftspitzer, Feuerwerk

Aluminium

z. B. Folien, Tuben, Fahrzeugbau

Kupfer

z. B. Elektronik, Wärmeübertragung

Eisen

z. B. Stähle, wichtigstes Gebrauchsmetall

Blei

z. B. Autobatterien, Röntgenschutz

Quecksilber

z. B. Thermometer, Lampen, Amalgam (als Legierung)

Erdgeschichte

Metalle prägten ganze Epochen der Frühgeschichte, z. B. Kupferzeit, Bronzezeit, Eisenzeit

Werkstoffe

Legierungen

- feste „Lösung" aus verschiedenen Metallen bzw. Metallen mit Nichtmetallen
- Material wird dadurch härter

Messing	**Bronze**	**Edelstahl**	**Geld-Münzen**
Cu + Zn	Cu + Sn	Fe + Ni + Cr + W	Fe, Cu, Al, Zn, Sn, Ni

Knobelecke

1 Erkläre, was man unter einem Erz versteht. Finde Beispiele für wichtige Erze.

2 Zu einer Pyramide aufgeschichtete Orangen können als Modell für den Aufbau von Metallen aus ihren kleinsten Teilchen herangezogen werden. Erkläre, in welchen Teilen dieses Modell gut geeignet ist und in welchen Teilen das Modell Fehler macht.

3 Vervollständige folgende Tabelle:

Metalle	Salze	?
?	?	Atombindung
?	Kationen und Anionen	?
?	?	nicht leitend
?	spröde	?
?	hohe Siedetemperaturen	?

4 Vergleiche das sogenannte Elektronengas mit dem Gas Helium.

5 Ziehe die Modellvorstellung aus Aufgabe 2 heran und beschreibe den Aufbau einer Legierung. Gehe dabei auch auf die Ursachen des veränderten Reaktionsverhaltens ein.

6 Erkläre anhand der Abbildung, warum Halogenlampen (rechts) eine wesentlich höhere Betriebsdauer aufweisen als Glühlampen (links).

7 Recherchiere, was man unter a) der Zinnpest und b) der Galvanotechnik versteht.

8 Wieso lösen sich Metalle nicht in Wasser?

9 Finde heraus, was die Prägung 18/10 am Boden von Edelstahltöpfen bedeutet.

10 Stelle begründete Vermutungen an, ob sich ein Calciumion, das in einem Calciumchlorid-Kristall steckt, von einem Calciumion, das in einem Calciumblock gebunden ist, unterscheidet.

11 Erstelle mit folgenden Begriffen eine Mindmap. Überbegriffe kannst du selbst noch einfügen: Edelmetall – Alkalimetall – Elektronengas – Bronze – Atomrumpf – Gold – elektrische Leitfähigkeit – Verformbarkeit – Erdalkalimetall – Glanz – Legierung – Wärmeleitfähigkeit – Eisen – Natrium – Kalium – Platin – Dichte.

12 Vergleiche die drei dir bekannten Bindungstypen in einer Tabelle.

13 Beurteile folgende Aussage: „Es gibt kein wirkliches Eisenatom in einem Eisenblock."

14 Bei der Aluminiumgewinnung wird die Umwelt stark belastet. Diskutiert in der Klasse, ob man deshalb lieber auf Aluminiumprodukte verzichten sollte.

15 Recherchiere, warum Silberbesteck anläuft und was man dagegen tun kann.

16 Informiere dich, welche Verbindung es zwischen den Ländern Argentinien und Zypern und diesem Kapitel gibt.

17 Schreibe einen Sachtext zum Bayer-Verfahren (s. S. 124, Abb. 3). Ergänze den Text durch Informationen und Bilder aus dem Internet.

18 Erkundige dich, wie Eisen gewonnen und Stahl hergestellt wird. Erstelle dazu ein Poster.

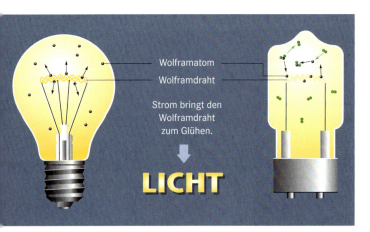

9 Energiebeteiligung bei chemischen Reaktionen

Mithilfe von *Valenzelektronen* können wir das *Verhalten der Atome* erklären. Bei den sich daraus ergebenden *chemischen Reaktionen* müssen wir deshalb die *Atome oder Moleküle der Edukte* berücksichtigen. Bei *chemischen Reaktionen* spielt die *Energie* eine große Rolle. Eine *chemische Reaktion* ist daher neben einer *Stoffveränderung* auch durch eine *Veränderung der energetischen Verhältnisse* gekennzeichnet.

Energiebeteiligung bei chemischen Reaktionen

9.1 Die Änderung der inneren Energie

Die innere Energie der Stoffe. Bei der Verbrennung von Holz, Kohle oder Erdgas „gewinnt" man Wärme, also thermische Energie (Abb. 1). Dies widerspricht aber dem Energieerhaltungssatz, den du bereits aus dem Physikunterricht kennst:

Die Gesamtenergie eines abgeschlossenen Systems ist konstant.

Energie geht also weder verloren noch kann sie gewonnen werden. Allerdings kann eine Energieform in eine andere umgewandelt werden.
Demnach kann die oben genannte Wärme (thermische Energie) nur durch Umwandlung aus einer anderen Energieform entstanden sein. Lageenergie, Bewegungsenergie, elektrische Energie oder Lichtenergie kommen für die Umwandlung nicht infrage. Es muss eine weitere Energieform geben. Wir nennen sie *innere Energie E_i*.

1 Wärmen am Lagerfeuer

Die gesamte in einem ruhenden Körper enthaltene Energie ist seine innere Energie.

Info
Die Einheit der inneren Energie ist – wie bei allen Energieformen – Joule.
  1000 J = 1 kJ
Ein Joule ist die Energie, die benötigt wird, um eine Tafel Schokolade (100 g) einen Meter nach oben zu bewegen. Früher gab man Energie auch in Kalorien an:
  1 cal ≙ 4,186 J
Diese Einheit ist inzwischen veraltet, findet sich aber immer noch in Tabellen.

Die innere Energie beinhaltet u. a. die Bewegungen bzw. Schwingungen der kleinsten Teilchen (Atome, Moleküle, Ionen), die Bindungsenergie zwischen den kleinsten Teilchen und die Energie angeregter Elektronen. Sie ist nicht direkt messbar. Man löst dieses Problem, indem man nur die Änderung der inneren Energie betrachtet, die bei jeder chemischen Reaktion stattfindet. Man definiert diese Änderung als Differenz (Zeichen: Δ) zwischen der inneren Energie aller Stoffe nach und vor der Reaktion:

$\Delta E_i = E_i$ (Produkte) $- E_i$ (Edukte)

Energie wird freigesetzt. Sind die inneren Energien der Edukte größer als die der Produkte, wird ein Teil davon in andere Energieformen umgewandelt bzw. freigesetzt (Abb. 2 a). Man spricht von einer *exothermen* Reaktion (→ 3.1).

2 a) Exotherme Reaktion: Energie wird frei; b) endotherme Reaktion: Energie wird gespeichert.

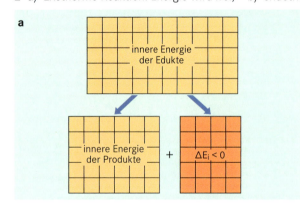 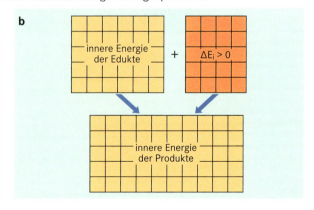

In unserem Verbrennungsbeispiel werden also Stoffe mit hoher innerer Energie (z. B. Kohle) durch eine chemische Reaktion in Stoffe mit geringerer innerer Energie (z. B. CO_2, H_2O) überführt. Die freigesetzte innere Energie wird hauptsächlich in Wärme (thermische Energie) umgewandelt. Daneben kann auch noch Lichtenergie frei werden.

Es gibt auch Reaktionen, bei denen kaltes Licht entsteht, d. h., innere Energie nahezu ausschließlich in Lichtenergie umgewandelt und abgestrahlt wird (Abb. 3). Schließlich kann, wie jede Batterie zeigt, die durch eine chemische Reaktion zwischen zwei unterschiedlichen Metallen freigesetzte innere Energie auch in elektrische Energie umgewandelt werden (Abb. 4).

3 Leuchtstäbe strahlen für einige Zeit in kaltem Licht.

Exotherme Reaktionen setzen Energie frei. Dabei wird innere Energie der Edukte in Wärme, Licht- oder elektrische Energie umgewandelt.

Energie wird gespeichert. Ist die innere Energie der Edukte kleiner als die der Produkte, spricht man von einer *endothermen Reaktion* (→ 3.1). Dabei wird Energie aus der Umgebung in innere Energie umgewandelt bzw. gespeichert (Abb. 2 b).

Diiodpentaoxid zersetzt sich nur, solange man es erhitzt. Die Thermolyse hört also sofort auf, wenn man den Brenner entfernt. Die Elektrolyse von Wasser endet mit dem Abschalten des Stroms. Offensichtlich muss bei beiden Reaktionen von außen Energie – thermische bzw. elektrische Energie – zugeführt werden. Es bilden sich daher Stoffe, die eine höhere innere Energie besitzen als die Ausgangsstoffe.

Info
Du solltest die umgangssprachlichen Ausdrücke „Energie wird gewonnen" und „Energie wird verbraucht" vermeiden, da sie wissenschaftlich falsch sind.

Endotherme Reaktionen speichern Energie. Dabei wird Wärme, Licht- oder elektrische Energie von außen zugeführt und in innere Energie der Produkte umgewandelt.

Exotherme und endotherme Reaktionen in unserem Körper. Exotherme und endotherme Reaktionen lassen sich kombinieren, wie die Energieumwandlung in jeder lebenden Zelle beweist: Die aufgenommenen Nährstoffe sind reich an innerer Energie. Sie werden im Zuge der Zellatmung in exothermen Reaktionen abgebaut. Die freigesetzte innere Energie wird zum Teil als Körperwärme spürbar, zum Teil aber auch benutzt, um endotherme Reaktionen anzutreiben; man nennt dies *energetische Kopplung*. Mit solchen endothermen Reaktionen wird z. B. Körpereiweiß aufgebaut oder Muskelarbeit geleistet.

4 Ein Kupferstab und ein Zinkstab werden in eine quergeschnittene Zitrone gesteckt und über einen kleinen Motor verbunden: Die innere Energie der Edukte wird in elektrische Energie umgewandelt.

Aufgaben
1 Beschreibe Energieumwandlungen im Haushalt, beim Sport und bei der Glühbirne.
2 Woher resultiert ein negativer bzw. ein positiver Wert für die Änderung der inneren Energie ΔE_i?
3 Finde weitere Beispiele für exotherme und endotherme Reaktionen.

Warum starten exotherme Reaktionen nicht von alleine? → 9.2

9.2 Der Energieverlauf bei chemischen Reaktionen

Aktivierung. Obwohl exotherme Reaktionen thermische Energie freisetzen, ist vielfach zunächst – gleichsam als Startschuss – ein Erhitzen notwendig. Die Kerze muss durch das Streichholz entzündet werden, das Gemisch aus Benzindampf und Luft im Zylinder des Automotors wird durch den Funken der Zündkerze gezündet. Ein Gemisch aus Eisen- und Schwefelpulver reagiert erst, wenn es an einer Stelle mit dem Brenner erhitzt wird. Dann „frisst" sich die Reaktion wie bei einer Zündschnur von selbst weiter (Abb. 1).

Sind exotherme Reaktionen erst einmal gestartet, ist ein weiteres Erhitzen nicht mehr erforderlich. Doch müssen die für eine Reaktion zu trägen Ausgangsstoffe zuvor durch Energiezufuhr *aktiviert* werden.

1 Das Aufglühen zeigt die Reaktion zwischen Eisen und Schwefel an.

Aktivierungsenergie E_A ist die Energie, die zur Auslösung einer Reaktion zugeführt werden muss.

Wozu wird die Aktivierungsenergie benötigt? Ein Gemisch aus Wasserstoff und Sauerstoff kann tagelang aufbewahrt werden, ohne dass es zur Reaktion kommt. Ein kleiner Zündfunke jedoch und schon explodiert dieses als Knallgas bekannte Gasgemisch. Die Reaktion ist stark exotherm: Der Energiegehalt des Produkts liegt weit unter dem der Edukte. Warum erfolgt der Übergang dennoch nicht spontan?

Im Wassermolekül ist das Sauerstoffatom beidseits mit je einem Wasserstoffatom verbunden. Daher müssen zunächst die im Wasserstoff- und im Sauerstoffmolekül vorhandenen Bindungen gelöst werden (Abb. 2). Dazu wird also Energie benötigt, die von außen – mit der Zündung – zugeführt wird. Die anschließende Vereinigung der Atome zum Wassermolekül setzt erheblich mehr Energie frei, als für die Zündung benötigt wird, sodass die einmal gestartete Reaktion spontan weiterläuft.

Die Aktivierungsenergie versetzt Atome bzw. Moleküle in einen aktivierten Zustand (z. B. Lösen von Bindungen, Änderung von Aggregatzuständen, Bildung von Ionen), ohne den eine chemische Reaktion nicht möglich ist.

2 Bei der Wassersynthese werden die Moleküle der Edukte gespalten und aus den „Bruchstücken" (Atomen) neue Moleküle gebildet.

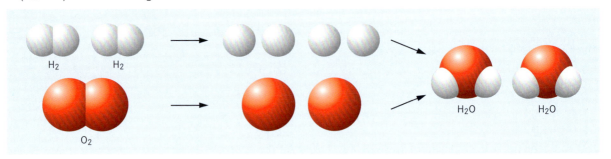

Das Energiediagramm. Die Änderung der inneren Energie bei einer chemischen Reaktion wird anschaulich in einem Energiediagramm dargestellt. Dabei wird in einem Koordinatensystem die *innere Energie* gegen die *Reaktionszeit* abgetragen. Abbildung 3 zeigt die Energiediagramme einer exothermen (a) und einer endothermen (b) Reaktion.

Die zum Reaktionsstart erforderliche Aktivierung wird im Energiediagramm berücksichtigt. Bildhaft spricht man von einem „Aktivierungsberg", den die Edukte überwinden müssen, bevor die Reaktion abläuft. Vergleichbar ist dies mit einer Kugel, die sich in einer Mulde an einem Berghang befindet und erst ins Tal rollt, wenn man sie unter Energiezufuhr über den Rand der Mulde hebt.

Durch diese Aktivierung erhöht sich vorübergehend die innere Energie der Edukte (in unserem Vergleich erhält die Kugel mehr Lageenergie): Sie gehen in einen *aktivierten* bzw. instabilen *Zustand* über und sind reaktionsbereit. Spontan erfolgt nun die Reaktion der aktivierten Edukte zum Produkt.

Stabil, metastabil und instabil. Produkte im „Energiekeller" sind *stabil*. Ihre Stabilität ist umso größer, je größer der Wert von ΔE_i ist. Das Erreichen von stabilen Zuständen ist auch die Triebkraft für chemische Reaktionen. Diese sind auf Teilchenebene u. a. durch die Bildung des Oktettzustandes begründet (→ 5.6).

Selbst der auf seine Härte bezogene „stabile" Diamant ist nur metastabil und keineswegs „unvergänglich": Als Lavoisier um 1775 mit riesigen Brennlinsen die Sonnenstrahlen auf einen Diamanten bündelte, glühte dieser auf und „verschwand". Kohlenstoffdioxid war das Produkt. *Metastabil* sind demnach Edukte, die nicht spontan, sondern nur mit Aktivierungsenergie in einen stabilen Zustand übergehen.

Im kurz andauernden *instabilen* Zustand (Übergangszustand) hat der Stoff maximale innere Energie. So sind angeregte Elektronen (→ 5.3) instabil und geben überschüssige Energie in Form von Licht sofort wieder ab.

Aufgaben

1 Lavoisier deutete das Verschwinden des Diamanten (→ 7.4) damit, dass CO_2 entstanden ist. Erkläre diesen Zusammenhang mit einer Reaktionsgleichung.

2 Für einige endotherme und für viele exotherme Reaktionen wird ein Brenner benötigt. Vergleiche die Bedeutung der Energiezufuhr in beiden Fällen.

3 Beschreibe die Funktion der Zündkerze bei Benzinmotoren.

4 Graphit ist unter normalen Temperatur- und Druckverhältnissen stabiler als ein Diamant. Bei hohem Druck stellt jedoch der Diamant die stabilere Modifikation dar. Erläutere dies mit einem Energiediagramm.

Gibt es Möglichkeiten, die Aktivierungsenergie zu umgehen? → 9.4

3 Energiediagramm einer a) exothermen und b) endothermen Reaktion

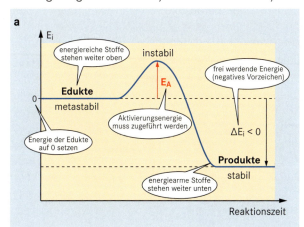 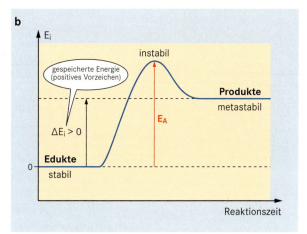

9.3 Katalyse

Die Geschwindigkeit chemischer Reaktionen. Manche Stoffveränderungen laufen sehr langsam ab (z. B. Rosten von Eisen), andere verlaufen rasch bis explosionsartig. Nach dem Teilchenmodell ist zu erwarten, dass eine chemische Reaktion zwischen zwei verschiedenen Teilchen nur dann eintritt, wenn diese sich für die Reaktion eignen (→ 6, 7) und auch zusammenstoßen. Solche Zusammenstöße sind umso häufiger,
1. je mehr Teilchen vorhanden sind, bzw. je „reiner" die Reaktionsstoffe sind,
2. je rascher sich diese Teilchen bewegen und
3. je mehr Teilchen untereinander „Kontakt" bekommen können.

Um die Reaktionsgeschwindigkeit zu steigern, kann man also
1. die Konzentration der reagierenden Stoffe erhöhen, bzw. Reinstoffe statt Gemische verwenden: z. B. bei Verbrennungen Sauerstoff statt Luft,
2. die Temperatur erhöhen: z. B. mit dem Bunsenbrenner erhitzen, wodurch die Geschwindigkeit der Teilchen erhöht wird,
3. die Kontaktfläche bzw. Oberfläche vergrößern: z. B. Stoffe mit höherem Zerteilungsgrad (Pulver) verwenden.

In der Technik führt man deshalb chemische Prozesse meist bei höheren Temperaturen mit fein verteilten Stoffportionen durch.

Was bewirkt ein Katalysator? Man kann die Geschwindigkeit einer chemischen Reaktion auch steigern, indem man die Teilchen gezielt „zusammenbringt" und vorhandene Bindungen schon „lockert" bzw. löst. Das hat Vorteile, denn man benötigt dann nicht so hohe Temperaturen. In vielen Fällen führen hohe Temperaturen nämlich zu einer Zerstörung des Stoffes, bevor dieser überhaupt reagieren kann. Genau diese Aufgabe des „Zusammenführens" erfüllt ein *Katalysator*.

Die Entdeckung der Katalyse. 1820 fand Johann Döbereiner (Abb. 1), dass „das staubförmige Platin die höchst merkwürdige Eigenschaft hat, das Wasserstoffgas durch bloße Berührung zu bestimmen, dass es sich mit dem Sauerstoffgas verbindet" – wie er „unterthänigst" dem zuständigen Minister Johann Wolfgang von Goethe nach Weimar meldete. Ein Stoff, der durch seine bloße Gegenwart chemische Tätigkeiten hervorruft, „die ohne ihn nicht stattfinden", war in der Tat wundersam.

So arbeitet ein Katalysator. Lässt man im Labor Wasserstoffgas in Gegenwart von (Luft-)Sauerstoff auf fein verteiltes Platin strömen, so bemerkt man bald ein Aufglühen des Edelmetalls (Abb. 3). Wenig später entzündet sich der Wasserstoff. Da von außen keine Energiezufuhr erfolgt, kann das Aufglühen nur durch eine stark exotherme Reaktion bewirkt werden: die Oxidation des Wasserstoffs zu Wasser. Offensichtlich genügt hier bereits die Raumwärme zur Aktivierung des metastabilen Gasgemisches.

1 J. W. Döbereiner (1780–1849), Professor für Chemie und Physik in Jena und Berater von Goethe, gilt als der eigentliche Entdecker der Katalyse.

Info
Döbereiner entwickelte 1823 ein recht umständliches und nicht ungefährliches Feuerzeug. In einen Glasbehälter mit Säure konnte man einen Zinkstab eintauchen. Der gebildete Wasserstoff wurde durch ein Röhrchen geleitet, dessen Düse auf einen kleinen Platinschwamm gerichtet war, und entzündete sich (Abb. 2).

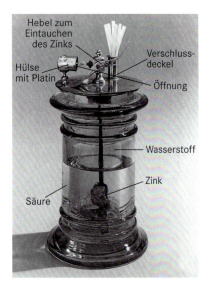

2 Döbereiners Feuerzeug: Originalexemplare können im Deutschen Museum in München besichtigt werden.

Dies ist nur möglich, wenn der hemmende „Energieberg" durch das Platin „abgeflacht" wurde. „Ein Hindernis wegräumen" nannten die Griechen „katalysis" – daher sprechen wir von Platin als einen Katalysator und von dieser Erscheinung als Katalyse. Die *Verminderung der Aktivierungsenergie* durch den Katalysator zeigt Abb. 5.

Das Platin ist nach Ablauf der katalysierten Reaktion *unverändert* vorhanden, obwohl es am Reaktionsgeschehen direkt beteiligt war: Als Katalysator bindet es die Wasserstoffmoleküle vorübergehend an seiner Oberfläche (Abb. 4). Dadurch werden die Bindungen zwischen den Atomen im Molekül gelockert und deren Trennung wird erleichtert. Nach dieser „Vorarbeit" genügt als „Anstoß" für den Reaktionsstart bereits die Aktivierung durch die Raumwärme.

3 Platin glüht auf, wenn Wasserstoff darüber geblasen wird. Es muss also eine exotherme Reaktion ablaufen.

Ein Katalysator ist ein Stoff, der
– die Aktivierungsenergie einer Reaktion vermindert,
– damit die Reaktion beschleunigt, praktisch oft erst ermöglicht und
– sich dabei nicht dauerhaft verändert, sodass er in der Gesamtgleichung der Reaktion nicht auftritt.

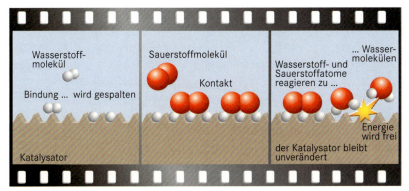

4 Auf der Metalloberfläche werden Moleküle der Ausgangsverbindung angelagert. Dadurch wird die Bindung zwischen den Atomen gelockert.

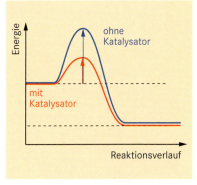

5 Herabsetzung der Aktivierungsenergie einer exothermen Reaktion unter dem Einfluss eines Katalysators

Aufgabe

1 Setze folgende Begriffe mit den Fachbegriffen einer chemischen Reaktion mit und ohne Katalysator in Beziehung:
Höhenunterschied zwischen Pass und Tunnel – Tunnel – Mautgebühr – Benzinersparnis – Zeitersparnis.

2 a) Welche Reaktionen spielten sich in Döbereiners Feuerzeug ab? Schreibe die Reaktionsgleichungen auf.
b) Das Feuerzeug von Döbereiner war nicht ungefährlich. Warum gab es immer wieder Unfälle damit?

3 Fühlt sich der Bombardierkäfer bedroht, so schießt er stark ätzende, heiße Sekrete gegen den Feind. Als Treibgas dient Sauerstoff, der bei der katalytischen Zersetzung von Wasserstoffperoxid (H_2O_2) entsteht.
a) Beschreibe mithilfe einer Reaktionsgleichung das Geschehen.
b) Im Dauerbetrieb würde sich die Düse des Käfers zu stark erhitzen. Erkläre dies.

9.4 Katalysatoren in Natur und Technik

Die Bedeutung der Katalyse in der Industrie. Mehr als zwei Drittel aller Produkte der chemischen Industrie werden heute mithilfe von Katalysatoren gewonnen. Moderne Verfahren werden sogar zu 90 % katalysiert.

Ammoniak, ein Ausgangsstoff für die in Handelsdüngern enthaltenen Stickstoffverbindungen (Abb. 1), wird durch die Reaktion von Wasserstoff mit Stickstoff hergestellt. Diese Reaktion hat eine sehr hohe Aktivierungsenergie. Erhöht man die Temperatur, beschleunigt sich zwar die Reaktion, doch zerfällt das gebildete Ammoniak dann wieder. Nur mit einem Katalysator gelingt es, bei niedrigen Temperaturen eine ausreichende Geschwindigkeit zu erreichen.

In der *Erdölraffinerie* (Abb. 2) wird das Rohöl nicht nur in die verschieden hoch siedenden Fraktionen aufgetrennt. Es finden auch chemische Reaktionen statt, durch die der Benzinanteil vergrößert und die Benzinqualität verbessert werden. „Mit Platin veredelt" ist der Werbespruch für einen mit Platin katalysierten Umbau der Moleküle.

Die Bedeutung der Katalyse in der Biochemie. Ohne Katalyse wäre Leben unmöglich: Eiweißstoffe katalysieren im Stoffwechsel nahezu jeden Schritt der abertausend biochemischen Reaktionen. Diese als *Biokatalysatoren* wirkenden Eiweißstoffe werden Enzyme genannt, abgeleitet vom griechischen Wort für Sauerteig. Nur durch den Sauerteig (Abb. 3) wird das Brot so locker, wie wir es gewöhnt sind. In ihm arbeiten Enzyme von Bakterien, die Milch- und Essigsäure erzeugen, und Hefepilze, die Kohlenhydrate vergären. Dabei entsteht gasförmiges Kohlenstoffdioxid, durch das der Teig „aufgeht".

Enzyme aus den Hefezellen ermöglichen auch die *alkoholische Gärung*, ein weiteres biotechnisches Verfahren, das vom Menschen seit Jahrtausenden durchgeführt wird (Abb. 4).

1 „Den Stickstoff aus der Luft holen" gelingt nur mithilfe von Katalysatoren. Diese Lagerhalle für den Dünger Nitrophoska (N-, P- und K-Verbindungen) lässt den Umfang der industriellen Düngererzeugung erahnen.

2 Raffinerieanlage mit Destillationstürmen

3 Gärender Sauerteig

4 Gärballon mit Gärrohr: Aus Traubensaft entstehen durch alkoholische Gärung Wein und CO_2 (Schaumbildung).

Energiebeteiligung bei chemischen Reaktionen 143

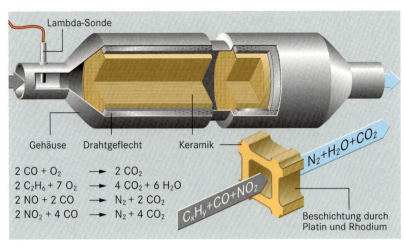

5 Autoabgaskatalysator

Aufgaben

1 Autos mit Abgaskatalysator dürfen kein „verbleites" Benzin tanken. Bei der Verbrennung der dem Benzin zugesetzten Bleiverbindungen entsteht metallisches Blei, das sich auf dem Katalysator niederschlagen würde. Erkläre, warum dadurch die Wirksamkeit des Katalysators aufgehoben wird.

2 Recherchiere die historischen Hintergründe zur katalytischen Synthese von Ammoniak (Haber-Bosch-Verfahren).

3 Im Benzin sind nahezu keine Stickstoffverbindungen enthalten. Wie entstehen die nitrosen Gase (NO_x: NO_2 und NO) in den Autoabgasen?

4 Formuliere einen Sachtext zu Abb. 6. Beschreibe dabei alle Vorgänge und Reaktionen.

Der Autoabgaskatalysator. Heute denkt man beim Wort Katalysator sicher zunächst an den Abgaskatalysator im Kat-Auto. Darunter versteht man die ganze im Blechgehäuse untergebrachte Anlage zur Entgiftung der Abgase (Abb. 5). Sie enthält einen porösen Keramikkörper, auf dessen gewaltiger Oberfläche etwa zwei Gramm des eigentlichen Katalysators (Edelmetalle wie Platin und Rhodium) aufgebracht sind.

Folgende Schadstoffe in den Motorabgasen sollen am Katalysator zu ungiftigen Substanzen weiterreagieren: unverbrannte Kohlenwasserstoffe, das hochgiftige Kohlenstoffmonooxid (CO) und Umwelt belastende Stickstoffoxide. Die Schadstoffe werden nicht in einem physikalischen Prozess herausgefiltert, sondern durch Reaktionen untereinander „unschädlich gemacht". Auf dem Katalysator laufen daher Reaktionen ab, die zu den drei („Drei-Wege-Katalysator") ungiftigen Produkten Kohlenstoffdioxid (CO_2), Stickstoff (N_2) und Wasser führen (Abb. 5).

Diese Reaktionen finden bei den gegebenen Temperaturen ohne Katalysator nicht statt, da die Aktivierungsenergien für die Bildung dieser Stoffe zu hoch sind. Der Katalysator lockert jedoch die Bindungen in den Eduktmolekülen und setzt somit die Aktivierungsenergie für die drei Reaktionen herab (Abb. 6).

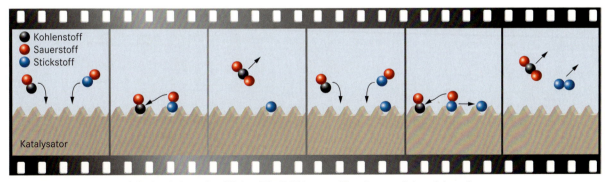

6 Der Katalysator stellt die Reaktionsoberfläche: Die Teilchen treffen dort gezielt aufeinander.

144 Auf einen Blick

chemische Reaktion

Aktivierungsenergie E_A

versetzt Atome und Moleküle in aktivierten Zustand durch
- Ionenbildung,
- Änderung des Aggregatzustands,
- Lockerung der Bindungen

Änderung der inneren Energie E_i

$\Delta E_i = E_i$ (Produkte) $- E_i$ (Edukte)

Energieerhaltungssatz

Gesamtenergie eines abgeschlossenen Systems ist konstant

exotherme Reaktion

- $\Delta E_i < 0$
- E_i der Edukte wird in Wärme-, Licht- oder elektrische Energie umgewandelt
- Reaktion setzt Energie frei
- z. B. Knallgasreaktion

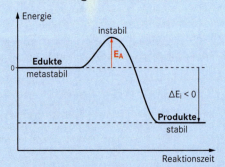

endotherme Reaktionen

- $\Delta E_i > 0$
- Wärme-, Licht- oder elektrische Energie wird in E_i der Produkte umgewandelt
- Reaktion speichert Energie
- z. B. Elektrolyse von Wasser

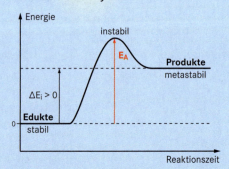

Auf einen Blick   145

- hohe Stoffkonzentration   ⇒ große Teilchenzahl
- hohe Temperatur   ⇒ hohe Teilchengeschwindigkeit   große Häufigkeit von
- große Oberfläche   ⇒ Zusammenstößen
- gezielter Teilchenkontakt   ⇒ häufiger Teilchenkontakt   der Eduktteilchen

Beschleunigung

**Reaktions-
geschwindigkeit**

Katalyse

Katalysator

- senkt Aktivierungsenergie
- sorgt für „Teilchenkontakt"
- ermöglicht und beschleunigt Reaktion
- wird nicht verändert
- z. B. Metalle, Metalloxide, Enzyme

NH₃-Synthese — **Anwendung** — Autoabgaskatalysator

NH_3-Synthese

Haber-Bosch-Verfahren bei niedrigeren Temperaturen und geringem Druck

Autoabgaskatalysator

- poröser Keramikkörper mit großer Oberfläche
- eigentlicher Katalysator: Pt/Rh
- Drei-Wege-Katalysator: Kohlenwasserstoffe, CO und NO_x reagieren zu ungiftigen Produkten (N_2, CO_2, H_2O)
- Reaktionen laufen durch Katalyse bei gegebenen Temperaturen ab

Erdölraffinerie

Benzinveredelung

Biochemie

Enzyme (= Biokatalysatoren) katalysieren Stoffwechsel-reaktionen (Verdauung, Gärung)

Knobelecke

1. Erläutere am Beispiel der Fotosynthese, was man unter einer endothermen Reaktion versteht.

2. Vergleiche in tabellarischer Gegenüberstellung eine exotherme und eine endotherme Reaktion.

3. Ordne folgende Begriffe in Gruppen (Mehrfachnennung möglich) und finde für die gebildeten Gruppen Überbegriffe:
innere Energie – Katalysator – Analyse – Synthese – Reaktionswärme – Aktivierungsenergie – $\Delta E_i > 0$ – $\Delta E_i < 0$ – endotherm – exotherm – energiearmes Produkt – energiereiches Produkt – energiereiches Edukt – Umsetzung – Wassersynthese – Wasseranalyse – Fotosynthese – Atmung

4. Erläutere, warum der Vorgang der Atmung als exothermer Prozess auch für wechselwarme Lebewesen von Bedeutung ist.

5. Wasserstoff ist ein wichtiger Energieträger der Zukunft; bei seiner Umsetzung mit Sauerstoff entsteht nur Wasser. Bewerte die genannten Stoffe bezüglich ihres Gehalts an innerer Energie.

6. Finde die Fehler in der Abbildung. Übertrage die Abbildung richtiggestellt in dein Heft.

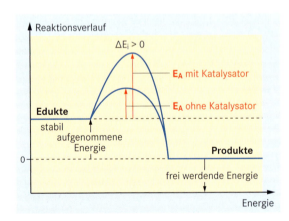

7. Bei der Synthese von Metallsulfiden kann man unterschiedliche Beobachtungen machen. Silbersulfid bildet sich unter einem sehr schwachen Glühen, während sich Eisensulfid oder Zinksulfid unter heftigeren Lichterscheinungen bilden. Begründe diese Beobachtung.

8. Aus den genannten Sulfiden in Aufgabe 6 lassen sich wieder die Elemente gewinnen. Begründe, wie du dabei vorgehen würdest.

9. Bewerte die folgende Aussage: „Bei einem Katalysator handelt es sich um eine Maschine, die Abgase filtert."

10. Nimm Stellung zu folgender Aussage: „Der Herstellungsprozess erfordert eine Katalyse durch Gold und Platin. Das kommt uns zu teuer, laufend Edelmetalle zu verbrauchen."

11. Welche Bedeutung hat die Formel $E = m \cdot c^2$, die Albert Einstein formulierte, für die Kapitel 3.2 und 9.1?

12. Bei der industriellen Fertigung eines Stoffes hat der leitende Chemiker für den Herstellungs-(Reaktions-)prozess Berechnungen angestellt, die in der folgenden Grafik dargestellt sind. Werte die Grafik aus, fasse den Inhalt in eigenen Worten zusammen und berate den Firmenchef hinsichtlich des Herstellungsprozesses.

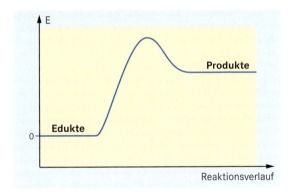

13. Zeichne ein Energiediagramm für die Fotosynthesereaktion.

14. Vergleiche das chemische Energiekonzept mit dem Kapitel „Innere Energie" aus dem Physikunterricht.

10 Quantitative Aspekte chemischer Reaktionen

Die chemische Reaktion ist gekennzeichnet durch einen *Energieumsatz* und eine *Stoffveränderung,* die auf einer Veränderung und Umgruppierung der kleinsten Teilchen beruht.
Es ist aber nicht nur wichtig zu wissen, warum Stoffe miteinander reagieren, sondern auch, wie viele Teilchen miteinander reagieren, damit man *Eduktmengen* genau einwiegen und *Produktmengen* besser abschätzen kann. Chemische Reaktionen werden dadurch „berechenbar".

148 Quantitative Aspekte chemischer Reaktionen

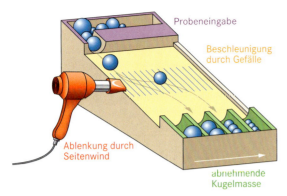

1 Modellversuch: Je leichter die Kugel, um so stärker die Ablenkung durch den Seitenwind. Auf diese Weise werden die Kugeln nach ihrer Masse isoliert.

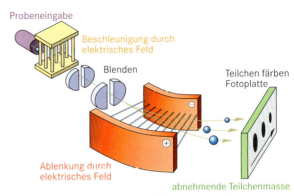

2 Massenspektrograph: Je leichter das positiv geladene Teilchen, um so stärker die Ablenkung durch das elektrische Feld. Auf der Fotoplatte erzeugen die auftreffenden Teilchen schwarze Linien.

10.1 Die Masse von Atomen

Relative Atommassen. Schon Dalton hatte erkannt, dass sich die verschiedenen Arten von Atomen voneinander in ihrer Größe und Masse unterscheiden müssen (→ 4.2). Aber erst nach 1980 war es möglich, mit dem von den deutschen Nobelpreisträgern Gerd Binnig und Heinrich Rohrer entwickelten Rastertunnelmikroskop Atome auch sichtbar zu machen (Abb. 3; vgl. S. 46, Abb. 7). Der Durchmesser eines Atoms liegt in der Größenordnung von Millionstel Millimeter.

Entsprechend ihrer Größe haben die Atome auch eine unglaublich kleine Masse. Dalton konnte die Massen der Atome nicht direkt bestimmen, aber er leitete aus Experimenten *relative Atommassen* ab. Er wählte das leichteste Atom – das Wasserstoffatom – als Bezugsmasse und wies ihm willkürlich den Wert 1 zu. Die Massen der anderen Atomsorten wurden auf diesen Bezugspunkt hin festgelegt. Seit 1961 ist das Kohlenstoffisotop ^{12}C die Bezugsbasis; es hat den Wert 12.

> Die relative Atommasse gibt an, wie groß die Masse eines Atoms im Vergleich zu der Masse des Kohlenstoffisotops ^{12}C ist.

Das Wasserstoffatom ^{1}H, das ca. 11,906-mal leichter ist als ein ^{12}C-Atom, erhält somit die relative Atommasse 1,0078. Das zu 0,015 % häufige Wasserstoffisotop ^{2}H hat die relative Atommasse 2,0141. Somit ergibt sich unter Berücksichtigung der natürlichen Häufigkeiten ein Mittelwert von 1,0079 für das Wasserstoffatom.

Wie vergleicht und ermittelt man Atommassen? Mithilfe eines Massenspektrographen kann man relativ leicht die Massen von Atomen und Molekülen bestimmen. Seine Arbeitsweise zeigt der Modellversuch in Abbildung 1. Bläst man verschieden schwere Kugeln, die über eine schiefe Ebene rollen, von der Seite an, so werden die schwersten Kugeln am wenigsten, die leichtesten Kugeln am stärksten zur Seite abgelenkt.

Info
Um sich die Größe der Atome vorstellen zu können, hier ein Vergleich: In einem Stecknadelkopf haben ca. 100 Trillionen (10^{20}) Eisenatome Platz. Aneinander gereiht würden diese eine Kette von 20 Millionen km ergeben – das ist mehr als die 50-fache Entfernung zwischen Erde und Mond.

3 Das Rastertunnelmikroskop macht einzelne Atome sichtbar.

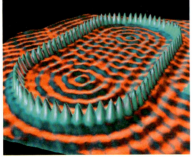

Quantitative Aspekte chemischer Reaktionen **149**

Beim *Massenspektrographen* (Abb. 2) werden die Atome oder Moleküle positiv elektrisch geladen (ionisiert), dann durch eine Gleichspannung beschleunigt und schließlich durch ein elektrisches Feld abgelenkt. Messgeräte registrieren die Stärke der Ablenkung, die mit steigender Atommasse abnimmt. Dadurch erhält man Vergleichswerte, die auf die bekannte Masse eines Atoms, etwa des Atoms ^{12}C, bezogen werden können.

Die atomare Masseneinheit. Die Masse eines ^{12}C-Atoms beträgt nur 0,000 000 000 000 000 000 000 019 932 g (= $1{,}9932 \cdot 10^{-23}$ g). Bei dieser Größenordnung ist die Angabe in Gramm sehr unpraktisch. Daher definierte man eine neue Einheit: Die *atomare Masse* (m_a) mit der *atomaren Masseneinheit u* (von engl. unit = Einheit) wird auf die Masse des ^{12}C-Atoms bezogen.

Die atomare Masseneinheit u beträgt $\frac{1}{12}$ der Atommasse der Kohlenstoffisotops ^{12}C.

Atom-, Molekül- und Formelmasse. Die *Atommassen* (Mittelwerte über alle natürlichen Isotope) der Elemente sind im Periodensystem verzeichnet. Ein Wasserstoffatom hat somit die Masse von 1,0079 u und ein Sauerstoffatom von 15,9994 u. Man schreibt:

$m_a(H) = 1{,}0079$ u   bzw. $m_a(O) = 15{,}9994$ u.

Molekülmassen ergeben sich durch Addition aus den Atommassen, wobei die Indexe der Molekülformel zu Faktoren in der Berechnung werden (Abb. 4). Für ein Molekül A_aB_b gilt:

$m_a(A_aB_b) = a \cdot m_a(A) + b \cdot m_a(B)$.

Salze sind nicht aus Molekülen aufgebaut (→ 7.2). Daher gibt man bei Salzen die *Formelmasse* an, die auf der Verhältnisformel basiert und sich nach denselben Regeln wie die Molekülmasse berechnet (Abb. 5).

Atom-, Molekül- und Formelmassen können auch in der Einheit Gramm angegeben werden. Die Umrechnung erfolgt aufgrund der Beziehung:

$1 \text{ g} = \frac{1 \text{ u}}{1{,}661 \cdot 10^{-24}} \approx 6{,}022 \cdot 10^{23}$ u

Der Zahlenwert des Proportionalitätsfaktors $6{,}022 \cdot 10^{23}$ u/g wird nach dem italienischen Naturforscher Amadeo Avogadro als Avogadro-Zahl (Z_A) bezeichnet: $Z_A = 6{,}022 \cdot 10^{23}$.

Info
Der genaue Wert für 1 u ist:
$1 \text{ u} = \frac{1}{12} m_a(^{12}C) = \frac{1{,}9932 \cdot 10^{-23} \text{ g}}{12} = 1{,}661 \cdot 10^{-24}$ g

Es ist ausreichend, Atommassen in u auf die zweite Kommastelle genau anzugeben.

$m_a(H_2O) = 2 \cdot m_a(H) + 1 \cdot m_a(O)$
$= 2 \cdot 1{,}0079 \text{ u} + 1 \cdot 15{,}9994$ u
$= 18{,}0152$ u

4 So ergibt sich die Molekülmasse von Wasser H_2O.

$m_a(CaCl_2) = 1 \cdot m_a(Ca) + 2 \cdot m_a(Cl)$
$= 1 \cdot 40{,}08 \text{ u} + 2 \cdot 35{,}45$ u
$= 110{,}98$ u

5 So erhält man die Formelmasse von Calciumchlorid $CaCl_2$.

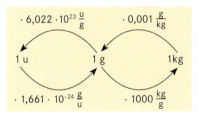

6 Proportionalitätsfaktoren für Masse-Einheiten

Aufgaben
1 Berechne die Atommasse (in u und g) von Sauerstoff und Stickstoff.
2 Berechne die Molekülmasse (in u) von Wasserstoff, Ammoniak, Kohlenstoffdioxid, Kohlenstoffmonooxid, Schwefeltrioxid, Wasser.
3 Berechne die Formelmasse (in u) von Aluminiumoxid, Kupfersulfat, Calciumchlorid, Bariumsulfat und Ammoniumphosphat.
4 Berechne die Molekülmasse (in g) von Wasser und Schwefeldioxid.

Kann man Masseangaben in u einwiegen? → 10.2
Warum ist der Proportionalitätsfaktor Z_A keine „glatte" Zehnerpotenz? → 10.2

Tab. 1 Synthese von CO$_2$: Teilchenzahlen und Massen

Gleichung	C	+	O$_2$	→	CO$_2$
Atom-/Molekülmasse:	12,01 u		32,00 u		44,01 u
Teilchenzahl:	6,022 · 10^{23}		6,022 · 10^{23}		6,022 · 10^{23}
Masse:	12,01 g		32,00 g		44,01 g

10.2 Teilchenzahl und Stoffmenge

Die Teilchenzahl. Aus der Reaktionsgleichung für die Synthese von Kohlenstoffdioxid (Tab. 1) kann man ablesen, dass ein C-Atom mit einem O$_2$-Molekül zu einem CO$_2$-Molekül reagiert. Durch Einsetzen der atomaren Masse m$_a$ erhält man folgenden Zusammenhang: 12,01 u Kohlenstoff reagieren mit 32,00 u Sauerstoff zu 44,01 u Kohlenstoffdioxid (Tab. 1).
Das praktische Arbeiten mit Massenangaben in u ist allerdings nicht möglich, da diese nicht wägbar sind. Außerdem sind an der Reaktion eine Vielzahl von Kohlenstoffatomen bzw. Sauerstoffmolekülen beteiligt. Wie viele Teilchen „lässt" man nun im Labor miteinander reagieren, damit man in einen wägbaren Bereich kommt? Praktisch wäre es, jeweils so viele Atome „zu nehmen", dass der Zahlenwert in u dem Zahlenwert in g genau entspricht. Den gesuchten Faktor x erhält man durch folgende Rechnung:

$$1 \cdot u \cdot x = 1 \text{ g} \quad \rightarrow \quad x = \frac{1 \text{ g}}{1 \text{ u}} = \frac{1 \text{ g}}{1{,}661 \cdot 10^{-24} \text{ g}} = 6{,}022 \cdot 10^{23} = Z_A$$

x ist uns schon bekannt als Avogadro-Zahl Z_A. Nehmen bei der Reaktion von Kohlenstoff und Sauerstoff zu Kohlenstoffdioxid jeweils 6,022 · 10^{23} Teilchen an der Reaktion teil, so entspricht der Zahlenwert in u genau dem Zahlenwert in g (Tab. 1).

Die Stoffmenge. Es ist sinnvoll, immer mit der Teilchenzahl Z_A zu arbeiten, da sich dann die Zahlenwerte von u und g entsprechen. Mit der Zahl 6,022 · 10^{23} zu rechnen, ist allerdings wenig vorteilhaft. Zur Beschreibung der Größe von Stoffportionen verwendet man daher anstelle der Teilchenzahl eine neue Größe: die *Stoffmenge n* mit der *Einheit Mol* (mol).

1 mol ist die Stoffmenge eines beliebigen Stoffes, die aus 6,022 · 10^{23} Teilchen besteht.

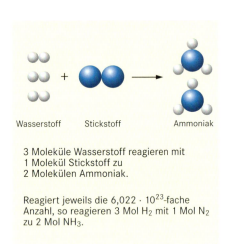

Wasserstoff   Stickstoff   Ammoniak

3 Moleküle Wasserstoff reagieren mit
1 Molekül Stickstoff zu
2 Molekülen Ammoniak.

Reagiert jeweils die 6,022 · 10^{23}-fache Anzahl, so reagieren 3 Mol H$_2$ mit 1 Mol N$_2$ zu 2 Mol NH$_3$.

1 Reaktion von Wasserstoff und Stickstoff zu Ammoniak

Info
Aus dem Alltag kennst du sicher *Mengenangaben* wie „Sixpack" für 6 Flaschen oder auch ein „Dutzend" für 12 Stück. Früher waren solche Maßeinheiten noch gebräuchlicher: 60 Stück nannte man ein „Schock" oder 144 Stück ein „Gros".
Die Mengenangabe „Mol" bezeichnet 6,022 · 10^{23} Teilchen. Diese Teilchenzahl ist unvorstellbar groß: Wenn alle auf der Erde lebenden Menschen (6,5 Milliarden) in jeder Sekunde 3 Teilchen ohne Pause zählen würde, so würde das eine Million Jahre dauern!

2 Verschiedene Stoffportionen mit n = 1 mol.

Die Stoffmenge bezieht sich dabei auf eine bestimmte Teilchenart: n(Cl) auf Chloratome, n(Cl$_2$) auf Chlormoleküle, n(NaCl) auf die Formeleinheit Natriumchlorid oder n(Cl$^-$) auf Chloridionen. Eine Stoffportion Chlor von gegebener Masse enthält somit eine zweimal so große Stoffmenge an Cl-Atomen wie Cl$_2$-Molekülen: n(Cl) = 2 · n(Cl$_2$).

Teilchenzahl und Stoffmenge. Wenn 1 mol 6,022 · 10^{23} Teilchen sind, dann sind 0,5 mol 3,011 · 10^{23} Teilchen und 1 mmol 6,022 · 10^{20} Teilchen. Die Teilchenzahl N ist immer proportional zur Stoffmenge n: n ~ N bzw. N/n = konstant. Den Proportionalitätsfaktor bezeichnet man als *Avogadro-Konstante N$_A$*.

Teilchenzahl N und Stoffmenge n sind zueinander proportional:

N = n · N$_A$, N$_A$ = 6,022 · 10^{23} 1/mol.

Mit dieser Formel lässt sich für jede Stoffmenge die Teilchenzahl und für jede Teilchenzahl die Stoffmenge ermitteln.

Teilchenzahl und Masse. Wenn es sich um Objekte mit gleicher Masse handelt, kann man durch Wiegen die Anzahl feststellen, vorausgesetzt, man kennt die Einzelmasse des Objekts (Abb. 3). Zur Bestimmung der Teilchenzahl teilt man die Gesamtmasse durch die Masse eines Atoms:

$$N(A) = \frac{m(A)}{m_a(A)}$$

12 g Kohlenstoff enthalten demnach 12 g / 12 u = 12 · 6,022 · 10^{23} u / 12 u = 6,022 · 10^{23} Teilchen.

Experimentell eine Formel ermitteln. Um die Molekülformel einer unbekannten Substanz ermitteln zu können, müssen die Massenanteile der Elemente in der Verbindung experimentell bestimmt werden. Dies geschieht mithilfe der Elementaranalyse. Ist der Massenanteil der Elemente bekannt, kann daraus das Atomzahlverhältnis berechnet werden:

empirische Formel: $\frac{m(A)}{m(B)} = \frac{N(A)}{N(B)} \cdot \frac{m_a(A)}{m_a(B)}$ → Formel: $A_{N(A)}B_{N(B)}$

Bei molekularen Verbindungen erhält man allerdings nur eine Formel, die der Verhältnisformel der Salze entspricht. Um zur Molekülformel zu kommen, muss noch die Molekülmasse der Verbindung bekannt sein.

Tab. 2 Beispiel für die Ermittlung einer Formel

Bei der Verbrennung von 2,00 g Kohlenstoff entstehen 7,33 g eines Kohlenstoffoxids mit der Molekülmasse 28 u.
1 Gesetz von der Erhaltung der Masse: m(Sauerstoff) = m(Kohlenstoffoxid) − m(Kohlenstoff) = 5,33 g
2 Atomare Massen (aus PSE) und Massen in die Gleichung einsetzen: $\frac{5,33 \text{ g}}{2,00 \text{ g}} = \frac{N(O)}{N(C)} \cdot \frac{16,00 \text{ u}}{12,01 \text{ u}}$ → $\frac{N(O)}{N(C)} = \frac{5,33 \text{ g}}{2,00 \text{ g}} \cdot \frac{12,01 \text{ u}}{16,00 \text{ u}} = \frac{64,0133}{32,0000} = \frac{2}{1}$
3 Die empirische Formel lautet CO$_2$ (Molekülmasse 28 u).

3 Große Stückzahlen, z. B. von Schrauben oder Münzen, werden nicht durch Abzählen, sondern durch Wiegen mit einer Zählwaage abgemessen.

Info
Bei Verbindungen mit mehr als 2 Atomen muss man für jedes Atom die Teilchenzahl N mithilfe der Gleichung ermitteln. Nun setzt man die Teilchenzahlen zueinander in Beziehung, indem man durch den kleinsten Wert alle Teilchenzahlen teilt. Um auf gerade Zahlen zu kommen, muss man eventuell verdoppeln oder verdreifachen.

Aufgaben
1 Eine Tasse Kaffee enthält 3,16 mol Wasser. Berechne die Anzahl der Wassermoleküle.

2 Berechne jeweils die Stoffmenge: 1,2044 · 10^{16} Sauerstoffmoleküle, 14 · 10^{21} Eisenatome.

3 Die empirische Formel eines Kohlenwasserstoffs lautet CH. Ein Molekül dieser Verbindung hat die Masse 78 u. Wie lautet die Molekülformel?

Wie kann man die Stoffmenge messen? → 10.3
Welcher Zusammenhang besteht zwischen Stoffmenge, Masse und Volumen? → 10.3

10.3 Molare Masse und molares Volumen

Die molare Masse. Man kann die Stoffmenge n nicht direkt messen, weil es kein Messgerät gibt, dass die zu messende Stoffmenge mit der Einheit 1 mol vergleichen kann. Wir wissen aber, dass die Teilchenzahl zur Masse (N ~ m) und zur Stoffmenge (N ~ n) proportional ist. Somit ist die Stoffmenge auch proportional zur Masse (n ~ m). Je größer die Stoffmenge, desto größer ist auch die Masse.
Der Proportionalitätsfaktor ist der Quotient aus Masse und Stoffmenge der Stoffportion; man bezeichnet ihn als *molare Masse M*. Er ist für jeden Stoff eine charakteristische Größe und hat die Einheit g/mol.

Die Masse eines Mols, also von 6,022 · 10²³ Teilchen, wird als *molare Masse* bezeichnet.

$$M(\text{Stoff}) = \frac{m(\text{Stoffportion})}{n(\text{Stoffportion})} \qquad \text{Die Einheit ist } \frac{g}{mol}.$$

Die molare Masse hat denselben Zahlenwert wie die atomare Masse. Daher kann sie analog aus dem PSE abgelesen und wie die atomare Masse auf Atome, Moleküle und Formeleinheiten angewendet werden:
$M(Cl) = 35,5$ g/mol, $M(Cl_2) = 71,0$ g/mol), $M(NaCl) = 58,5$ g/mol
Die molare Masse des Cl_2-Moleküls ist somit doppelt so groß wie die molare Masse des Cl-Atoms: $2 \cdot M(Cl) = M(Cl_2)$.

Das molare Volumen. Bei Gasen ist es praktischer, statt der Masse das Volumen zu bestimmen. Ebenso wie die Masse ist auch das Volumen proportional zur Stoffmenge (n ~ V). Je größer die Stoffmenge, desto größer ist auch das Volumen.
Der Proportionalitätsfaktor ist der Quotient aus Volumen und Stoffmenge; man bezeichnet ihn als *molares Volumen V_m*. Er hat die Einheit l/mol.

Das Volumen eines Mols, also von 6,022 · 10²³ Teilchen, wird als *molares Volumen* bezeichnet.

$$V_m(\text{Stoff}) = \frac{V(\text{Stoffportion})}{n(\text{Stoffportion})} \qquad \text{Die Einheit ist } \frac{l}{mol}.$$

Da das Volumen druck- und temperaturabhängig ist, müssen die Bedingungen (p und T) angegeben werden. Daher hat man einen sogenannten Normzustand mit einem bestimmten Druck und einer bestimmten Temperatur festgelegt: $p_n = 101{,}325$ kPa $= 1{,}01325$ bar, $T_n = 273{,}15$ K $= 0\,°C$.
Nach Avogadro gilt aber, dass alle Gase bei gleichen Bedingungen immer die gleiche Teilchenzahl enthalten. Daraus folgt:

Das molare Volumen von unterschiedlichen Gasen ist bei gleichem Druck und gleicher Temperatur immer gleich groß.
Das molare Normvolumen V_{mn} aller Gase bei p_n und T_n ist stoffunabhängig. Es beträgt 22,4 l/mol.

Molare Masse M
Einheit: g/mol

ist die Masse von
1 mol = 6,022 · 10²³ Teilchen
$M(x) = m_A(x) \cdot g/u$

12 g	18 g	58 g
Kohlenstoff	Wasser	Kochsalz

enthalten je 6,022 · 10²³

Atome	Moleküle	Ionen
C	H_2O	NaCl

1 Die molare Masse M

Info
Streng genommen gilt das molare Normvolumen nur bei sogenannten idealen Gasen, deren Teilchen sich nicht gegenseitig beeinflussen, z. B. anziehen.

2 Das molare Volumen

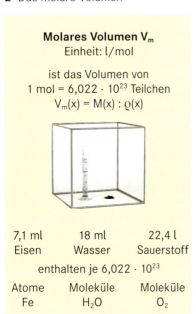

Molares Volumen V_m
Einheit: l/mol

ist das Volumen von
1 mol = 6,022 · 10²³ Teilchen
$V_m(x) = M(x) : \varrho(x)$

7,1 ml	18 ml	22,4 l
Eisen	Wasser	Sauerstoff

enthalten je 6,022 · 10²³

Atome	Moleküle	Moleküle
Fe	H_2O	O_2

Quantitative Aspekte chemischer Reaktionen   153

★ **Allgemeine Gasgleichung.** Um die Druck- und Temperaturverhältnisse zu berücksichtigen und somit das molare Volumen auch bei anderen Bedingungen als den Normzustand zu berechnen, benötigt man die allgemeine Gasgleichung:

$$\frac{p_n \cdot V_{mn}}{T_n} = \frac{p \cdot V_m}{T}$$

Die Angaben mit dem Index n beziehen sich auf den Normzustand und können zur allgemeinen Gaskonstanten R zusammengefasst werden. Löst man anschließend nach V_m auf so erhält man den mathematischen Zusammenhang für andere Druck- und Temperaturverhältnisse: Man kann das molare Volumen berechnen, wenn kein Normzustand vorliegt:

$$R = \frac{p \cdot V_m}{T} \quad \rightarrow \quad V_m = \frac{R \cdot T}{p}$$

Gehaltsangaben: Konzentrationen und Anteile. Die Gehaltsgrößen beziehen sich auf Gemische und informieren über deren Zusammensetzung. Bei *Konzentrationen* wird immer das Volumen der Lösung L (Lösestoff LS + Lösemittel LM) als Bezugspunkt genommen.
- Eine wichtige Konzentrationsangabe ist die *Stoffmengenkonzentration* oder *Molarität c* mit der Einheit mol/l Sie gibt an, wie viel mol des Lösestoffes in einem Liter Lösung enthalten sind:

$$c(\text{Stoff}) = \frac{n(\text{Stoffportion})}{V(\text{Lösung})}$$

- Die *Massenkonzentration* β mit der Einheit g/l gibt die Masse an Lösestoff pro Liter Lösung an:

$$\beta(\text{Stoff}) = \frac{m(\text{Stoffportion})}{V(\text{Lösung})}$$

Info
Eine weitere, aber nur noch selten verwendete Konzentrationsangabe ist die *Molalität b* mit der Einheit mol/kg. Hier wird die Stoffmenge des zu betrachtenden Stoffes (z. B. Lösestoff) auf die Masse des Lösemittels (LM) bezogen.

Bei *Anteilen* wird immer das Gemisch, z.B. die Lösung, in der Einheit angegeben, wie der zu betrachtende Stoff, z.B. der Lösestoff, vorliegt. Dadurch lassen sich die Einheiten „wegkürzen" und man erhält eine Zahl, die in Prozent (Hundertstel), Promille (Tausendstel), ppm („parts per million" = Millionstel), ppb („parts per billions" = Milliardstel) und ppt („parts per trillion" = Billionstel) angegeben wird.
Anteilsberechnungen werden vor allem bei Schadstoffnachweisen (Massenprozent) oder bei alkoholischen Getränken (Volumenprozent, vgl. Aufgabe 9, S. 157) verwendet.

Aufgaben
1 Wie viele Eisenatome sind in einem Stecknadelkopf von der Masse m = 0,1 g enthalten und wie viel Mol sind das?
2 Welches Volumen haben 7 g Stickstoff bzw. 10^{20} Sauerstoffmoleküle im Normzustand?
3 0,769 mol eines unbekannten Stoffes besitzen eine Masse von 20,0 g. Berechne seine molare Masse und finde den Elementnamen.
4 Wie viel Gramm Kochsalz enthalten 5 kg einer 5%igen Kochsalzlösung?

M 19 Reaktionsgleichung: Informationen ablesen und berechnen

Mithilfe einer einzigen Formel lassen sich Stoffmengen, Massen, Volumina oder Teilchenzahlen berechnen. Verlangt eine Aufgabenstellung stöchiometrische Berechnungen, so kann man diese übersichtlich in Tabellenform direkt unterhalb der Reaktionsgleichung durchführen.

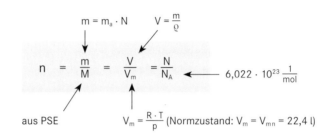

Alle wichtigen Größen auf einen Blick:

Größe	Name	Einheit	Berechnung/Wert
n	Stoffmenge	mol	$n = \frac{N}{N_A} = \frac{m}{M} = \frac{V}{V_m}$
N	Teilchenzahl	–	$N = n \cdot N_A$
N_A	Avogadro-Konstante	$\frac{1}{mol}$	$N_A = 6{,}022 \cdot 10^{23}\ mol^{-1}$
m	Masse	g	$m = M \cdot n = m_a \cdot N$
m_a	atomare Masse	u	$m_a = \frac{m}{N} = 1{,}661 \cdot 10^{-24}\ g$
M	molare Masse	$\frac{g}{mol}$	$M = \frac{m}{n}$ (aus PSE abzulesen)
V	Volumen	l oder cm³	$V = \frac{m}{\varrho}$ (1 l = 1 dm³ und 1 ml = 1 cm³)
V_m	molares Volumen	$\frac{l}{mol}$	$V_m = \frac{V}{n} = \frac{M}{\varrho} = \frac{V_{mn} \cdot p_n \cdot T}{T_n \cdot p} = \frac{R \cdot T}{p}$
T	Temperatur	K	$T = \vartheta + 273{,}15$ (ϑ = Temperatur in °C)
p	Druck	Pa oder bar	$1\ Pa = 1\ \frac{N}{m^2}$ (N = Newton) und $1\ bar = 10^5\ Pa$
V_{mn}	molares Normvolumen	$\frac{l}{mol}$	$V_m = \frac{V}{n} = \frac{R \cdot T_n}{p_n} = \frac{8{,}315 \cdot 273{,}15\ l \cdot kPa \cdot K}{101{,}325\ kPa \cdot mol \cdot K} = 22{,}4\ \frac{l}{mol}$
T_n	Temperatur (Normzustand)	K	$T_n = 273{,}15\ K = 0\ °C$
p_n	Druck (Normzustand)	kPa	$p_n = 101{,}325\ kPa = 1013{,}25\ hPa = 1013{,}25\ mbar$
ϱ	Dichte	$\frac{g}{l}$	$\varrho = \frac{M}{V} = \frac{M}{V_m}$ (in Tabellen verzeichnet)
R	allgemeine Gaskonstante	$\frac{l \cdot kPa}{mol \cdot K}$	$R = \frac{V_{mn} \cdot p_n}{T_n} = 8{,}315\ \frac{l \cdot kPa}{mol \cdot K}$

Methoden 155

Tabelle allgemein:

Stoffebene (Wortgleichung)	Name Edukt A	+	Name Edukt B	→	Name Produkt C	+	Name Produkt D
Teilchenebene (Reaktionsgleichung)	a A	+	b B	→	c C	+	d D
theoretisches Stoffmengenverhältnis (Verhältnisse der Koeffizienten)	a	:	b	:	c	:	d
berechnete Stoffmenge $n = \frac{m}{M}$ (mol)	n(A)		n(B)		n(C)		n(D)
Masse m (g)	m(A)		m(B)		m(C)		m(D)
molare Masse M $(\frac{g}{mol})$ aus PSE ablesen	M(A)		M(B)		M(C)		M(D)
molares Volumen V_m (bei Normzustand: $22{,}4\frac{l}{mol}$)	V_m(A)		V_m(B)		V_m(C)		V_m(D)
Volumen $V = n \cdot V_m$ (l)	V(A)		V(B)		V(C)		V(D)
Teilchenzahl $N = n \cdot N_A$	N(A)		N(B)		N(C)		N(D)

Vorgehensweise:

1. Reaktionsgleichung aufstellen (Koeffizienten und Indexe müssen korrekt sein)
2. Gegebene Angaben aus der Frage und molare Massen M aus dem PSE in die Tabelle eintragen.
3. Gesuchte Größen in der Tabelle markieren.
4. Mithilfe der Formel Stoffmengen ausrechnen.
5. Konkrete Stoffmengen über Stoffmengenverhältnisse aus der Reaktionsgleichung herleiten.
6. Gesuchte Größen berechnen.

Beispielaufgabe:

10 g Zinkpulver reagieren mit Salzsäure (Wasserstoffchlorid) zu Zink(II)-chlorid und Wasserstoff.

a) Wie viel Gramm Zink(II)-chlorid entstehen?
b) Wie viel Liter Wasserstoff entstehen unter Normbedingungen?
c) Wie viele Wasserstoffchloridmoleküle nehmen an der Reaktion teil?

Tabelle für Beispiel:

Wortgleichung	Zink	+	Wasserstoffchlorid →		Zink(II)-chlorid	+	Wasserstoff
Reaktionsgleichung	Zn	+	2 HCl	→	$ZnCl_2$	+	H_2
Stoffmengenverhältnis	1	:	2	:	1	:	1
n	(1) 0,15 mol		(2) 0,3 mol		(2) 0,15 mol		(2) 0,15 mol
m	10 g				(3) 20,46 g		
M	65,4 g/mol		36,5 g/mol		136,4 g/mol		2 g/mol
V_m (bei Normzustand)	–		–		–		22,4 l
V (bei Normzustand)	–		–		–		(4) 3,36 l
N			(5) $1{,}8066 \cdot 10^{23}$				

Nebenrechnungen:

(1) $n(Zn) = \frac{m(Zn)}{M(Zn)} = \frac{10\,g}{65{,}4\,\frac{g}{mol}} = 0{,}15$ mol

(2) $n(Zn) : n(HCl) = 1 : 2$
$n(HCl) = 2 \cdot n(Zn) = 2 \cdot 0{,}15$ mol $= 0{,}3$ mol
$n(Zn) : n(ZnCl_2) = 1 : 1$
$n(ZnCl_2) = n(Zn) = 0{,}15$ mol
$n(Zn) : n(H_2) = 1 : 1$
$n(H_2) = n(Zn) = 0{,}15$ mol

(3) $m(ZnCl_2) = M(ZnCl_2) \cdot n(ZnCl_2) =$
$136{,}4\,\frac{g}{mol} \cdot 0{,}15$ mol $= 20{,}46$ g

(4) $V(H_2) = V_m \cdot n(H_2) = 22{,}4\,\frac{l}{mol} \cdot 0{,}15$ mol $= 3{,}36$ l

(5) $N(HCl) = N_A \cdot n(HCl) =$
$6{,}022 \cdot 10^{23}\,\frac{1}{mol} \cdot 0{,}3$ mol $= 1{,}8066 \cdot 10^{23}$

M 20 Reaktionsgleichungen und quantitative Berechnungen

Um genaue Berechnungen an einer chemischen Reaktionsgleichung durchführen zu können, müssen bei allen chemischen Formeln neben dem richtigen Index auch die Koeffizienten stimmen, da sie für die Molzahlverhältnisse herangezogen werden.
Nicht immer ist das Einrichten einer Reaktionsgleichung durch Ausprobieren ohne Schwierigkeiten lösbar, da die Koeffizienten größere Zahlen und manchmal nicht sofort einsichtig sind.
In diesem Fall bietet sich ein mathematisches Verfahren an, welches auf Gleichungssystemen beruht. Um dieses lösen zu können, benötigt man ebenso viele Gleichungen wie Unbekannte. Mithilfe eines Verfahrens, das auf den griechischen Mathematiker Diophantos (gest. um 290 nach Christus) zurückgeht, lassen sich diese Gleichungen leicht bewältigen und selbst hartnäckige Problemfälle lösen. Die Tabelle auf der nächsten Seite zeigt dir, wie du dabei vorgehen kannst.
Mithilfe der Tabelle lassen sich die Aufgaben unten leicht lösen. Stelle für alle darin beschriebenen Reaktionen die Reaktionsgleichungen auf und führe die quantitativen Berechnungen durch. Du benötigst nicht immer das diophantische Verfahren.

Aufgaben

1 Im Automotor reagieren die beiden Hauptbestandteile der Luft, Stickstoff und Sauerstoff, in zwei Reaktionen zu den gefährlichen Gasen Stickstoffmonooxid und Stickstoffdioxid.
Wie viel Liter der Schadgase entstehen bei der Reaktion von 20 l Stickstoff?

2 In der Frühzeit der Fotografie wurden Blitzlämpchen verwendet, in denen eine dünne Aluminium-Folie und Sauerstoff eingeschlossen waren. Bei der Verbrennung entsteht das Aluminium(III)-oxid.
Wie viel Liter Sauerstoff werden für die Verbrennung von 10 g Aluminium(III)-oxid benötigt?

3 Elektrolysiert man die Schmelze von Kochsalz, so entstehen das Metall Natrium und das giftige Gas Chlor.
Wie viel Kilogramm Kochsalz benötigt man zur Gewinnung von 5 kg Natrium? Wie viel Liter Chlorgas entstehen dabei?

4 Benzol C_6H_6 ist ein giftiger Bestandteil hochwertiger Benzine. Im Motor verbrennt es zu Kohlenstoffdioxid und Wasser.
Wie viele Wassermoleküle erhält man aus 1 g Benzol?

5 Ammoniak ist Ausgangsstoff für die Herstellung von Düngern und wird in großer Menge aus den Elementen hergestellt.
Wie viel Liter Stickstoff benötigt man zur Erzeugung von 10 g Ammoniak?

6 Eisen verbrennt in Chlorgas zu Eisen(III)-chlorid. Wie viel Gramm Eisen(III)-chlorid erhält man aus 1 kg Eisen?

7 Das übel riechende Wasserstoffsulfid entsteht neben Zink(II)-chlorid bei der Umsetzung von Zink(II)-sulfid mit Salzsäure.
Wie viel Gramm Zink(II)-chlorid erhält man mit 250 g Zink(II)-sulfid?

8 Iod reagiert mit Chlor und Wasser zu HIO_3 und Salzsäure.
Berechne die Anzahl der Iodmoleküle, die für die Synthese von 10 g Salzsäure nötig sind.

9 Gas-Feuerzeuge enthalten vielfach Propan C_3H_8. Bei Gebrauch strömt das Gas aus und wird durch einen Funken entzündet. Dabei reagiert es mit Sauerstoff zu Kohlenstoffdioxid und Wasser.
Wie viel Liter Kohlenstoffdioxid entstehen bei der Verbrennung von 50 g Propan?

10 Kupfer reagiert mit erhitzter Schwefelsäure H_2SO_4. Dabei entstehen Schwefeldioxid, Kupfersulfat $CuSO_4$ und Wasser.
Wie viel Gramm Kupfer sind für die Synthese von 20 g Wasser nötig?

Methoden 157

11 Das in den Autoabgasen enthaltene Stickstoffdioxid reagiert in der Luft mit Wasser und Sauerstoff zu Salpetersäure HNO_3 und ist damit an der Entstehung des „Sauren Regens" beteiligt.
Wie viel Liter Stickstoffdioxid entstehen bei der Reaktion mit 250 g Wasser?

12 In Heizkraftwerken entsteht bei der Verbrennung Stickstoffdioxid. Durch Umsetzung dieses Schadstoffes mit Ammoniak zu elementarem Stickstoff und Wasser werden die Abgase „entstickt".
Wie viel g Ammoniak benötigt man zur Entstickung von 100 l Stickstoffdioxid?

13 Ein früher verbreitetes Verfahren zur Gewinnung von Chlor ging von Braunstein (Mangan(IV)-oxid) und Salzsäure aus. Als weitere Produkte entstanden dabei Mangan(II)-chlorid und Wasser.
Wie viel Liter Chlor und wie viel Gramm Wasser entstehen bei der Reaktion von 20 g Braunstein?

14 Chlor kann man auch aus Kaliumpermanganat $KMnO_4$ und Salzsäure herstellen. Weitere Produkte dieser Reaktion sind Kalium(I)-chlorid, Mangan(II)-chlorid und Wasser.
Wie viel Liter Chlor entstehen, wenn 120 g Wasser gebildet werden?

So wird's gemacht	Beispiel 1: Wasserstoffsulfid wird verbrannt	Beispiel 2: Pyrit (FeS_2) wird geröstet, dabei entsteht Eisen(III)-oxid und es entweicht Schwefeldioxid
1 Reaktionsgleichung aufstellen und Platzhalter setzen: Vor jede Formel für gesuchten Koeffizient einen Platzhalter setzen.	$a\,H_2S + b\,O_2 \rightarrow c\,SO_2 + d\,H_2O$	$a\,FeS_2 + b\,O_2 \rightarrow c\,Fe_2O_3 + d\,SO_2$
2 Hilfsgleichungen aufstellen: Durch Multiplikation von Koeffizient (Platzhalter) und Index auf Edukt- und auf Produktseite wird jeweils eine Gleichung pro Element aufgestellt. Dabei wird der Reaktionspfeil durch das Gleichheitszeichen ersetzt und die Pluszeichen bleiben erhalten.	für (H): $2a = 2d$ für (S): $1a = 1c$ für (O) $2b = 2c + 1d$	für (Fe): $1a = 2c$ für (S): $2a = 1d$ für (O) $2b = 3c + 2d$
3 Zusatzgleichung aufstellen: Da es sich bei den Koeffizienten um ganze, positive und teilerfremde Zahlen handeln muss, darf einer der Platzhalter gleich 1 gesetzt werden. Meist wird der in den bisherigen Gleichungen am häufigsten vertretene verwendet. So gewinnt man die Zusatzgleichung (Z).	(Z) $a = 1$	(Z) $a = 1$
4 Koeffizienten berechnen:	aus (H) und (Z): $d = a = 1$ aus (S) und (Z): $c = a = 1$ aus (O): $2b = 2c + d = 3$, also $b = 1,5$	aus (Z): $a = 1$ aus (Fe): $c = 0,5a = 0,5$ aus (S): $d = 2a = 2$ aus (O): $b = (3c + 2d) : 2 = 5,5 : 2 = 2,75$
5 Platzhalter in die Gleichung einsetzen: Es kann vorkommen, dass man erst durch Multiplikation der gesamten Gleichung ganzzahlige Koeffizienten erhält.	$1\,H_2S + 1,5\,O_2 \rightarrow 1\,SO_2 + 1\,H_2O$ Multiplikation mit 2: $2\,H_2S + 3\,O_2 \rightarrow 2\,SO_2 + 2\,H_2O$	$1\,FeS_2 + 2,75\,O_2 \rightarrow 0,5\,Fe_2O_3 + 2\,SO_2$ Multiplikation mit 4: $4\,FeS_2 + 11\,O_2 \rightarrow 2\,Fe_2O_3 + 8\,SO_2$
6 Probe durchführen:	(H): $2 \cdot 2 = 2 \cdot 2 \Rightarrow 4 = 4$ (S): $2 \cdot 1 = 2 \cdot 1 \Rightarrow 2 = 2$ (O): $3 \cdot 2 = 2 \cdot 2 + 2 \cdot 1 \Rightarrow 6 = 6$	(Fe): $4 \cdot 1 = 2 \cdot 1 \Rightarrow 4 = 4$ (S): $4 \cdot 2 = 8 \cdot 1 \Rightarrow 8 = 8$ (O): $11 \cdot 2 = 2 \cdot 3 + 8 \cdot 2 \Rightarrow 22 = 22$

Auf einen Blick

Berechnungen

- empirische Formel: $\dfrac{m(A)}{m(B)} = \dfrac{N(A)}{N(B)} \cdot \dfrac{m_a(A)}{m_a(B)}$ ⇒ $A_{N(A)} B_{N(B)}$

  ↓ Experiment   ↓ PSE

- Stoffmengen-/Massen-/Volumen-Anteil = $\dfrac{\text{Stoffmenge/Masse/Volumen des Lösestoffes (LS)}}{\text{Stoffmenge/Masse/Volumen der Lösung (L = LS + LM)}}$

- Stoffmengen-/Massen-/Volumen-Konzentration = $\dfrac{\text{Stoffmenge/Masse/Volumen des Lösestoffes (LS)}}{\text{Volumen der Lösung (L = LS + LM)}}$

quantitative Aspekte

Konstanten und Einheiten

- Avogadro-Konstante $N_A = 6{,}022 \cdot 10^{23}$ 1/mol
- Avogadro-Zahl $Z_A = 6{,}022 \cdot 10^{23}$
- allgemeine Gaskonstante $R = 8{,}315\ l \cdot kPa/mol \cdot K$
- $1\ u = 1{,}661 \cdot 10^{-29}\ g$ (1 g = $6{,}022 \cdot 10^{23}\ u$)

extensive Größen / Quantitätsgrößen

(sind abhängig von der Stoffportion)

- Masse   m [g]
- Volumen   V [cm³]
- Teilchenzahl   N [ ]
- Stoffmenge   n [mol]

intensive Größen / Qualitätsgrößen

(sind unabhängig von der Stoffportion)

- Dichte   ϱ [kg/m³]
- molare Masse   M [g/mol]
- molares Volumen V_m [cm³/mol]
- atomare Masse m_a [u]

Zusammenhang

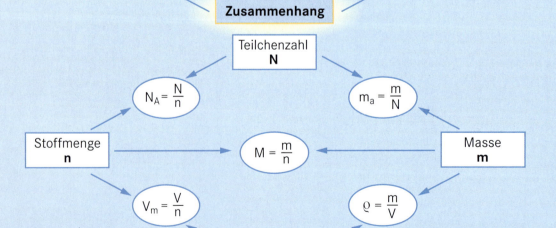

Knobelecke   159

1 a) Zeichne zu den Tabellen Graphen in 2 Koordinatensysteme ein (X-Achse = Stoffmenge; Tab. 1 + 2: Y-Achse = Masse, Tab. 3 + 4: Y-Achse = Volumen).
b) Ermittle die Steigung und interpretiere sowie vergleiche das Ergebnis.

Tabelle 1:

$m(H_2O)$	9 g	18 g	27 g	32 g	41 g
$n(H_2O)$	0,5 mol	1 mol	1,5 mol	2 mol	2,5 mol

Tabelle 2:

$m(CaO)$	28 g	56 g	84 g	112 g	140 g
$n(CaO)$	0,5 mol	1 mol	1,5 mol	2 mol	2,5 mol

Tabelle 3:
(Normbedingungen: 273,15 K, 101,325 kPa)

$V(H_2)$	11,2 l	22,4 l	33,6 l	44,8 l	56,0 l
$n(H_2)$	0,5 mol	1 mol	1,5 mol	2 mol	2,5 mol

Tabelle 4:
(Normbedingungen: 273,15 K, 101,325 kPa)

$V(CO_2)$	11,2 l	22,4 l	33,6 l	44,8 l	56,0 l
$n(CO_2)$	0,5 mol	1 mol	1,5 mol	2 mol	2,5 mol

2 Wie groß ist die Dichte von CO_2 im Normzustand?

3 0,125 g eines Gases nehmen im Normzustand 1,400 l ein. 2,48 g eines anderen Gases nehmen bei 273 K und 988 hPa ein Volumen von 1,91 l ein. Wie groß ist jeweils die molare Masse der Gase und um welche Gase kann es sich handeln?

4 Die Massenanteile der Elemente in der Verbindung $C_xH_yO_z$ sind m(C) = 52 %, m(H) = 13 % und m(O) = 35 %. Die molare Masse der Verbindung beträgt 138 g/mol. Wie lautet die Formel?

5 Im Hochofen reagieren Eisen(III)-oxid und Kohlenstoffdioxid zu Eisen und Kohlenstoffdioxid.
a) Welche Masse Eisen können aus 1000 kg Eisenoxid gewonnen werden?
b) Welches Volumen an Kohlenstoffdioxid entweicht?

6 Die Verbrennung von Benzin (ϱ = 0,7 g/cm³) verläuft vereinfacht nach folgender Gleichung:
$2\,C_8H_{18} + 25\,O_2 \rightarrow 16\,CO_2 + 18\,H_2O$.
Ein PKW verbraucht durchschnittlich 9 l pro 100 km. Wie viele Kilogramm und Liter Kohlenstoffdioxid im Normzustand werden bei einer Fahrt von München nach Berlin (ca. 600 km) ausgestoßen?

7 a) Wie viele Liter Sauerstoff braucht ein Mensch, damit er 20 g Traubenzucker ($C_6H_{12}O_6$) in seinem Stoffwechsel (Zellatmung) vollständig zu Wasser und Kohlenstoffdioxid „verbrennen" kann? Es gilt der Normzustand.
b) Wie viele Gramm Wasser entstehen dabei?
c) Wie viele Liter Luft müsste er dafür einatmen?

8 Zwei Pils (je ca. 0,33 l) mit einer Alkoholkonzentration von 5 % werden getrunken.
a) Wie viel ml Alkohol gelangen ins Blut?
b) Wie hoch ist die Konzentration in Volumenpromille, wenn diese gesamte Alkoholmenge in den Blutkreislauf (ca. 5 Blut) gelangen würde?

9 Welches Volumen besitzen 15 g Methan (CH_4) und 15 g Sauerstoff im Normzustand?

10 Erstelle eine Tabelle, in der für Blei, Schwefel, Sauerstoff, Gold, Chlor, Helium, Aluminium, Uran und Natrium jeweils die Größen m, V, n, N, M, V_m und ϱ verzeichnet sind. Berechne die fehlenden Werte, wenn folgende Größen angegeben sind: Blei (200 g, 11,4 g/cm³), Gold (20 cm³, 19,3 g/cm³), Schwefel ($2,4 \cdot 10^{24}$, 10,7 cm³/mol), Helium (50 g, 18 l/mol), Sauerstoff (5 mol, 10 l/mol), Chlor (10^{26}, 22,4 l/mol), Aluminium (200 cm³, 2,7 g/cm³) und Uran (500 g, 7,11 cm³/mol)

11 7,84 g Stickstoff verbinden sich mit 22,40 g Sauerstoff. Ermittle die empirische Formel des gebildeten Oxids.

12 Bestimme die Anzahl der Schwefel- und Natriumatome, die in 100 g Natriumsulfat (Na_2SO_4) gebunden sind.

Grundwissen Stoffe

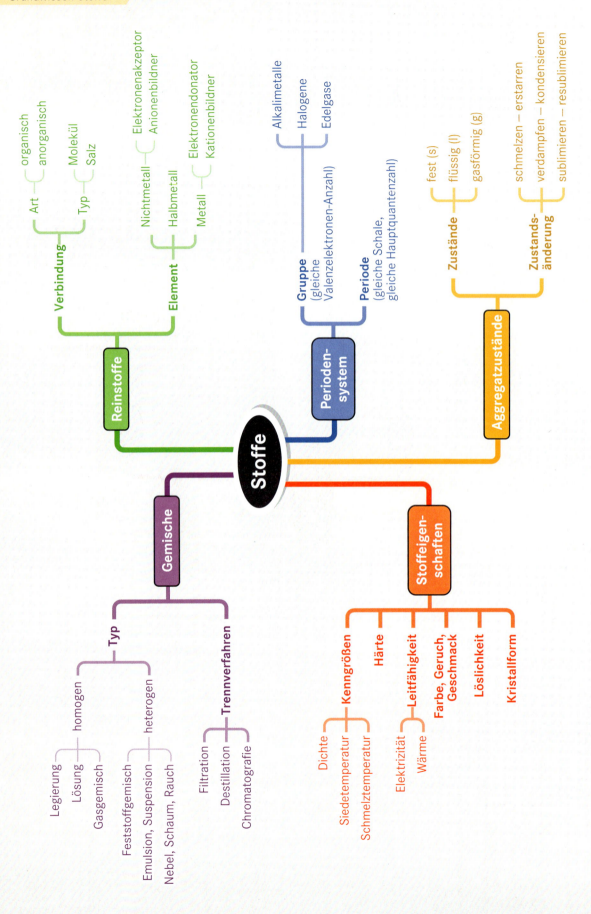

Grundwissen Teilchen 161

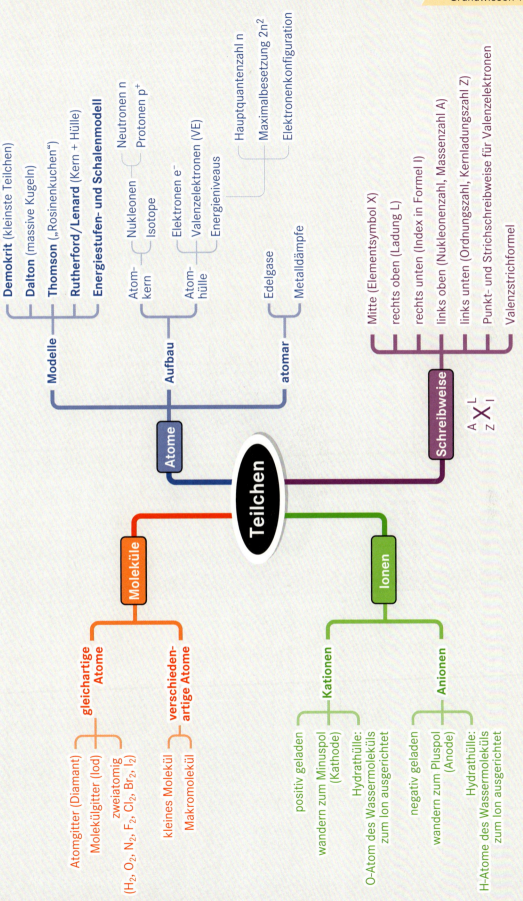

162 Grundwissen Struktur

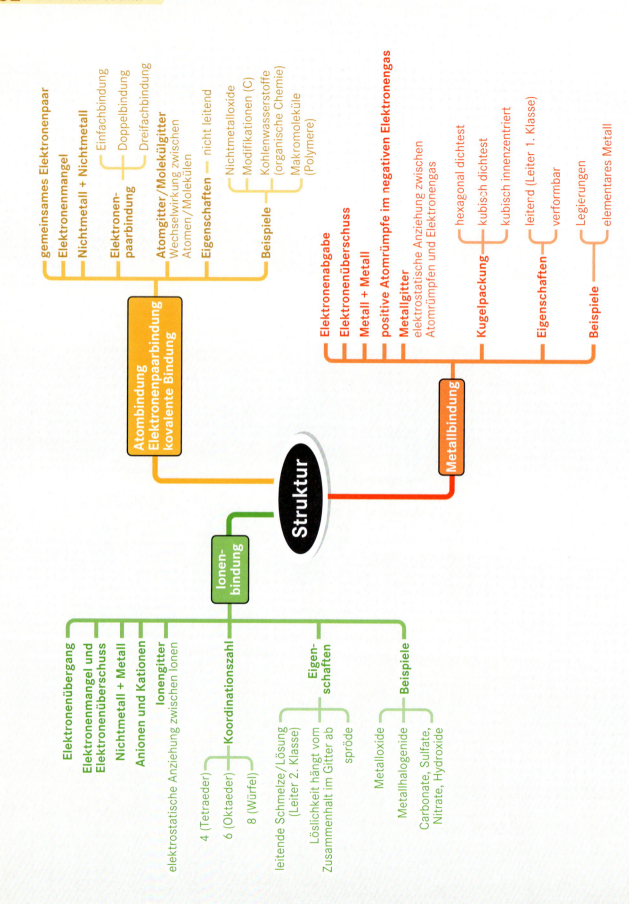

Grundwissen chemische Reaktion

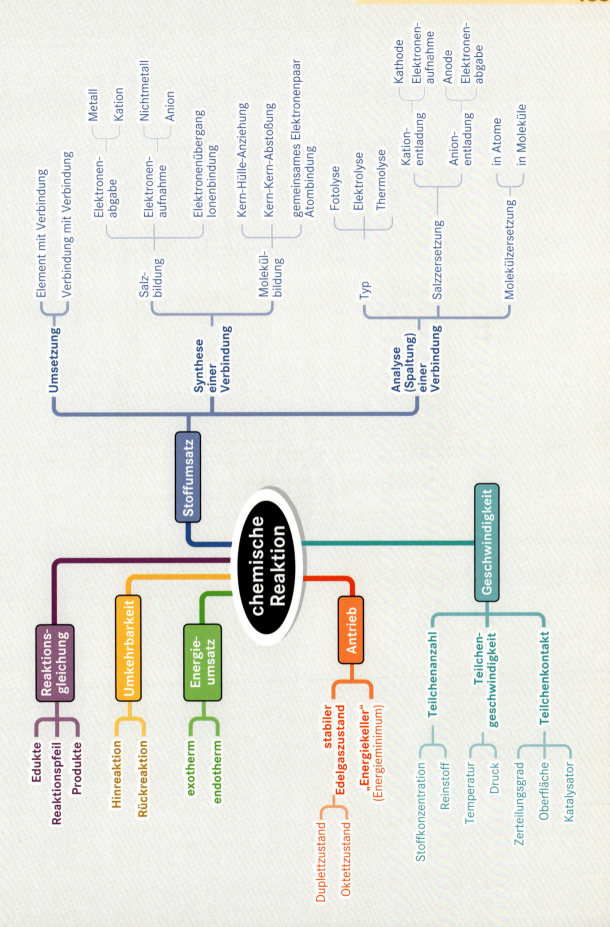

Grundwissen Energie

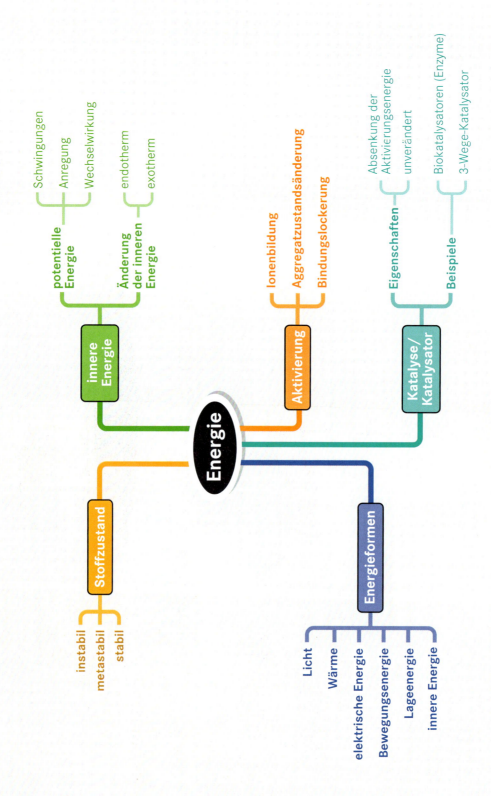

Grundwissen Größen – Formeln – Gesetze **165**

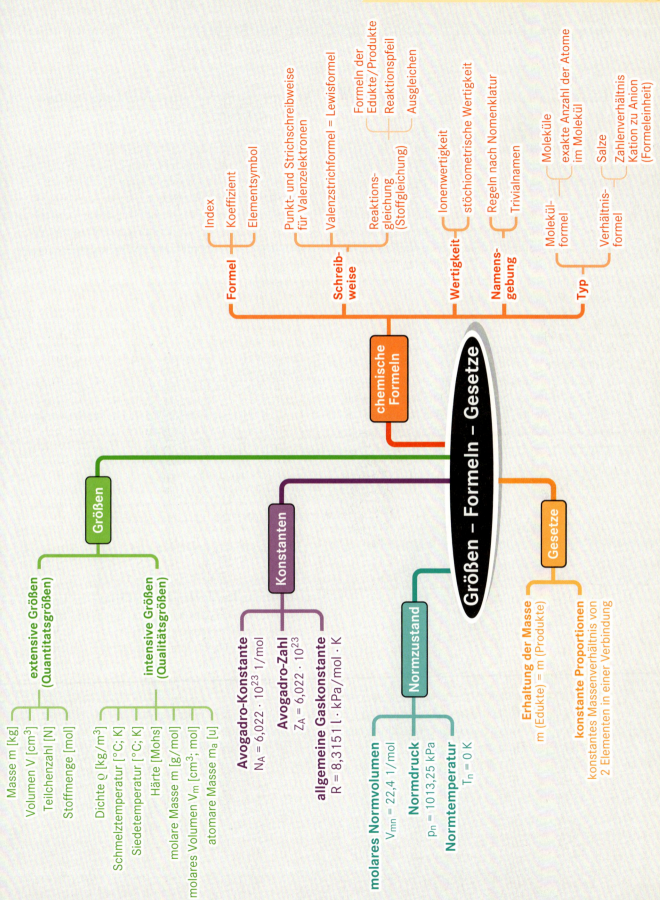

Versuche zu Kapitel 2: Stoffe – Bausteine der Materie

1
Prüfe das Verhalten der Stoffe in Wasser.
Fülle sechs Reagenzgläser zu einem Viertel mit Wasser. Gib in je ein Reagenzglas mit dem Spatel bzw. mit einer Tropfpipette eine kleine Portion Kochsalz, Gips, Zucker, Holzkohle, Speiseöl, Brennspiritus (F). Verschließe die Reagenzgläser mit Stopfen und schüttle. Beobachte.
Notiere deine Beobachtungen. Deute das Ergebnis. Ordne die Stoffe. Verwende dabei die Begriffe „gut löslich", „schwer löslich" und „nahezu unlöslich".
Entsorgung: Ölreste und Brennspiritus in den Sammelbehälter III, feste Stoffe in den Sammelbehälter für Hausmüll geben.

2
Ermittle den Temperaturverlauf beim Erhitzen von Wasser.
Vorsicht! Schutzbrille! Erhitze etwa 250 ml Wasser mit einem Brenner. Notiere die Temperatur jeweils nach einer Minute. Setze deine Beobachtungen auch noch etwa drei Minuten nach Eintreten des Siedens fort.

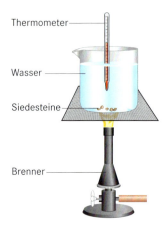

Fertige ein Protokoll an. Beschreibe deine Beobachtungen. Zeichne ein Temperatur-Zeit-Diagramm.
Entsorgung: Reste des Wassers in den Sammelbehälter für Abwasser geben.

3
Ermittle den Temperaturverlauf beim Erhitzen einer Salzlösung.
Vorsicht! Schutzbrille! Löse in einem mit ca. 250 ml Wasser gefüllten Becherglas einige Spatel Kochsalz auf. Erhitze die Lösung mit einem Brenner. Bestimme die Siedetemperatur wie in Versuch 2, allerdings über einen längeren Zeitraum.
Fertige ein Protokoll an. Beschreibe deine Beobachtungen. Zeichne ein Temperatur-Zeit-Diagramm. Wiederhole den Versuch mit unterschiedlichen Kochsalzmengen.
Entsorgung: Reste der Lösung in den Sammelbehälter für Abwasser geben.

Chromatografie
Ein Verfahren zum Nachweis eines Stoffes in einem Stoffgemisch ist die **Chromatografie**.
Das Stoffgemisch muss in einem Lösemittel (Laufmittel) löslich sein. Die zu untersuchenden Proben können z. B. auf saugfähigem Papier aufgetragen werden. Das Papier wird in das Laufmittel gestellt. Das Laufmittel breitet sich im Papier aus, löst das Stoffgemisch und führt es mit sich. Dabei werden die Teilchen der verschiedenen Stoffe unterschiedlich stark vom Papier zurückgehalten. Es bilden sich auf dem Papier Zonen, die nur Teilchen eines Stoffes enthalten. Das Farbbild, das entsteht, heißt **Chromatogramm**.

4
Untersuche Farbstoffe in Filzstiften.
Male mit verschiedenen Filzstiften (gleiche Farbe, unterschiedliche Hersteller, wasserlöslich) je einen dicken Punkt mitten auf einen Rundfilter (Abb. a). Bohre mit der Bleistiftspitze ein Loch durch den Punkt. Rolle einen Filterpapierstreifen zu einem Docht zusammen und stecke ihn durch das Loch (Abb. b). Lege den Rundfilter auf eine mit Wasser gefüllte Petrischale, sodass der Docht in das Wasser taucht (Abb. c). Fertige ein Protokoll an. Vergleiche die Chromatogramme.

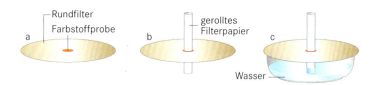

5
Destilliere eine Farbstofflösung.
Stelle eine Farbstofflösung her, indem du Wasser mit Tinte versetzt. Baue die Versuchsapparatur wie in der Abbildung auf. Entzünde den Brenner. Erhitze die Farbstofflösung im Reagenzglas, bis das Wasser vom Tintenfarbstoff getrennt ist.

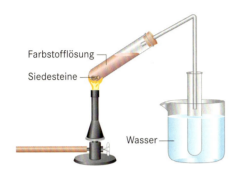

Notiere die Beobachtungen. Deute das Ergebnis.
Entsorgung: Flüssigkeiten in den Sammelbehälter für Abwasser geben.

6
Bestimme die Schmelztemperatur von Kerzenwachs.
Vorsicht! Schutzbrille! Baue die Versuchsapparatur auf. Erhitze das Wasser im Becherglas, bis das Kerzenwachs im Reagenzglas geschmolzen ist. Lies dabei alle 30 s die Temperatur ab und schreibe sie auf. Nimm danach das Reagenzglas aus dem Wasser, lasse es abkühlen und notiere dabei wieder alle 30 s die Temperatur.

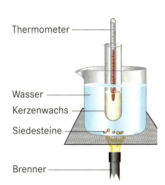

Fertige ein Protokoll an. Zeichne ein Temperatur-Zeit-Diagramm. Wähle auf der x-Achse für eine Zeit von je 30 s einen Abstand von 1 cm. Deute das Ergebnis. Vergleiche es mit dem Tabellenwert.
Entsorgung: Kerzenwachs in den Sammelbehälter für Hausmüll geben.

Versuche zu Kapitel 3: Die chemische Reaktion

1
Diiodpentaoxid wird zersetzt.
Vorsicht! Schutzbrille! Unter dem Abzug arbeiten!
Gib eine Spatelspitze (ca. 250 mg) Diiodpentaoxid (O, Xi) in ein Reagenzglas und verschließe es mit einem Stopfen, der mit einer Pasteurpipette durchbohrt ist. Erhitze in der rauschenden Flamme bis zur vollständigen Zersetzung. Führe anschließend die Glimmspanprobe durch. Löse das feste Iod in Wasser und gib Stärkelösung hinzu. Deute deine Beobachtungen!
Entsorgung: Feststoffe in den Sammelbehälter für Hausmüll, Flüssigkeiten in den Sammelbehälter IV geben.

2
Erhitze Eisen mit Schwefel.
Vorsicht! Schutzbrille! Versuch im Abzug durchführen!
Mische Eisenpulver und Schwefelpulver (F) im Massenverhältnis 7:4. Gib davon 3 Spatelspitzen in ein Reagenzglas und verschließe es mit einem Stopfen. Bestimme vor und nach der Reaktion die Masse.
Die Reaktion wird durch Erhitzen des Gemischs in der Brennerflamme gestartet.
Notiere deine Beobachtung. Erkläre, was sich auf Teilchenebene ereignet haben muss.
Wiederhole den Versuch mit anderen Mischungsverhältnissen.
Entsorgung: Feststoffe in den Sammelbehälter für Hausmüll geben.

3
Verbrenne Streichholzköpfchen in einem offenen Reagenzglas.
Vorsicht! Schutzbrille! Gib zehn Streichholzköpfchen in ein Reagenzglas und wiege dieses auf einer Analysenwaage. Erhitze das Reagenzglas über einer Brennerflamme so stark, dass sich die Streichholzköpfchen entzünden. Wiege das Reagenzglas nach dem Erkalten erneut. Vergleiche die Massen vor und nach dem Verbrennen der Streichholzköpfchen.
Entsorgung: Reste in den Sammelbehälter für Hausmüll geben.

4

Verbrenne Streichholzköpfchen in einem verschlossenen Reagenzglas.

Vorsicht! Schutzbrille! Gib zehn Streichholzköpfchen in ein Reagenzglas. Verschließe das Reagenzglas mit einem Luftballon und wiege es auf einer Analysenwaage. Erhitze das Reagenzglas über einer Brennerflamme so stark, dass sich die Streichholzköpfchen entzünden. Wiege das Reagenzglas nach dem Erkalten erneut.

Vergleiche die Massen vor und nach dem Verbrennen der Streichholzköpfchen.
Vergleiche deine Ergebnisse mit denen von Experiment 3. Versuche, eine Erklärung für die Ergebnisse zu finden.
Entsorgung: Reste in den Sammelbehälter für Hausmüll geben.

5

Stelle Kupfersulfid her.

Vorsicht! Schutzbrille! Unter dem Abzug arbeiten!
Wiege einen Porzellantiegel leer, gib 1 g Kupferblech hinein und wiege ihn erneut. Gib 1 g Schwefelpulver (F) dazu. Erhitze den mit einem Deckel verschlossenen Tiegel auf einem Tondreieck stark (rauschende Flamme). Kontrolliere, ob die Reaktion abgeschlossen ist (Tiegelzange!). Erhitze danach solange weiter, bis der überschüssige Schwefel restlos entfernt ist (Abzug!). Wiege den Tiegel nach dem Abkühlen und bestimme die Masse des Produkts. Wiederhole das Experiment mit 0,5 g Kupferblech und 2 g Kupferspänen.
Werte die Versuche aus. Diskutiere die Ergebnisse.
Entsorgung: Feststoffe in den Sammelbehälter für Hausmüll geben.

6

Kalkbrennen, Kalklöschen und Kalkmörtel.

Vorsicht! Schutzbrille! Fülle ein schwer schmelzbares Reagenzglas 3 cm hoch mit im Mörser zerkleinertem Marmor. Erhitze es zuerst vorsichtig, dann kräftig. Leite das entstehende Gas in Kalkwasser.
Achtung: Tauche das Gasableitungsrohr nur 0,5 cm in das Becherglas ein und ziehe es nach beendeter Gasblasenbildung sofort aus dem Kalkwasser (Xi)!

Gib den „gebrannten Kalk" (C) nach dem Abkühlen in ein weiteres Reagenzglas und setze tropfenweise Wasser zu, bis ein zäher Brei entstanden ist.
Miss dabei die Temperatur. Vermische diesen „gelöschten Kalk" (Xi) mit Sand auf einer Tonscherbe und trockne ihn.
Notiere deine Beobachtungen und deute das Ergebnis.
Entsorgung: Feststoffe in den Sammelbehälter für Hausmüll, Flüssigkeiten in den Sammelbehälter für Abwasser geben.

7

Erhitze Kupfer(II)-oxid mit Kohlenstoff.

Vorsicht! Schutzbrille! Verwende eine Experimentieranordnung wie in Versuch 1. Fülle ein Gemisch aus 2 g schwarzem Kupfer(II)-oxid (Xn) und 0,2 g pulverförmiger Holzkohle in das Reagenzglas. Erhitze kräftig mit der Brennerflamme, bis das Gemisch aufglüht. Entferne den Stopfen, bevor das Gemisch abgekühlt ist.
Notiere deine Beobachtungen und deute die Versuchsergebnisse.
Entsorgung: Feststoffe in den Sammelbehälter für Hausmüll, Flüssigkeiten in den Sammelbehälter für Abwasser geben.

Versuche zu Kapitel 4: Kleinste Teilchen – Bausteine von Reinstoffen

1
Untersuche das Verhalten von Kaliumpermanganatkristallen in Wasser.
Vorsicht! Schutzbrille! Bringe einen Kaliumpermanganatkristall (O, Xn, N) auf den Boden eines mit Wasser gefüllten Standzylinders. Stelle dazu ein Glasrohr in das Gefäß und lasse den Kristall durch das Rohr auf den Boden gleiten. Verschließe das Rohr mit dem Finger und ziehe es vorsichtig aus dem Gefäß. Notiere deine Beobachtungen. Erkläre das beobachtete Phänomen.
Entsorgung: Feststoffe in den Sammelbehälter für Hausmüll, Flüssigkeit in den Sammelbehälter für Abwasser geben.

2
Erhitze Iodkristalle.
Gib in ein Reagenzglas einige Iodkristalle (Xn, N) und verschließe es mit Watte. Erwärme die Kristalle vorsichtig in der leuchtenden Flamme des Bunsenbrenners. Notiere deine Beobachtungen und erkläre das beobachtete Phänomen mit einem Modell.
Entsorgung: Feststoffe in den Sammelbehälter für Hausmüll geben.

3
Beobachte das Verhalten von Kupfersulfatlösung und Kaliumpermanganatlösung im elektrischen Feld.
Vorsicht! Schutzbrille! Tränke einen Wollfaden nacheinander mit konz. Kupfersulfatlösung (Xn, N) und konz. Kaliumpermanganatlösung (O, Xn, N). Schließe ein mit Kaliumnitratlösung (O) getränktes Filterpapier mit je einem gefalteten Stück Kupferblech über Krokodilklemmen an eine Spannungsquelle von ca. 30 V an (Gleichspannung). Lege den Wollfaden über die Mitte des Papiers und schalte den Strom für ca. 5 Minuten ein.

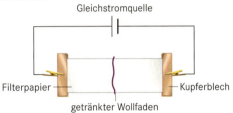

Notiere deine Beobachtungen und deute das Ergebnis.
Entsorgung: Feststoffe in den Sammelbehälter für Hausmüll geben. Kupferbleche einsammeln, werden wieder verwendet.

Versuche zu Kapitel 5: Atombau und gekürztes Periodensystem

1
Untersuche die Flammenfärbung von Alkalimetallen.
Vorsicht! Schutzbrille! Gib in eine Abdampfschale einen Spatel voll Natriumchlorid, in eine weitere Abdampfschale Kaliumchlorid und in eine dritte Lithiumchlorid (Xn). Befeuchte die Proben mit etwas destilliertem Wasser. Glühe in der nicht leuchtenden Flamme des Bunsenbrenners drei Magnesiastäbchen so lange, bis die Flamme nicht mehr leuchtet. Tauche nun je ein Magnesiastäbchen in ein Salz und halte es in die Flamme. Betrachte die Kaliumflamme durch ein Cobaltglas.
Beschreibe deine Beobachtungen. Welche Flammenfarben haben Lithium, Natrium und Kalium?
Entsorgung: Feststoffe in den Sammelbehälter für Hausmüll geben.

2
Betrachte die Flammenfärbungen der Alkalimetalle durch ein Spektroskop.
Vorsicht! Schutzbrille! Betrachte die Flammenfärbungen aus dem Versuch 1 nun durch ein Spektroskop. Beschreibe, was du durch das Spektroskop siehst. Lege eine Tabelle an, in der du Farben und Anzahl der Linien für jedes Metall notierst.
Entsorgung: Feststoffe in den Sammelbehälter für Hausmüll geben.

Versuche zu Kapitel 6: Salze – Ionenbindung

1

Züchte Kaliumnitratkristalle.

Gib in ein Reagenzglas 4,5 g Kaliumnitrat (O) und 7 ml Wasser und erwärme die Mischung, bis sich das Salz ganz aufgelöst hat. Gieße die heiße Lösung in eine Kristallisierschale und lasse diese ruhig stehen. Beobachte, was nach kurzer Zeit geschieht. Betrachte die gebildeten Kristalle mit der Lupe und beschreibe sie (Skizze).
Entsorgung: Flüssigkeiten in den Sammelbehälter für Abwasser, Feststoffe in den Sammelbehälter für Hausmüll geben.

2

Gewinne Kupfer aus Kupferoxid.

Vorsicht! Schutzbrille! Gib zu gekörnter Holz- oder Aktivkohle in einem Reagenzglas schwarzes Kupferoxid (Xn). Erhitze das Gemisch kräftig.
Notiere deine Beobachtungen.
Entsorgung: Feste Stoffe in den Sammelbehälter für Hausmüll geben.

Versuche zu Kapitel 7: Molekular gebaute Stoffe – Elektronenpaarbindung

1

Untersuche die Dichte von Kohlenstoffdioxid.
Befestige auf einem treppenartig geknickten Blechstreifen Kerzen. Zünde sie an und stelle sie in ein großes, hohes Becherglas. Leite aus einer CO$_2$-Stahlflasche mithilfe eines Schlauches Kohlenstoffdioxid auf den Boden des Gefäßes. Wenn keine Flasche vorhanden ist, kannst du CO$_2$ selbst erzeugen (→ M 5).
Beobachte, was mit den Kerzen geschieht. Welche Schlüsse kannst du daraus ziehen?
Entsorgung: Kerzen werden eingesammelt und wieder verwendet.

2

Weise Wasser nach.

Gib auf drei Uhrgläsern je eine Spatelspitze weißgraues Kupfersulfat (Xn, N). Tropfe drei Tropfen Wasser zur ersten Probe, drei Tropfen Speiseöl zur zweiten und drei Tropfen Propanol (F, Xi) zur dritten Probe.
Vergleiche deine Ergebnisse.
Entsorgung: Kupfersulfat in Wasser lösen, Wasser verdunsten, Kupfersulfat in Sammlung geben und wieder verwenden; andere Reste in den Sammelbehälter für Abwasser geben.

3

Führe die Glimmspanprobe durch.
Vorsicht! Schutzbrille! Entzünde einen längeren Holzspan. Warte, bis er richtig brennt. Blase die Flamme aus. Tauche den Span mit der glimmenden Spitze in ein Reagenzglas mit Sauerstoff. Notiere deine Beobachtungen.
Entsorgung: Holzspäne einsammeln.

4

Führe die Knallgasprobe mit einem Reagenzglas, welches mit Wasserstoff gefüllt ist, durch.
Verschließe dazu für kurze Zeit mit dem Daumen das Reagenzglas und halte es dann an eine kleine Brennerflamme.

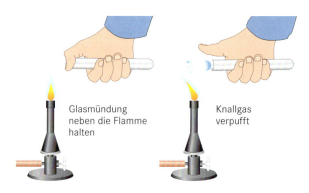

Glasmündung neben die Flamme halten

Knallgas verpufft

Versuche zu Kapitel 8: Metalle – Metallbindung

1
Bestimme die Dichte von Metallen.
Du benötigst je ein Stück Eisen, Kupfer, Aluminium, Blei, Magnesium und Zink (F). Wiege die einzelnen Metallstücke und notiere ihre Massen. Ermittle das Volumen der Metallproben, indem du einen Messzylinder mit genau 50 ml Wasser füllst und anschließend das Metall in den Messzylinder gibst. Lies jeweils erneut das Volumen ab und berechne die Volumendifferenz. Berechne die Dichte der einzelnen Stoffe und vergleiche sie mit den Werten in Tabellen.
Entsorgung: Metalle einsammeln, werden wieder verwendet.

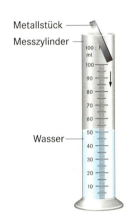

2
„Versilbere" und „Vergolde" eine Kupfermünze.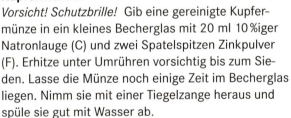
Vorsicht! Schutzbrille! Gib eine gereinigte Kupfermünze in ein kleines Becherglas mit 20 ml 10 %iger Natronlauge (C) und zwei Spatelspitzen Zinkpulver (F). Erhitze unter Umrühren vorsichtig bis zum Sieden. Lasse die Münze noch einige Zeit im Becherglas liegen. Nimm sie mit einer Tiegelzange heraus und spüle sie gut mit Wasser ab.
Zum „Vergolden" erwärme die Münze vorsichtig in der Brennerflamme. Berühre die Münze mit der Tiegelzange nur am Rand. Sie darf nicht glühen!
Notiere deine Beobachtungen. Wie hat sich das Aussehen der Münze verändert? Suche nach einer Erklärung für deine Beobachtung.
Entsorgung: Überschüssiges Zinkpulver mit Wasser reinigen und aufbewahren; Natronlauge in den Sammelbehälter I geben.

3
Untersuche die Wirkung von Salzsäure auf verschiedene Metalle.
Vorsicht! Schutzbrille! Gib in je ein Reagenzglas ein wenig Zinkpulver (F), Magnesiumband (F), Eisenpulver und Kupferspäne. Gib jeweils ein paar Milliliter verdünnte Salzsäure (Xi) zu den Metallen.
Führe mit den gebildeten Gasen die Knallgasprobe durch (S. 168, V 4).
Notiere jeweils deine Beobachtungen und vergleiche die Reaktionen der vier Metalle. Schreibe die Reaktionsgleichungen.
Entsorgung: Salzsäurereste in Sammelbehälter I geben, Metallreste abspülen, werden wieder verwendet.

4
Löse Aluminium in Salzsäure und Natronlauge.
Vorsicht! Schutzbrille! Gib in je ein Reagenzglas etwa 1 cm hoch Aluminiumspäne oder Aluminiumgrieß. Gib in ein Reagenzglas 5 ml verdünnte Salzsäure (Xi), in das andere 5 ml verdünnte Natronlauge (C). Führe mit den gebildeten Gasen die Knallgasprobe durch (S. 168, V 4). Notiere jeweils deine Beobachtungen. Vergleiche die beiden Reaktionen und schreibe die Reaktionsgleichungen dazu.
Entsorgung: Salzsäure- und Natronlaugereste in Sammelbehälter I geben, Aluminiumreste abspülen, werden wieder verwendet.

5
Untersuche die Ionenbildung bei Metallen.
Stelle in vier Bechergläsern eine Kupfersulfat-, Eisensulfat- (Xn), Silbernitrat- (C, N) und Zinknitratlösung (O, Xn) her. Tauche in jedes der Gläser einen blank gescheuerten Eisennagel und beobachte jeweils ca. 1 Minute lang. Mache das gleiche mit einem Stück Magnesiumband (F), Kupferblech, Silberblech und einem Zinkstab (F).
Notiere deine Beobachtungen und deute sie.
Ordne die Metalle nach ihrem Bestreben, sich aufzulösen bzw. die Salze nach ihrem Bestreben, sich als Metall niederzuschlagen.
Entsorgung: Salzlösungen in Sammelbehälter II geben, Metalle einsammeln, werden wieder verwendet.

Versuche zu Kapitel 9: Energiebeteiligung bei chemischen Reaktionen

1
Untersuche energetische Erscheinungen bei der chemischen Reaktion von Calciumoxid mit Wasser.
Vorsicht! Schutzbrille! Versetze 5 ml Wasser mit zwei Spatelspitzen Calciumoxid (C).
Ermittle, ob bei Zugabe des Calciumoxids eine Temperaturänderung auftritt.
Entsorgung: Aufschlämmung in den Sammelbehälter für Abwasser geben.

2
Beobachte Katalysereaktionen.
Vorsicht! Schutzbrille! Gib in ein Reagenzglas ein paar Milliliter 10%ige Wasserstoffperoxidlösung (C, O). Beobachte, ob eine Reaktion stattfindet. Teile die Lösung auf zwei Reagenzgläser auf. Gib in eines eine Platindrahtspirale, in das andere Kupferdraht. Was geschieht nun?
Notiere deine Beobachtungen und versuche, eine Erklärung dafür zu finden. Schreibe eine Reaktionsgleichung dazu auf.
Teste ebenso die Wirkung von Braunstein MnO_2 (Xn) auf eine Wasserstoffperoxidlösung. Wie kann das gebildete Gas aufgefangen werden? Entwickle einen Versuchsaufbau.
Entsorgung: Wasserstoffperoxidreste in Sammelbehälter II geben.

3
Beobachte eine Katalysereaktion durch einen Biokatalysator.
Vorsicht! Schutzbrille! Kartoffeln enthalten ein Enzym – die Katalase –, das die Zersetzung von Wasserstoffperoxid katalysiert. Schneide von einer rohen Kartoffel zwei Scheiben ab. Drücke auf eine Scheibe eine glühende Münze. Tropfe anschließend auf diese Stelle und auf die andere, unbehandelte Kartoffelscheibe ein paar Tropfen verdünnte Wasserstoffperoxidlösung (C, O).
Notiere deine Beobachtungen und versuche, eine Erklärung dafür zu finden.
Entsorgung: Wasserstoffperoxidreste in Sammelbehälter II geben.

4
Ermittle energetische Erscheinungen.
Vorsicht! Schutzbrille! Gib 20 ml Wasser in ein kleines Becherglas. Miss die Temperatur des Wassers. Gib unter Rühren drei Spatelspitzen Kaliumchlorid in das Wasser. Miss dabei die Temperatur im Becherglas.
Untersuche die chemische Reaktion von Ammoniumchlorid (Xn) mit Wasser in einem zweiten Becherglas.

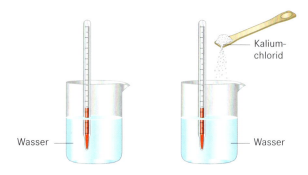

Vergleiche jeweils die Messwerte.
Entsorgung: Lösungen in den Sammelbehälter für Abwasser geben.

5
Untersuche die chemische Reaktion zweier Feststoffe.
Gib 5 g Kaliumchlorid und 11 g Natriumsulfat jeweils in ein Becherglas und ermittle die Temperatur der beiden Stoffe. Gib das Kaliumchlorid zum Natriumsulfat und rühre mit einem Glasstab kräftig um. Miss dabei die Temperatur.

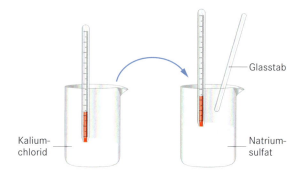

Vergleiche die Messwerte.
Entsorgung: Stoffe mit Wasser verdünnen, Lösungen in den Sammelbehälter für Abwasser geben.

Entsorgung von Chemikalien in den Schulen

Chemikalienreste können die Umwelt unterschiedlich stark belasten. Deshalb dürfen z. B. keine wassergefährdenden Stoffe, wie Öl- oder Benzinreste, ins Abwasser gelangen.
Feste und flüssige Chemikalienreste werden in entsprechend beschriftete Sammelbehälter bzw. Entsorgungsgefäße gegeben. In der Regel sind die Sammelbehälter aus Kunststoff oder Glas.
Die so gesammelten Chemikalien werden wieder aufbereitet oder an Entsorgungsunternehmen abgegeben.

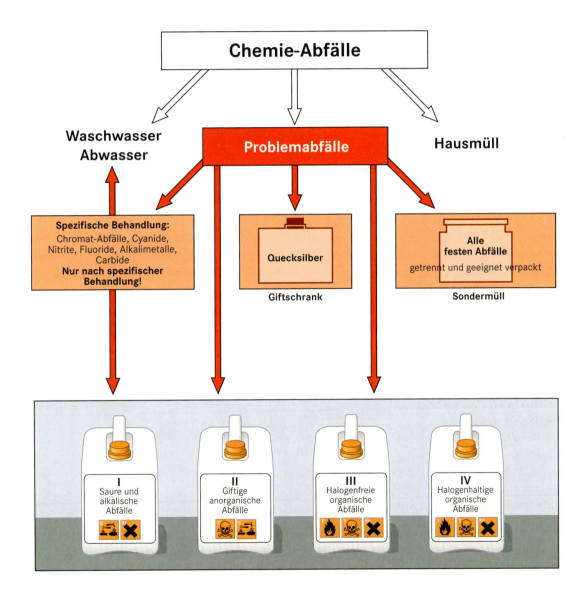

Stichwortverzeichnis

Abgase 125
Abkühlungsverfahren 99
Absetzen 23
Abstoßungskräfte 98
Aggregatzustand 14, 27, 44, 53
Aktivierung/Aktivierungs-
  energie 138
Aktivkohle 115
Alchemisten 18, 38, 56
Alkalimetall 82
Alpha-Teilchen 65
Aluminium 124
Aluminiumchlorid 96
Aluminiumgewinnung 124, 125
Aluminiumhütte 125
Aluminiumhydroxid 124
Amalgam 131
Ammoniak 79, 117, 142
amorph 80
Analyse 20, 34, 54
Anionen 74, 76, 92
Anode 51, 124, 125
Anteil 153
Anziehungskräfte,
  elektrostatische 96, 126
Aristoteles 46, 50
Arzneimittel 19
Asbest 80
Atom- und Molekülmodell 50
Atombindung 107
Atome 14, 46, 48, 66, 67, 68
Atomgitter 109, 114
Atomhülle 66, 68, 107
Atomisten 46
Atomkern 66, 67
Atommasse 84, 149
– relative 48, 148
Atommodelle 50, 64, 66
Atomradius 64
Atomverbände 48
Ätznatron 93
Aufbauregeln 70
Auffangen, pneumatisches 24
Ausgangszustand 68
Autoabgaskatalysator 143
Avogadro, Amadeo 49, 149, 152
Avogadro-Konstante 151, 154
Avogadro-Zahl 149

Backtriebmittel 100
Balkenwaage 15
Batterie 83
Baustoff 101
Bauxit 101, 124
Bayer-Verfahren 124
Becquerel, Henri 65
Benzin 22
Beobachten 12, 13, 18
Beobachtung 21, 47
– „verbotene" 47
Berechnungen,
  stöchiometrische 154
Bergkristall 80
Berzelius, Jakob 56
Beton 101
Betrachtung, qualitativ 36
Betrachtungsebene 55
Bewegungen, kleinste Teilchen 136
Bewegungsenergie 136

Bindung, kovalente 107
Bindungsarten 112
Bindungsenergie 112, 136
Bindungslänge 107, 112
Bindungslockerung 141
Biokatalysator 142
Biologie 19
Blei 131
Bleichen 101
Bleiakkumulator 131
Bombastus, Theophrastus 39
Boyle, Robert 12, 18, 33
Branntkalk 101
Braunstein 24, 94
Brennstoffzelle 79
Brillant 114
Bronze 127
Bucky-Babys 115
Bucky-Riesen 115
Bunsenbrenner 9

Cäsium 82
Cäsiumchlorid 97
Cellulose 118
Cent-, Euro-Münzen 131
Chemie,
– analytische 19
– präparative 19
Chemikalien 8
ChemSketch 119
Chromatografie 23
Concept-Map 35
Cullinan 114

Dalton, John 48, 50
– Atom- und Molekülmodell 50
delokalisiert
– Elektronen 114
– Valenzelektronen 126
Demokrit 46, 50
Denkmodelle 45, 50
Destillation 23
Diamant 114, 139
Dichte 15, 24, 26, 154
Differenzmethode 15
Diffusion 52
Digitalwaage 15
Dioxine 118
DNA 118
Döbereiner, Johann Wolfgang
  140
Doppelbindung 112
Dreifachbindung 112
Drei-Wege-Katalysator 143
Druck 154

Edelgas 84
Edelgaskonfiguration 107
Edelgaszustand 72, 74, 107
Edelstahl 127
Edukte 33, 34, 136, 137, 139
Eigenschaften
– magnetische 129
– messbare 26
– optische 26
Einschlusslegierungen 127
Einstein, Albert 68, 146

Eisen 131
Eiweiße 118
Elektrodenmaterial 115
Elektrolyse 32, 124, 137
Elektrolysewanne 125
Elektronen 64, 67, 68
Elektronenabgabe 74
Elektronenaffinität 73
Elektronenakzeptor 76, 92, 106
Elektronenaufnahme 74
Elektronendichte 93
Elektronendonator 77, 92
Elektronenduplett 72, 82
Elektronenformel 71
Elektronengas 126
Elektronengasmodell 126
Elektronengeber 76
Elektronenkonfiguration 70, 74
Elektronennehmer 76
Elektronenoktett 82
Elektronenpaare
– bindende 107, 108
– freie 108
– gemeinsame 107
Elektronenübergang 93
Elektronenverteilung 70
Elementaranalyse 151
Elementarteilchen 67
Elementarzelle 107
Elemente 33, 44, 45, 48
Elementfamilien 84
Elementgruppen 84
Emulsion 22
Energiebedarf 125
Energiediagramm 139
Energieerhaltungssatz 136
Energieformen 14
– Bewegungsenergie 14
– elektrische Energie 14, 136, 137
– „Energie in Stoffen" 14
– innere Energie 136, 139
– Lageenergie 14
– Lichtenergie 14, 136, 137
– Wärmeenergie (thermische
  Energie) 14, 136, 137
Energiegehalt 68
Energiequanten 68
Energiestufe 68, 69, 85
Energieträger 79
Energieumwandlung 14
Energieverlauf 138
Energieversorgung 19
Entsorgungsmaßnahmen 13
Enzym 118, 142
Epoxidharz 118
Erdölraffinerie 142
Erkenntnisgewinnung,
  naturwissenschaftliche 21, 47
Erträge, landwirtschaftliche 19
Erz 101, 124
Ethanol 117
Experimentieren 8, 12, 46
Experiment 21
– Auswertung 18

Fähigkeiten, praktische 7
Faraday, Michael 51
FCKW (Fluorchlorkohlen-
  wasserstoff) 117

Feld, elektrisches 51
Feststoff 53
Feststoffgemisch 22
Filtrat 23
Filtrieren 23
Flamme
– leuchtende 9
– nicht leuchtende 9
– rauschende 9
Flammenfärbung 68
Flüssigkeit 53
Flüssigkeitsverdrängung 24
Flusssäure 117
Flussspat 93
Formel
– chemische 57
– empirische 151
Formkonstanz 53
Formelmasse 149
Fotolyse 32, 34
Fotosynthese 34, 116
Fotozelle 83, 128
Francium 82
Fuller, R.B. 115
Fulleren 114
Füllstoff 115

Galvani, Luigi 5
Galvanisieren 130
Gärung, alkoholische 142
Gasgemisch 22
Gasgleichung, allgemeine 153
Gaskonstante, allgemeine 153, 154
Gefahrenbezeichnung 11
Gefahrensymbol 11
Gemisch 22, 52
– heterogenes 22, 52
– homogenes 22, 52
Geruch 26
Geschmack 26
Gesetz
– konstante Proportionen 37
– Erhaltung der Masse 36
Gewürz 101
Gift, kumulierendes 131
Gips 93, 101
Gitter 6
Gitterenergie 98
Gittermodell 97
Gittertyp 97
Glanz 26
– metallischer 128
Glas 80, 101
Glasschmelze 80
Gleichspannung 51
Glimmspanprobe 32
Glühlampe 128
Gold 130
Granat 80
Granit 22
Graphit 115
Grenzfläche 22
Grünspan 130
Gusseisen 131

Halbmetall 77, 80, 84, 128
Härte 26, 129
– von Wasser 101

Stichwortverzeichnis 175

Härteskala 26
Hauptgruppe 85
Hauptquantenzahl 69
heterogen 22, 52
Hirschhornsalz 93
Hochleistungskeramik 81
Hochofen 131
Holzkohle 115
homogen 22, 52
Hydratationsenergie 98
Hydridion 78
Hydroxid 78, 83
Hydroxidion 78
Hypothese 45, 47

Impfkristall 99, 124
Index 57, 59
Industrie-Diamant 114
instabil 139
Iod 109
Ionen 51, 92
Ionenbindung 96
Ionengitter 96, 97
Ionengleichung 92
Ionenwertigkeit 93
Ionisierung 73
Ionisierungsenergie 73, 82
Isolator 27
Isotop 48, 67
Isotopie 67

Joule 136

Kalium 82, 83
Kalk 93, 101
Kalorien 136
Kältemischung 101
Katalysator 140
Katalyse 140
Kathode 51, 124, 125
Kationen 74, 77, 92
Keramik 81, 101
Kenneigenschaften, konstante 26
Kern-Hülle-Modell 50, 66
Kernladungszahl 67, 84
Kesselstein 101
Knallgas 79, 138
Knallgasprobe 32
Kochsalz 93, 96
Koeffizient 57, 59
Kohlensäure 116
Kohlenstoff 114, 115
Kohlenstoffdioxid 24, 116
Kohlenstoffisotop 148
Kohlenstoffmonooxid 116
Kohlenwasserstoffe 117
Koks (Steinkohle) 131
Kontakt- und Reaktionsfläche 140
Konverter 131
Konzentration 153
Koordinationszahl 96, 97, 127
Kopplung, energetische 137
Korrosion 130
Kräfte, zwischenmolekulare 109
Kristalle 53, 98
Kristallform 26
Kristallgitter 126
Kristallisationskeime 126
Kristalliten 126
Kristallzüchtung 99

Kugelmodell 14, 97
Kugelpackung
– hexagonal-dichtest 127
– kubisch-dichtest 127
– kubisch-innenzentriert 127, 129
Kühlmittel 83
Kunststoffe 118
Kupfer 131
Kupferpermanganat 51

Laborgeräte 11
Lachgas 116
Ladung
– elektrische 51
– formale 113
– negative elektrische 51
– positive elektrische 51
Lageenergie 136
Laufgewichtwaage 15
Lauge 83
Lavoisier, Antoine 114, 139
Legierung 22, 127, 131
Legierungszusatz 83
Leichtmetall 125, 129, 131
Leitfähigkeit, elektrische 27, 51, 99, 128
Leitfähigkeitsprüfung 99
Leitungselektronen 128
Leitungsmaterial 131
Lenard, Philipp 64
Lewis, Gilbert Newton 107
Lewisformel 108
Linienspektrum 68
Lithium 82, 83
Löschkalk 101
Lösemittel 98, 153
Löslichkeit 27, 52, 98
Lösung 22, 153
– gesättigte 27, 99
– übersättigte 99
Lösungsstoff 153
Luftverdrängung 24

Magnesia 93
Magnesium 131
Magnetscheiden 23
Makrokosmos 55
Makromoleküle 118
Masse 154
– atomare 149, 154
– molare 152, 154
Massenanteil 151
Masseneinheit
– atomare 149
Massenkonzentration 153
Massenprozent 153
Massenspektrograph 149
Massenverhältnisse 36, 37, 45
Massenzahl 67
Materialkonstante 26
Medizin 19
Meerwasser 100
Mehrfachbindung 112
Mendelejew, Dimitri 84
Messing 127
Metallcharakter 126
Metall 77, 84, 92
– edles 77, 130
– gediegen 77, 131
– unedles 77, 130
Metallgitter 126, 127

Metallhydrid 78
Metalloxid 101
metastabil 139
Methan 117
Meyer, Lothar 84
Mikroelektronik 81
Mikrokosmos 55
Mind-Map 35
Mineraldünger 100
Mineralwasser 100
Minuspol 124
Mischungsverhältnis 26
Modell 50
– der kleinsten Teilchen 50
Mohs, Friedrich 26
Mol 150
Molalität 153
Molarität 153
Molekül 14, 49, 106
– zweiatomiges 49
Molekülbetrachtungs-
programm 119
Molekülformel 59, 108, 109, 151
Molekülgitter 109
Molekülhülle 107
Molekül-Hypothese 49
Moleküle 51, 93
Molekülmasse 149, 151
Monomere 118
Münzmetall 131

Natrium 82, 83
Natriumchlorid 96
Natron 82, 93
Naturgesetz 36
Naturphilosophen 46
Naturwissenschaftler 10
Nebel 22
Nebengruppen 85
Neusilber 127
Neutron 67
Neutronenabsorber 83
Nichtleiter 27
Nichtmetall 76, 84, 92, 106
Nichtmetalloxid 116
Normvolumen, molares 152, 154
Normzustand 152, 153, 154
Nukleinsäure 118
Nukleonen 67
Nukleonenzahl 67
Nylon 118

Oktaeder 97
Oktettregel 72, 108
Oktettzustand 72, 76, 78, 139
Ordnungszahl 67
Oxide 83, 116

Paracelsus 39
Passivierung 130
Patina 130
Periode 85
Periodensystem der Elemente (PSE) 84, 85
Periodensystem, gekürzt 85
Periodizität 84
Phasen 22
Phosphor 76
Phosphorsäure 116

Planck, Max 68, 69
Platin 129, 130, 141, 143
Plexiglas 118
Pluspol 124, 128
Polyester 118
Polyethen 118
Polymer 118
– künstliches 118
– natürliches 118
Polysaccarid 118
Polyurethan 118
Pottasche 82, 93
ppm 153
ppb 153
Produkte 33, 34, 136, 137
Proportionsfaktor 36
Protein 118
Proton 67, 78
Proust, Joseph Louis 37
Purpur 18
Putzgips 101
PVC (Polyvinylchlorid) 118

Quanten 68
Quecksilber 131
Quecksilberdampflampe 131

Raketenantrieb 79
Rastertunnelmikroskop 148
Rauch 22
Reaktion
– chemische 32, 39, 54
– endotherme 34, 137
– exotherme 34, 136, 137
Reaktionsgeschwindigkeit 140
Reaktionsgleichung 33, 93, 95, 111, 154, 155
Reaktionspfeil 33
Reaktionszeit 139
Recycling 125
Reinigungsverfahren 21
Reinstoffe 21, 26, 52
Reinstoffe, Eigenschaften 10
– Dichte 10
– Härte 10
– Leitfähigkeit 10
– Löslichkeit 10
– Magnetisierbarkeit 10
– Schmelztemperatur 10
– Siedetemperatur 10
Reinstsilicium 81
Resublimieren 27
Rhodium 143
Riesenmolekül 118
RNA 118
Rohdiamant 114
Roheisen 131
Rohölverarbeitung 79
Rohstoff 124
Rosinenkuchenmodell 50, 64
Rostbildung 130
Rotschlamm 124
Rubidium 82
Rückstand 23
Ruß 115
Rutherford, Ernest 65

Sachkenntnis 7
Salmiak 93
Salmiakpastillen 101

176 Stichwortverzeichnis

Salpeter 93
Salpetersäure 116
Salze 92
– Benennung 93, 94
– Eigenschaften 98
Salzkristall 96
Salzsäure 117
Sauerstoff 24, 32, 76
Schadstoff 19
Schalenmodell 50, 69
Schaum 22
Schmelze, erstarrte 80
Schmelzflusselektrolyse 124
Schmelztemperatur 26
Schutzbrille 8
Schwarzpigment 115
Schwarz-Weiß-Fotografie 101
Schwefel 76, 112
Schwefeldioxid 116
Schwefelsäure 116
Schwefelwasserstoff 117
Schwermetall 129
Schwerspat 93
Sicherheitsmaßnahmen 13
Siedebereich 26
Sieden 23
Siedetemperatur 26
Silicat 80
Silicium 80
Siliciumdioxid (Quarz) 80
Siliciumeinkristall 81
Silicon 118
Soda 82, 93, 100
Solarzelle 81
Spektrallinie 68
Spektroskop 68
stabil 139
Standardbedingung 27
Stärke 118
Stein der Weisen 18
Stickstoff 76
Stickstoffdioxid 116

Stickstoffdünger 79
Stickstoffmonooxid 116
Stickstoffoxide 108
Stoffaufbau 20
Stoffe 10
– innere Energie 20, 136
Stoffebene 45, 55, 155
Stoffeigenschaften 20
Stoffgemisch 10, 21, 22, 44, 52
– heterogen 22, 44, 52
– homogen 22, 44, 52
Stoffmenge 150, 154
Stoffmengenkonzentration 153
Stoffmengenverhältnis 155
Stoffumwandlung 14
Stoffveränderungen 20
Stoffzustände 20
Strahlen, radioaktive 65
Streusalz 100
Streuversuch 65
Stromleiter 27
Struktureditoren 119
Stuckarbeit 101
Styropor 118
Sublimieren 27
Submikrokosmos 55
Supraleiter 115
Suspension 22
Symbol 56
– chemisches 56
– Elementarteilchen 67
Synthese 20, 34, 54

Tagebau 124
Teflon 118
Teilchen, kleinste 44
Teilchenebene 45, 52, 54, 55, 155
Teilchenmodell 14, 45
Teilchenradius 92
Teilchenzahl 150, 154
Temperatur 10, 154

Tetraeder 97
Thermolyse 32, 137
Thermometer 131
Thomson, Joseph 64
Ton 81
Treibhauseffekt 117
Trennung 23, 52
Trevira 118
Trivialname 93, 110
Trockeneis 116

Übergangszustand 139
Überlaufmethode 15
Umkehrbarkeit 33
Umkristallisieren 23
Umsetzung 20, 34, 38, 54
Umwelt 19
Umweltproblem 125
Umweltverträglichkeit 19
unit 149
Unterniveaus 70

Valenzelektronen 71, 75, 85
Valenzschale 71
Valenzstrichformel 108, 113
Valenzstrichschreibweise 71
Verbandsmaterial 101
Verbindung 33, 44
– anorganische 33
– binäre 58
– organische 33, 116
Verdunsten 53
Verdunstungsverfahren 99
Verfahren, physikalisches 23
Verformbarkeit 129
Verhältnisformel 59, 93, 94, 96, 109
Verstärkungsmittel 115
Versuchsprotokoll 13
Verwandtschaftsgruppe 84
Vierfachbindung 112

Volumen 154
– molares 152, 154
Volumenkonstanz 53
Volumenprozent 153

Wafer 81
Wärmeisolator 27
Wärmeleiter 27
Wärmeleitfähigkeit 27, 129
Wasser
– destilliertes 32, 116
Wasserstoff 24, 32, 78, 79
Wasserstoffisotope 67, 148
Wasserstoffmolekül 106
Wasserstoffmotor 79
Wasserstoffperoxid 24
Wertigkeit, stöchiometrische 108
Widerstand, elektrischer 128
Wissenschaft, empirische 21
Wortgleichung 33, 155
Wolframwendel 128
Würfel 97

Zahlwörter, griechische 58
Zahnfüllung 131
Zahnpasta 101
Zeichen, alchemistische 56
Zeichensprache 56
Zellatmung 137
Zement 101
Zentrifugieren 23
Zerteilungsgrad 140
Zohnenziehverfahren 81
Zonenschmelzen 23
Zusammenstöße 140
Zustandsänderung 20
Zustand
– gasförmiger 53
– glasartiger 80
Zweikomponentenkleber 118

Bildquellenverzeichnis

Seite 3: H. Seitz, Augsburg, Manuel Streubert, Augsburg, Johann Jilka, Altenstadt – Seite 4: Okapia/Helmut Göthel, Linde AG Gas und Engeneering, Deutschland, Corbis/Craig Aurness – Seite 5: H. Rampf, München/R. Reichelt, Ebersberg – Seite 7: H. Seitz – Seite 9: Johann Jilka – Seite 12: H. Rampf/R. Reichelt – Seite 13: Bildart/V. Döring – Seite 16: Okapia/Nigel Catlin, Holt Studios – Seite 17: Manuel Streubert – Seite 18.1: Okapia/Helmut Göthel, 18.2+3: akg images, 18.4: Deutsches Museum, München – Seite 19: Janik Eggler/ A. Roth, picbyte – Seite 20.1: A. Roth/picbyte, 20.2: Matthias Kulka, Düsseldorf, 20.3: Jahreszeitenverlag Syndication, 20.4: H. Rampf/R. Reichelt – Seite 21.1: A. Roth/picbyte, 21.2: Johann Jilka – Seite 22.1: S. J. Krasemann/Peter Arnold, 22.2: Ivan Donoslovic, Neuried – Seite 23.3: H. Rampf/R. Reichelt – Seite 27.3a: Imago/McPhoto/Blum, 27.3b: MEV Verlag Augsburg, 27.3c: images.de/Baumeister – Seite 31: Johann Jilka – Seite 36.1: Johann Jilka, 36.2: akg images – Seite 37.3+5: Johann Jilka – Seite 38.1: akg images, 38.2: U. Medenbach, Witten, 38.3: Johann Jilka – Seite 39.4: Johann Jilka, 39.5: akg images – Seite 44.1: pictures.de/W. Matheisl, 44.2: Corbis/Lester V. Bergmann, 44.3: Imago/HR Schulz – Seite 46.6: akg images, 46.7: VCH Verlagsgesellschaft, Weinheim (aus: Angewandte Chemie Nr. 108/7, S. 765) – Seite 48.1: Deutsches Museum – Seite 51.1: H. Rampf/R. Reichelt – Seite 56.3: akg images – Seite 64.1, 65.4: Deutsches Museum – Seite 68.1 Johann Jilka – Seite 69.3: Deutsches Museum – Seite 72.2: Johann Jilka – Seite 74.1+2: H. Rampf/R. Reichelt, 74.3: Johann Jilka – Seite 76: M. Kage, Lauterstein – Seite 77.2: Wildlife/Harms, 77.3: Johann Jilka – Seite 78.1: Interfoto – Seite 79.3: Laif/Aurora, 79.4: ecopix Fotoagentur/A. Froese – Seite 80.1-3: U. Medenbach, 80.5: Schott Glaswerke, Mainz – Seite 81.6: Wacker Siltronik AG, Burghausen, 81.7: Bilderberg/P. Ginster, 81.8: Bilderberg/J. Sackermann –

Seite 82.1+2, Seite 83.4-7: Johann Jilka – Seite 84.1: akg images, 84.2: Deutsches Museum – Seite 91: Okapia/© William McCoy, Rainbow – Seite 92: Johann Jilka – Seite 97.4-6: Johann Jilka – Seite 98.1: U. Medenbach – Seite 99.7: H. Rampf/R. Reichelt – Seite 100.1: Bildagentur online/B. Lyons, 100.2: picture alliance/dpa, 100.3: H. Seitz – Seite 101.4: Okapia/H. Zanus, 101.5: Plainpicture/Normal – Seite 105: Linde AG Gas und Engeneering Deutschland – Seite 114.4: Hughes Christensen Company, Celle – Seite 115.5: H. Rampf/R. Reichelt, 115.7: Corbis/Lee Snider – Seite 116.1: Johann Jilka, 116.2: Bilderbox – Seite 117.3: Steve Kaufmann/Peter Arnold – Seite 118.5: akg images, 118.6: Okapia/Associates – Seite 122: hörzu, Hamburg – Seite 123: Corbis/Craig Aurness – Seite 124.1: U. Medenbach, 124.2: Helga Lade – Seite 125.5: Norsk Hydro ASA, Foto: Atle Johnsen, 126.6: Aluminium Zentrale – Seite 126.3: Johann Jilka – Seite 128.1: Imago/S. Goerlich, 128.4: A. Roth/picbyte – Seite 130.1: Visum/Plus49/José Nicholas, 130.2: IBM, 130.3: FAN Travelstock, 130.4: Caro/Sorge – Seite 131: d-foto/R. Weisflog – Seite 135: H. Rampf/R. Reichelt – Seite 136: Mediacolors/Weidmann – Seite 137.3: Visum/M. Steinmetz, 137.4: Johann Jilka – Seite 138.1: Johann Jilka – Seite 140.1: Deutsches Museum, 140.2: akg images – Seite 141.3: Johann Jilka – Seite 142.1: Fertiva GmbH, Mannheim, 142.2: W. Filser, 142.3: Stockfood/Maximilian Stock, 142.4: Mauritius/Rosenfeld – Seite 147: Bildagentur online/Kroener
Umschlag: Okapia/Rainbow/William McCoy

Trotz entsprechender Bemühungen ist es nicht in allen Fällen gelungen, den Rechtsinhaber ausfindig zu machen. Gegen Nachweis der Rechte zahlt der Verlag für die Abdruckerlaubnis die gesetzlich geschuldete Vergütung.